राजयोग

राजयोग

स्वामी विवेकानंद

प्रकाशक

प्रभात प्रकाशन प्रा. लि.

4/19 आसफ अली रोड, नई दिल्ली–110002

फोन : 011–23289777 • हेल्पलाइन नं. : 7827007777

इ–मेल : prabhatbooks@gmail.com ❖ वेब ठिकाना : www.prabhatbooks.com

संस्करण

2026

पेपरबैक मूल्य

चार सौ रुपए

मुद्रक

श्री साई प्रिंटर्स, साहिबाबाद

———— ★ ————

RAJYOG

by Swami Vivekanand

Published by **PRABHAT PRAKASHAN PVT. LTD.**

4/19 Asaf Ali Road, New Delhi-110002

ISBN 978-93-5048-608-5

₹ 400.00 (PB)

अनुक्रम

योगसूत्र पातंजल

भूमिका

ऐतिहासिक जगत् के प्रारंभ से लेकर वर्तमान काल तक मानव–समाज में अनेक अलौकिक घटनाओं के वर्णन देखने को मिलते हैं। आज भी, जो समाज आधुनिक विज्ञान के भरपूर आलोक में रह रहे हैं, उनमें भी ऐसी घटनाओं की गवाही देनेवाले लोगों की कमी नहीं है। पर हाँ, ऐसे प्रमाणों में अधिकांश विश्वास योग्य नहीं; क्योंकि जिन व्यक्तियों से ऐसे प्रमाण मिलते हैं, उनमें से बहुतेरे अज्ञ हैं, अंधविश्वासी हैं अथवा धूर्त हैं। बहुधा यह भी देखा जाता है कि लोग जिन घटनाओं को अलौकिक कहते हैं, वे वास्तव में नकल हैं। पर प्रश्न उठता है, किसकी नकल? यथार्थ अनुसंधान किए बिना कोई बात बिलकुल उड़ा देना सत्यप्रिय वैज्ञानिक–मन का परिचय नहीं देता। जो वैज्ञानिक सूक्ष्मदर्शी नहीं, वे मनोराज्य की नाना प्रकार की अलौकिक घटनाओं की व्याख्या करने में असमर्थ हो, उन सबका अस्तित्व ही उड़ा देने का प्रयत्न करते हैं। अतएव वे तो उन व्यक्तियों से अधिक दोषी हैं, जो सोचते हैं कि बादलों के ऊपर अवस्थित कोई पुरुषविशेष या बहुत से पुरुषगण उनकी प्रार्थनाओं को सुनते हैं और उनके उत्तर देते हैं—अथवा उन लोगों से, जिनका विश्वास है कि ये पुरुष उनकी प्रार्थनाओं के कारण संसार का नियम ही बदल देंगे। क्योंकि इन बाद के व्यक्तियों के संबंध में यह दुहाई दी जा सकती है कि वे अज्ञानी हैं, अथवा कम–से–कम यह कि उनकी शिक्षा–प्रणाली दूषित रही है, जिसने उन्हें ऐसे अप्राकृतिक पुरुषों का सहारा लेने की सीख दी और जो निर्भरता अब उनके अवनत स्वभाव का एक अंग ही बन गई है। पर पूर्वोक्त शिक्षित व्यक्तियों के लिए तो ऐसी किसी दुहाई की गुंजाइश नहीं।

हजारों वर्षों से लोगों ने ऐसी अलौकिक घटनाओं का पर्यवेक्षण किया है, उनके संबंध में विशेष रूप से चिंतन किया है और फिर उनमें से कुछ साधारण तत्त्व निकाले हैं; यहाँ तक कि मनुष्य की धर्मप्रवृत्ति की आधारभूमि पर भी विशेष रूप से,

अत्यंत सूक्ष्मता के साथ विचार किया है। इन समस्त चिंतन और विचारों का फल यह राजयोग-विद्या है। यह राजयोग आजकल के अधिकांश वैज्ञानिकों की अक्षम्य धारा का अवलंबन नहीं करता—वह उनकी भाँति उन घटनाओं के अस्तित्व को एकदम उड़ा नहीं देता, जिनकी व्याख्या दुरूह हो; प्रत्युत वह तो धीर भाव से, पर स्पष्ट शब्दों में, अंधविश्वास से भरे व्यक्ति को बता देता है कि यद्यपि अलौकिक घटनाएँ, प्रार्थनाओं की पूर्ति और विश्वास की शक्ति, ये सब सत्य हैं, तथापि इनका स्पष्टीकरण ऐसी अंधविश्वासपूर्ण व्याख्या द्वारा नहीं हो सकता कि ये सब व्यापार बादलों के ऊपर अवस्थित किसी व्यक्ति या कुछ व्यक्तियों द्वारा संपन्न होते हैं। वह घोषणा करता है कि प्रत्येक मनुष्य सारी मानवजाति के पीछे वर्तमान ज्ञान और शक्ति के अनंत सागर की एक क्षुद्र प्रणाली मात्र है। वह शिक्षा देता है कि जिस प्रकार वासनाएँ और अभाव मानव के अंतर में हैं, उसी प्रकार उसके भीतर ही मन के अभावों के मोचन की शक्ति भी है; जहाँ कहीं और जब कभी किसी वासना, अभाव या प्रार्थना की पूर्ति होती है, तो समझना होगा कि वह इस अनंत भंडार से ही पूर्ण होती है, किसी अप्राकृतिक पुरुष से नहीं। अप्राकृतिक पुरुषों की भावना मानव में कार्य की शक्ति को भले ही कुछ परिणाम में उद्दीप्त कर देती हो, पर उससे आध्यात्मिक अवनति भी आती है। उससे स्वाधीनता चली जाती है, भय और अंधविश्वास हृदय पर अधिकार जमा लेते हैं तथा 'मनुष्य स्वभाव से ही दुर्बल प्रकृति है' ऐसा भयंकर विश्वास हममें घर कर लेता है। योगी कहते हैं कि अप्राकृतिक नाम की कोई चीज नहीं है, पर हाँ, प्रकृति में दो प्रकार की अभिव्यक्तियाँ हैं—एक है स्थूल और दूसरी सूक्ष्म। सूक्ष्म कारण है और स्थूल कार्य है। स्थूल सहज ही इंद्रियों द्वारा उपलब्ध किया जा सकता है, पर सूक्ष्म नहीं। राजयोग के अभ्यास से सूक्ष्मतर अनुभूति अर्जित होती रहती है।

भारतवर्ष में जितने वेदमतानुयायी दर्शनशास्त्र हैं, उन सबका एक ही लक्ष्य है, और वह है—पूर्णता प्राप्त करके आत्मा को मुक्त कर लेना। इसका उपाय है योग। 'योग' शब्द बहुभावव्यापी है। सांख्य और वेदांत उभय मत किसी-न-किसी प्रकार से योग का समर्थन करते हैं।

प्रस्तुत पुस्तक का विषय है—'राजयोग'। पातंजलसूत्र राजयोग का शास्त्र है और राजयोग पर सर्वोच्च प्रामाणिक ग्रंथ है। अन्यान्य दार्शनिकों का किसी-किसी दार्शनिक विषय में पतंजलि से मतभेद होने पर भी वे सभी, निश्चित रूप से, उनकी साधना-प्रणाली का अनुमोदन करते हैं। लेखक ने न्यूयॉर्क में कुछ छात्रों को इस योग की शिक्षा देने के लिए जो व्याख्यान दिए थे, वे ही इस पुस्तक के प्रथम अंश में

निबद्ध हैं। और इसके दूसरे अंश में पतंजलि के सूत्र, उन सूत्रों के अर्थ और उन पर संक्षिप्त टीका भी सन्निविष्ट कर दी गई है। जहाँ तक संभव हो सका, पारिभाषिक शब्दों का प्रयोग न करने और वार्त्तालाप को सहज और सरल भाषा में लिखने का यत्न किया गया है। इसके प्रथमांश में साधनार्थियों के लिए कुछ सरल और विशेष उपदेश दिए गए हैं, 'पर उन सभी को यहाँ विशेष रूप से सावधान कर दिया जाता है कि योग के कुछ साधारण अंगों को छोड़कर, निरापद योगशिक्षा के लिए गुरु का सदा सान्निध्य रहना आवश्यक है।' वार्त्तालाप के रूप में प्रदत्त ये सब उपदेश यदि लोगों के हृदय में इस विषय पर और भी अधिक जानने की पिपासा जगा दे, तो फिर गुरु का अभाव न रहेगा।

पातंजल दर्शन सांख्य मत पर स्थापित है। इन दोनों मतों में अंतर बहुत ही थोड़ा है। इनके दो प्रधान भेद ये हैं—पहला तो पतंजलि आदिगुरु के रूप में एक सगुण ईश्वर की सत्ता स्वीकार करते हैं, जब कि सांख्य का ईश्वर लगभग पूर्णता प्राप्त एक व्यक्ति मात्र है, जो कुछ समय तक एक सृष्टिकल्प का शासन करता है। और दूसरा, योगीगण आत्मा या पुरुष के समान मन को भी सर्वव्यापी मानते हैं, पर साख्यमत वाले नहीं।

—स्वामी विवेकानंद

प्रथम अध्याय

अवतरणिका

हमारा समस्त ज्ञान स्वानुभूति पर आधारित है, जिसे हम आनुमानिक ज्ञान कहते हैं, और जिसमें हम सामान्य से सामान्यतर या सामान्य से विशेष तक पहुँचते हैं, उसकी बुनियाद स्वानुभूति है। जिनको निश्चित विज्ञाने कहते हैं, उनकी सत्यता सहज ही लोगों की समझ में आ जाती है, क्योंकि वे प्रत्येक व्यक्ति से कहते हैं—''तुम स्वयं यह देख लो कि यह बात सत्य है अथवा नहीं, और तब उस पर विश्वास करो।'' वैज्ञानिक तुमको किसी भी विषय पर विश्वास कर बैठने को न कहेंगे। उन्होंने स्वयं कुछ विषयों का प्रत्यक्ष अनुभव किया है और उन पर विचार करके कुछ सिद्धांतों पर पहुँचे हैं। जब वे अपने उन सिद्धांतों पर हमसे विश्वास करने के लिए कहते हैं, तब जनसाधारण की अनुभूति पर उनके सत्यासत्य के निर्णय का भार छोड़ देते हैं। प्रत्येक निश्चित विज्ञान की एक सामान्य आधारभूमि है और उससे जो सिद्धांत उपलब्ध होते हैं, इच्छा करने पर कोई भी उनका सत्यासत्य तत्काल समझ ले सकता है। अब प्रश्न यह है, धर्म की ऐसी सामान्य आधारभूमि कोई है भी या नहीं? हमें इसका उत्तर देने के लिए 'हाँ' और 'नहीं', दोनों कहने होंगे।

संसार में धर्म के संबंध में सर्वत्र सामान्यत: ऐसी शिक्षा मिलती है कि धर्म केवल श्रद्धा और विश्वास पर स्थापित है, और अधिकांश स्थलों में तो वह भिन्न-भिन्न मतों की समष्टि मात्र है। यही कारण है कि धर्मों के बीच केवल लड़ाई-झगड़ा दिखाई देता है। ये मत फिर विश्वास पर स्थापित हैं। कोई-कोई कहते हैं कि बादलों के ऊपर एक महान् पुरुष है, वही सारे संसार का शासन करता है; और वक्ता महोदय केवल अपनी बात के बल पर ही मुझसे इसमें विश्वास करने को कहते हैं। मेरे भी ऐसे अनेक भाव हो सकते हैं, जिन पर विश्वास करने के लिए मैं दूसरों से कहता हूँ और यदि वे कोई युक्ति चाहें, इस विश्वास का कारण पूछें, तो मैं उन्हें

युक्ति-तर्क देने में असमर्थ हो जाता हूँ। इसीलिए आजकल धर्म और दर्शन-शास्त्रों की इतनी निंदा सुनने में आती है। प्रत्येक शिक्षित व्यक्ति का मानो यही मनोभाव है—'अहो, ये धर्म कुछ मतों के गट्ठे भर हैं! उनके सत्यासत्य-विचार का कोई एक मापदंड नहीं; जिसके जी में जो आया, बस, वही बक गया!' किंतु ये लोग चाहे जो सोचें, वास्तव में धर्मविश्वास की एक सार्वभौमिक भित्ति है—वही विभिन्न देशों के विभिन्न संप्रदायों के भिन्न-भिन्न मतवादों और सब प्रकार कई विभिन्न धारणाओं को नियमित करती है। उन सबके मूल में जाने पर हम देखते हैं कि वे सभी सार्वजनिक अनुभूति पर प्रतिष्ठित हैं।

पहली बात तो यह कि यदि तुम पृथ्वी के भिन्न-भिन्न धर्मों का जरा विश्लेषण करो, तो तुमको ज्ञात हो जाएगा कि वे दो श्रेणियों में विभक्त हैं। कुछ की शास्त्रभित्ति है, और कुछ की शास्त्रभित्ति नहीं। जो शास्त्रभित्ति पर स्थापित हैं, वे सुदृढ़ हैं, उन धर्मों के माननेवालों की संख्या भी अधिक है। जिनकी शास्त्रभित्ति नहीं है, वे धर्म प्रायः लुप्त हो गए हैं। कुछ नए उठे अवश्य हैं, पर उनके अनुयायी बहुत थोड़े हैं। फिर भी उक्त सभी संप्रदायों में यह मतैक्य दीख पड़ता है कि उनकी शिक्षा विशिष्ट व्यक्तियों के प्रत्यक्ष अनुभव मात्र हैं। ईसाई तुमसे अपने धर्म पर, ईसा पर, ईसा के अवतारत्व पर, ईश्वर और आत्मा के अस्तित्व पर और उस आत्मा की भविष्य उन्नति की संभवनीयता पर विश्वास करने को कहता है। यदि मैं उससे इस विश्वास का कारण पूछूँ तो वह कहता है, ''यह मेरा विश्वास है।'' किंतु यदि तुम ईसाई धर्म के मूल में जाओ, तो देखोगे कि वह भी प्रत्यक्ष अनुभूति पर स्थापित है। ईसा ने कहा है, ''मैंने ईश्वर के दर्शन किए हैं।'' उनके शिष्यों ने भी कहा है, ''हमने ईश्वर का अनुभव किया है।'' आदि-आदि।

बौद्ध धर्म के संबंध में भी ऐसा ही है। बुद्धदेव की प्रत्यक्ष अनुभूति पर यह धर्म स्थापित है। उन्होंने कुछ सत्यों का अनुभव किया था। उन्होंने उन सब को देखा था, वे उन सत्यों के संस्पर्श में आए थे, और उन्हीं का उन्होंने संसार में प्रचार किया। हिंदुओं के संबंध में भी ठीक यही बात है; उनके शास्त्रों में 'ऋषि' नाम से संबोधित किए जानेवाले ग्रंथकर्ता कह गए हैं, ''हमने कुछ सत्यों के अनुभव किए हैं।'' और उन्हीं का वे संसार में प्रचार कर गए हैं। अतः यह स्पष्ट है कि संसार के समस्त धर्म उस प्रत्यक्ष अनुभव पर स्थापित हैं, जो ज्ञान की सार्वभौमिक और सुदृढ़ भित्ति है। सभी धर्माचार्यों ने ईश्वर को देखा था। उन सभी ने आत्मदर्शन किया था; अपने अनंत स्वरूप का ज्ञान सभी को हुआ था, सब ने अपनी भविष्य अवस्था देखी थी, और जो कुछ उन्होंने देखा था, उसी का वे प्रचार कर गए। भेद इतना ही है कि इनमें से

अधिकांश धर्मों में, विशेषतः आजकल, एक अद्‌भुत दावा हमारे सामने उपस्थित होता है, और वह यह कि 'इस समय ये अनुभूतियाँ असंभव हैं। जो धर्म के प्रथम संस्थापक थे, बाद में जिनके नाम से उस धर्म का प्रवर्तन और प्रचलन हुआ, ऐसे केवल थोड़े व्यक्तियों के लिए ही ऐसा प्रत्यक्ष अनुभव संभव हुआ था। अब ऐसे अनुभव के लिए कोई रास्ता नहीं रहा, फलतः अब धर्म पर विश्वास भर कर लेना होगा।'

इस बात को मैं पूरी शक्ति से अस्वीकृत करता हूँ। यदि संसार में किसी प्रकार के विज्ञान के किसी विषय की किसी ने कभी प्रत्यक्ष उपलब्धि की है, तो इससे इस सार्वभौमिक सिद्धांत पर पहुँचा जा सकता है कि पहले भी कोटि-कोटि बार उसकी उपलब्धि की संभावना थी और भविष्य में भी अनंत काल तक उसकी उपलब्धि की संभावना बनी रहेगी। एकरूपता ही प्रकृति का एक बड़ा नियम है। एक बार जो घटित हुआ है, वह पुनः घटित हो सकता है। इसीलिए योगविद्या के आचार्यगण कहते हैं कि धर्म पूर्वकालीन अनुभवों पर केवल स्थापित ही नहीं, वरन् इन अनुभवों से स्वयं संपन्न हुए बिना कोई भी धार्मिक नहीं हो सकता। जिस विद्या के द्वारा ये अनुभव प्राप्त होते हैं, उसका नाम है योग। धर्म के सत्यों का जब तक कोई अनुभव नहीं कर लेता, तब तक धर्म की बात करना ही वृथा है। भगवान् के नाम पर इतनी लड़ाई, विरोध और झगड़ा क्यों? भगवान् के नाम पर जितना खून बहा है, उतना और किसी कारण से नहीं। ऐसा क्यों? इसीलिए कि कोई भी व्यक्ति मूल तक नहीं पहुँच पाया। सब लोग पूर्वजों के कुछ आचारों का अनुमोदन करके ही संतुष्ट थे। वे चाहते थे कि दूसरे भी वैसा ही करें। जिन्हें आत्मा की अनुभूति या ईश्वर-साक्षात्कार न हुआ हो, उन्हें यह कहने का क्या अधिकार है कि आत्मा या ईश्वर है? यदि ईश्वर हो, तो उसका साक्षात्कार करना होगा; यदि आत्मा नामक कोई चीज हो, तो उसकी उपलब्धि करनी होगी। अन्यथा विश्वास न करना ही भला। ढोंगी होने से स्पष्टवादी नास्तिक होना अच्छा है।

एक ओर, आजकल के विद्वान् कहलानेवाले मनुष्यों के मन का भाव यह है कि धर्म, दर्शन और एक परम पुरुष का अनुसंधान यह सब निष्फल है; और दूसरी ओर, जो अर्धशिक्षित हैं, उनका मनोभाव ऐसा जान पड़ता है कि धर्म, दर्शन आदि की वास्तव में कोई बुनियाद नहीं; उनकी इतनी ही उपयोगिता है कि वे संसार के मंगलसाधन की बलशाली प्रेरक शक्तियाँ हैं। यदि लोगों का ईश्वर की सत्ता में विश्वास रहेगा, तो वे सत् और नीतिपरायण बनेंगे और इसीलिए अच्छे नागरिक होंगे। जिनके ऐसे मनोभाव हैं, इसके लिए उनको दोष नहीं दिया जा सकता, क्योंकि

वे धर्म के संबंध में जो शिक्षा पाते हैं, वह केवल सारशून्य, अर्थहीन अनंत शब्दसमष्टि पर विश्वास मात्र है। उन लोगों से शब्दों पर विश्वास करके रहने के लिए कहा जाता है; क्या ऐसा कोई कभी कर सकता है? यदि मनुष्य द्वारा यह संभव होता, तो मानवप्रकृति पर मेरी तिल मात्र श्रद्धा न रहती। मनुष्य चाहता है सत्य। वह सत्य का स्वयं अनुभव करना चाहता है; और जब वह सत्य की धारणा कर लेता है, सत्य का साक्षात्कार कर लेता है, हृदय के अंतरतम प्रदेश में उसका अनुभव कर लेता है, वेद कहते हैं, ''तभी उसके सारे संदेह दूर होते हैं, सारा तमोजाल छिन्न-भिन्न हो जाता है और सारी वक्रता सीधी हो जाती है।'' 'हे अमृत के पुत्रो, हे दिव्यधाम निवासियो, सुनो—मैंने अज्ञानांधकार से आलोक में जाने का रास्ता पा लिया है। जो समस्त तम के पार है, उसको जानने पर ही वहाँ जाया जा सकता है, मुक्ति का और कोई दूसरा उपाय नहीं।'

राजयोग-विद्या इस सत्य को प्राप्त करने के लिए, मानव के समक्ष यथार्थ, व्यावहारिक और साधनोपयोगी वैज्ञानिक प्रणाली रखने का प्रस्ताव करती है। पहले तो प्रत्येक विद्या के अनुसंधान और साधन की प्रणाली पृथक्-पृथक् है। यदि तुम खगोलशास्त्री होने की इच्छा करो और बैठे-बैठे केवल 'खगोलशास्त्र खगोलशास्त्र' कहकर चिल्लाते रहो, तो तुम कभी खगोलशास्त्र के अधिकारी न हो सकोगे। रसायनशास्त्र के संबंध में भी ऐसा ही है; उसमें भी एक निर्दिष्ट प्रणाली का अनुसरण करना होगा; प्रयोगशाला में जाकर विभिन्न द्रव्यादि लेने होंगे, उनको एकत्र करना होगा, उन्हें उचित अनुपात में मिलाना होगा, फिर उनको लेकर उनकी परीक्षा करनी होगी, तब कहीं तुम रसायनविज्ञ हो सकोगे। यदि तुम खगोलशास्त्रज्ञ होना चाहते हो, तो तुम्हें वेधशाला में जाकर दूरबीन की सहायता से तारों और ग्रहों का पर्यवेक्षण करके उनके विषय में आलोचना करनी होगी, तभी तुम खगोलशास्त्रज्ञ हो सकोगे।

प्रत्येक विद्या की अपनी एक निर्दिष्ट प्रणाली है। मैं तुम्हें सैकड़ों उपदेश दे सकता हूँ। परंतु तुम यदि साधना न करो, तो तुम कभी धार्मिक न हो सकोगे। सभी युगों में, सभी देशों में, निष्काम, शुद्ध स्वभाव साधु-महापुरुष इसी सत्य का प्रचार कर गए हैं। संसार का हित छोड़कर अन्य कोई कामना उनमें नहीं थी। उन सभी लोगों ने कहा है कि इंद्रियाँ हमें जहाँ तक सत्य का अनुभव करा सकती हैं, हमने उससे उच्चतर सत्य प्राप्त कर लिया है, और वे उसकी परीक्षा के लिए तुम्हें बुलाते हैं। वे कहते हैं, ''तुम एक निर्दिष्ट साधन-प्रणाली लेकर सरल भाव से साधना करते रहो, और यदि यह उच्चतर सत्य प्राप्त न हो, तो फिर भले ही कह सकते हो कि इस उच्चतर सत्य के संबंध की बातें केवल कपोलकल्पित हैं। पर हाँ, इससे पहले इन

उक्तियों की सत्यता को बिलकुल अस्वीकृत कर देना किसी तरह युक्तिपूर्ण नहीं है।'' अतएव निर्दिष्ट साधन-प्रणाली लेकर श्रद्धापूर्वक साधना करना हमारे लिए आवश्यक है, और तब प्रकाश अवश्य आएगा।

कोई ज्ञान प्राप्त करने के लिए हम साधारणीकरण की सहायता लेते हैं और साधारणीकरण घटनाओं के पर्यवेक्षण पर आधारित है। हम पहले घटनावली का पर्यवेक्षण करते हैं, फिर उनका साधारणीकरण करते हैं और फिर उनसे अपने सिद्धांत या मतामत निकालते हैं। हम जब तक यह प्रत्यक्ष नहीं कर लेते कि हमारे मन के भीतर क्या हो रहा है और क्या नहीं, तब तक हम अपने मन के संबंध में, मनुष्य की आभ्यंतरिक प्रकृति के संबंध में, मनुष्य के विचार के संबंध में कुछ भी नहीं जान सकते। बाह्य जगत् के व्यापारों का पर्यवेक्षण करना अपेक्षाकृत सहज है, क्योंकि उसके लिए हजारों यंत्र निर्मित हो चुके हैं, पर अंतर्जगत् के व्यापार को समझने में मदद करनेवाला कोई भी यंत्र नहीं। किंतु फिर भी हम यह निश्चयपूर्वक जानते हैं कि किसी विषय का यथार्थ ज्ञान प्राप्त करने के लिए पर्यवेक्षण आवश्यक है। उचित विश्लेषण के बिना विज्ञान निरर्थक और निष्फल होकर केवल भित्तिहीन अनुमान में परिणत हो जाता है। इसी कारण, उन थोड़े से मनस्तत्त्वान्वेषियों को छोड़कर, जिन्होंने पर्यवेक्षण करने के उपाय जान लिये हैं, शेष सब लोग चिरकाल से परस्पर केवल विवाद ही करते आ रहे हैं।

राजयोग-विद्या पहले मनुष्य को उसकी अपनी आभ्यंतरिक अवस्थाओं के पर्यवेक्षण का इस प्रकार उपाय दिखा देती है। मन ही उस पर्यवेक्षण का यंत्र है। मनोयोग की शक्ति का सही-सही नियमन कर जब उसे अंतर्जगत् की ओर परिचालित किया जाता है, तभी वह मन का विश्लेषण कर सकती है और तब उसके प्रकाश से हम यह सही-सही समझ सकते हैं कि अपने मन के भीतर क्या घट रहा है। मन की शक्तियाँ इधर-उधर बिखरी हुई प्रकाश की किरणों के समान हैं। जब उन्हें केंद्रीभूत किया जाता है, तब वे सबकुछ आलोकित कर देती हैं। यही ज्ञान का हमारा एकमात्र उपाय है। बाह्य जगत् में हो अथवा अंतर्जगत् में, लोग इसी को काम में ला रहे हैं। पर वैज्ञानिक जिस सूक्ष्म पर्यवेक्षण-शक्ति का प्रयोग बहिर्जगत् में करता है, मनस्तत्त्वान्वेषी उसी का मन पर करते हैं। इसके लिए काफी अभ्यास आवश्यक है। बचपन से हमने केवल बाहरी वस्तुओं में मनोनिवेश करना सीखा है, अंतर्जगत् में मनोनिवेश करने की शिक्षा नहीं पाई। इसी कारण हममें से अधिकांश आभ्यंतरिक क्रिया-विधि की निरीक्षण-शक्ति खो बैठे हैं। मन को अंतर्मुखी करना, उसकी बहिर्मुखी गति को रोकना, उसकी समस्त शक्तियों को केंद्रीभूत कर, उस मन के ही

ऊपर उनका प्रयोग करना, ताकि वह अपना स्वभाव समझ सके, अपने आपको विश्लेषण करके देख सके—एक अत्यंत कठिन कार्य है। पर इस विषय में वैज्ञानिक प्रथा के अनुसार अग्रसर होने के लिए यही एकमात्र उपाय है।

इस तरह के ज्ञान की उपयोगिता क्या है? पहले तो ज्ञान स्वयं ज्ञान का सर्वोच्च पुरस्कार है। दूसरे, इसकी उपयोगिता भी है। यह हमारे समस्त दुःखों का हरण करेगा। जब मनुष्य अपने मन का विश्लेषण करते-करते ऐसी एक वस्तु के साक्षात् दर्शन कर लेता है, जिसका किसी काल में नाश नहीं, जो स्वरूपतः नित्यपूर्ण और नित्यशुद्ध है, तब उसको फिर दुःख नहीं रह जाता, उसका सारा विषाद न जाने कहाँ गायब हो जाता है। भय और अपूर्ण वासना ही समस्त दुःखों का मूल है। पूर्वोक्त अवस्था के प्राप्त होने पर मनुष्य समझ जाता है कि उसकी मृत्यु किसी काल में नहीं है, तब उसे फिर मृत्युभय नहीं रह जाता। अपने को पूर्ण समझ सकने पर असार वासनाएँ फिर नहीं रहतीं। पूर्वोक्त कारणद्वय का अभाव हो जाने पर फिर कोई दुःख नहीं रह जाता। उसकी जगह इसी देह में परमानंद की प्राप्ति हो जाती है।

इस ज्ञान की प्राप्ति के लिए एकमात्र उपाय है एकाग्रता। रसायनविज्ञ अपनी प्रयोगशाला में जाकर अपने मन की समस्त शक्तियों को केंद्रीभूत करके जिन वस्तुओं का विश्लेषण करता है, उन पर प्रयोग करता है; और इस प्रकार वह उनके रहस्य जान लेता है। खगोलशास्त्रज्ञ अपने मन की समस्त शक्तियों को एकत्र करके दूरबीन के भीतर से आकाश में प्रक्षिप्त करता है, और बस, त्योंही सूर्य, चंद्र और तारे अपने-अपने रहस्य उसके निकट खोल देते हैं। मैं जिस विषय पर बातचीत कर रहा हूँ, उस विषय में मैं जितना मनोनिवेश कर सकूँगा, उतना ही उस विषय का गूढ़ तत्त्व तुम लोगों के निकट प्रकट कर सकूँगा। तुम लोग मेरी बात सुन रहे हो। तुम लोग जितना इस विषय में मनोनिवेश करोगे, मेरी बात को उतना ही स्पष्ट रूप से धारण कर सकोगे।

मन की शक्तियों को एकाग्र करने के सिवा अन्य किस तरह संसार में ये समस्त ज्ञान उपलब्ध हुए हैं? प्रकृति के द्वार को कैसे खटखटाना चाहिए, उस पर कैसे आघात देना चाहिए, केवल यह ज्ञात हो गया, तो बस प्रकृति अपना सारा रहस्य खोल देती है। उस आघात की शक्ति और तीव्रता एकाग्रता से ही आती है। मानव-मन की शक्ति की कोई सीमा नहीं। वह जितना ही एकाग्र होता है, उतनी ही उसकी शक्ति एक लक्ष्य पर केंद्रित होती है, यही रहस्य है।

मन को बाहरी विषय पर स्थिर करना अपेक्षाकृत सहज है। मन स्वभावतः बहिर्मुखी है। किंतु धर्म, मनोविज्ञान अथवा दर्शन के विषय में ऐसा नहीं है। यहाँ

तो ज्ञाता और ज्ञेय (विषयी और विषय) एक हैं। यहाँ प्रमेय (विषय) एक अंदर की वस्तु है—मन ही यहाँ प्रमेय है। मनस्तत्त्व का अन्वेषण करना ही यहाँ प्रयोजन है, और मन ही 'मनस्तत्त्व के अन्वेषण' का कर्ता है। हमें मालूम है कि मन की एक ऐसी शक्ति है, जिससे वह अपने अंदर जो कुछ हो रहा है, उसे देख सकता है, इसको 'अंतपर्यवेक्षण-शक्ति' कह सकते हैं। मैं तुमसे बातचीत कर रहा हूँ, फिर साथ ही मैं मानो एक और व्यक्ति होकर बाहर खड़ा हूँ और जो कुछ कह रहा हूँ, वह जान-सुन रहा हूँ। तुम एक ही समय काम और चिंतन दोनों कर रहे हो, परंतु तुम्हारे मन का एक और अंश मानो बाहर खड़े होकर तुम जो कुछ चिंतन कर रहे हो, उसे देख रहा है। मन की समस्त शक्तियों को एकत्र करके मन पर ही उनका प्रयोग करना होगा। जैसे सूर्य की तीक्ष्ण किरणों के सामने घने अंधकारमय स्थान भी अपने गुप्त तथ्य खोल देते हैं, उसी तरह यह एकाग्र मन अपने सब अंतरतम रहस्य प्रकाशित कर देगा। तब हम विश्वास की सच्ची बुनियाद पर पहुँचेंगे। तभी हमको सही-सही धर्म-प्राप्ति होगी। तभी आत्मा है या नहीं, जीवन केवल इस सामान्य जीवित काल तक ही सीमित है अथवा अनंतकाल व्यापी है और संसार में कोई ईश्वर है या नहीं, यह सब हम स्वयं देख सकेंगे। सबकुछ हमारे ज्ञानचक्षुओं के सामने उद्भासित हो उठेगा। राजयोग हमें यही शिक्षा देना चाहता है। इसमें जितने उपदेश हैं, उन सबका उद्देश्य प्रथमत: मन की एकाग्रता का साधन है; इसके बाद है—उसके गंभीरतम प्रदेश में कितने प्रकार के भिन्न-भिन्न कार्य हो रहे हैं, उनका ज्ञान प्राप्त करना; और तत्पश्चात् उनसे साधारण सत्यों को निकालकर उनसे अपने एक सिद्धांत पर उपनीत होना। इसीलिए राजयोग की शिक्षा किसी धर्मविशेष पर आधारित नहीं है। तुम्हारा धर्म चाहे जो हो, तुम चाहे आस्तिक हो या नास्तिक, यहूदी या बौद्ध या ईसाई, इससे कुछ बनता-बिगड़ता नहीं, तुम मनुष्य हो, बस यही पर्याप्त है।

प्रत्येक मनुष्य में धर्मतत्त्व का अनुसंधान करने की शक्ति है, उसे उसका अधिकार है। प्रत्येक व्यक्ति का किसी भी विषय से क्यों न हो, कारण पूछने का अधिकार है, और उसमें ऐसी शक्ति भी है कि वह अपने भीतर से ही उन प्रश्नों के उत्तर पा सके। पर हाँ, उसे इसके लिए कुछ कष्ट उठाना पड़ेगा। अब तक हमने देखा, इस राजयोग की साधना में किसी प्रकार के विश्वास की आवश्यकता नहीं। जब तक कोई बात स्वयं प्रत्यक्ष न कर सको, तब तक उस पर विश्वास न करो—राजयोग यही शिक्षा देता है। सत्य को प्रतिष्ठित करने के लिए अन्य किसी सहायता की आवश्यकता नहीं। क्या तुम कहना चाहते हो कि जाग्रत् अवस्था की सत्यता के

प्रमाण के लिए स्वप्न अथवा कल्पना की सहायता की जरूरत है? नहीं, कभी नहीं। इस राजयोग की साधना में दीर्घ काल और निरंतर अभ्यास की आवश्यकता है। इस अभ्यास का कुछ अंश शरीरसंयम-विषयक है, परंतु इसका अधिकांश मन:संयमात्मक है। हम क्रमश: समझेंगे, मन और शरीर में किस प्रकार का संबंध है। यदि हम विश्वास करें कि मन शरीर की केवल एक सूक्ष्म अवस्था विशेष है और मन शरीर पर कार्य करता है, तो हमें यह भी स्वीकार करना होगा कि शरीर भी मन पर कार्य करता है। शरीर के अस्वस्थ होने पर मन भी अस्वस्थ हो जाता है, शरीर स्वस्थ रहने पर मन भी स्वस्थ और तेजस्वी रहता है। जब किसी व्यक्ति को क्रोध आता है, तब उसका मन अस्थिर हो जाता है। मन की अस्थिरता के कारण शरीर भी पूरी तरह अस्थिर हो जाता है। अधिकांश लोगों का मन शरीर के संपूर्ण अधीन रहता है। असल में उनके मन की शक्ति बहुत थोड़े परिमाण में विकसित हुई रहती है। अधिकांश मनुष्य पशु से बहुत थोड़े ही उन्नत हैं, क्योंकि अधिकांश स्थलों में तो उनकी संयम की शक्ति पशु-पक्षियों से कोई विशेष अधिक नहीं। हममें मन के निग्रह की शक्ति बहुत थोड़ी है। मन पर यह अधिकार पाने के लिए, शरीर और मन पर आधिपत्य लाने के लिए कुछ बहिरंग साधनाओं की, दैहिक साधनाओं की आवश्यकता है। शरीर जब पूरी तरह अधिकार में आ जाएगा, तब मन को हिलाने-डुलाने का समय आएगा। इस तरह मन जब बहुत कुछ वश में आ जाएगा, तब हम इच्छानुसार उससे काम ले सकेंगे, उसकी वृत्तियों को एकमुखी होने के लिए मजबूर कर सकेंगे।

राजयोगी के मतानुसार यह संपूर्ण बहिर्जगत् अंतर्जगत् या सूक्ष्म जगत् का स्कूल विकास मात्र है। सभी स्थलों में सूक्ष्म को कारण और स्थूल को कार्य समझना होगा। इस नियम से बहिर्जगत् कार्य है और अंतर्जगत् कारण।

इसी हिसाब से स्थूल जगत् की परिदृश्यमान शक्तियाँ आभ्यंतरिक सूक्ष्मतर शक्तियों का स्थूल भाग मात्र हैं। जिन्होंने इन आभ्यंतरिक शक्तियों का आविष्कार करके उन्हें इच्छानुसार चलाना सीख लिया है, वे संपूर्ण प्रकृति को वश में कर सकते हैं। संपूर्ण जगत् को वशीभूत करना और सारी प्रकृति पर अधिकार हासिल करना, इस बृहत् कार्य को ही योगी अपना कर्तव्य समझते हैं। वे एक ऐसी अवस्था में जाना चाहते हैं, जहाँ हम जिन्हें 'प्रकृति के नियम' कहते हैं, वे उन पर कोई प्रभाव नहीं डाल सकते, जिस अवस्था में वे उन सब को पार कर जाते हैं। तब वे आभ्यंतरिक और बाह्य समस्त प्रकृति पर प्रभुत्व प्राप्त कर लेते हैं। मनुष्यजाति की उन्नति और सभ्यता इस प्रकृति को वशीभूत करने की शक्ति पर ही निर्भर है।

इस प्रकृति को वशीभूत करने के लिए भिन्न-भिन्न जातियाँ भिन्न-भिन्न

प्रणालियों का सहारा लेती हैं। जैसे एक ही समाज के भीतर कुछ व्यक्ति बाह्य प्रकृति को और कुछ अंत-प्रकृति को वशीभूत करने की चेष्टा करते हैं, वैसे ही विश्व भिन्न जातियों में कोई-कोई जातियाँ बाह्य प्रकृति को, तो कोई-कोई अंत:प्रकृति को वशीभूत करने का प्रयत्न करती हैं। किसी के मत से अंत:प्रकृति को वशीभूत करने पर सबकुछ वशीभूत हो जाता है; फिर दूसरों के मत से, बाह्य प्रकृति को वशीभूत करने पर सबकुछ वश में आ जाता है। इन दो सिद्धांतों के चरम भावों को देखने पर यह प्रतीत होता है कि दोनों ही सिद्धांत सही हैं; क्योंकि यथार्थत: प्रकृति में बाह्य और आभ्यंतर जैसा कोई भेद नहीं। यह केवल एक काल्पनिक विभाग है। ऐसे विभाग का कोई अस्तित्व ही नहीं, और यह कभी था भी नहीं। बहिर्वादी और अंतर्वादी जब अपने-अपने ज्ञान की चरम सीमा प्राप्त कर लेंगे, तब दोनों अवश्य एक ही स्थान पर पहुँच जाएँगे। जैसे भौतिक विज्ञानी जब अपने ज्ञान को चरम सीमा पर ले जाएँगे, तो अंत में उन्हें दार्शनिक होना होगा, उसी प्रकार दार्शनिक भी देखेंगे कि वे मन और भूत के नाम से जो दो भेद कर रहे थे, वे वास्तव में कल्पना मात्र हैं; वह एक दिन बिलकुल विलीन हो जाएगी।

जिससे यह बहु उत्पन्न हुआ है, जो एक पदार्थ बहु रूपों में प्रकाशित हुआ है, उसका निर्णय करना ही समस्त विज्ञान का मुख्य उद्देश्य और लक्ष्य है। राजयोगी कहते हैं, हम पहले अंतर्जगत् का ज्ञान प्राप्त करेंगे, फिर उसी के द्वारा बाह्य और आंतर उभय प्रकृति को वशीभूत कर लेंगे। प्राचीन काल से ही लोग इसके लिए प्रयत्नशील रहे हैं। भारतवर्ष में इसकी विशेष चेष्टा होती रही है, परंतु दूसरी जातियों ने भी इस ओर कुछ प्रयत्न किए हैं। पाश्चात्य देशों में लोग इसको रहस्य या गुप्त विद्या सोचते थे; जो लोग इसका अभ्यास करने जाते थे, उन पर अघोरी, जादूगर, ऐंद्रजालिक आदि अपवाद लगाकर उन्हें जला दिया अथवा मार डाला जाता था। भारतवर्ष में अनेक कारणों से यह विद्या ऐसे व्यक्तियों के हाथ पड़ी, जिन्होंने इसका 10 प्रतिशत अंश नष्ट कर डाला और शेष को गुप्त रीति से रखने की चेष्टा की। आजकल पश्चिमी देशों में, भारतवर्ष के गुरुओं की अपेक्षा निकृष्टतर अनेक गुरु-नामधारी व्यक्ति दिखाई पड़ते हैं। भारतवर्ष के गुरु फिर भी कुछ जानते थे, पर ये आधुनिक व्याख्याकार तो कुछ भी नहीं जानते।

इन सारी योग-प्रणालियों में जो कुछ गुह्य या रहस्यात्मक है, सब छोड़ देना पड़ेगा। जिससे बल मिलता है, उसी का अनुसरण करना चाहिए। अन्यान्य विषयों में जैसा है, धर्म में भी ठीक वैसा ही है—जो तुमको दुर्बल बनाता है, वह समूल त्याज्य है। रहस्य महामानव-मस्तिष्क को दुर्बल कर देती है। इसके कारण ही आज योगशास्त्र

नष्ट सा हो गया है। किंतु वास्तव में यह एक महाविज्ञान है। चार हजार वर्ष से भी पहले यह आविष्कृत हुआ था। तब से भारतवर्ष में यह प्रणालीबद्ध होकर वर्णित और प्रचारित होता रहा है। यह एक आश्चर्यजनक बात है कि व्याख्याकार जितना आधुनिक है, उसका भ्रम भी उतना ही अधिक है; और लेखक जितना प्राचीन है, उसने उतनी ही अधिक युक्तियुक्त बात कही है। आधुनिक लेखकों में ऐसे अनेक हैं, जो नाना प्रकार की रहस्यात्मक और अद्‌भुत-अद्‌भुत बातें कहा करते हैं। इस प्रकार, जिनके हाथ यह शास्त्र पड़ा, उन्होंने समस्त शक्तियाँ अपने अधिकार में रखने की इच्छा से इसको महागोपनीय बना डाला और युक्तिरूप प्रभाकर का पूर्ण आलोक इस पर नहीं पड़ने दिया।

मैं पहले ही कह देना चाहता हूँ कि मैं जो कुछ प्रचार कर रहा हूँ, उसमें गुह्य नाम की कोई चीज नहीं है। मैं जो कुछ थोड़ा सा जानता हूँ, वही तुमसे कहूँगा। जहाँ तक यह युक्ति से समझाया जा सकता है, वहाँ तक समझाने की कोशिश करूँगा। परंतु मैं जो नहीं समझ सकता, उसके बारे में कह दूँगा, 'शास्त्र का यह कथन है।' अंधविश्वास करना ठीक नहीं। अपनी विचारशक्ति और युक्ति काम में लानी होगी। यह प्रत्यक्ष करके देखना होगा कि शास्त्र में जो कुछ लिखा है, वह सत्य है या नहीं। भौतिक विज्ञान तुम जिस ढंग से सीखते हो, ठीक उसी ढंग से यह धर्मविज्ञान भी सीखना होगा। इसमें गुप्त रखने की कोई बात नहीं, किसी विपत्ति की भी आशंका नहीं। इसमें जहाँ तक सत्य है, उसका सबके समक्ष राजपथ पर प्रकट रूप से प्रचार करना आवश्यक है। यह सब किसी प्रकार छिपा रखने की चेष्टा करने से अनेक प्रकार की महान् विपत्तियाँ उत्पन्न होती हैं।

कुछ और अधिक कहने के पहले मैं सांख्य दर्शन के संबंध में कुछ कहूँगा। इस सांख्य दर्शन पर पूरा राजयोग आधारित है। सांख्य दर्शन के मत से किसी विषय के ज्ञान की प्रणाली इस प्रकार है—प्रथमतः विषय के साथ चक्षु आदि बाह्य करणों का संयोग होता है। ये चक्षु आदि बाहरी कारण फिर उसे मस्तिष्क स्थित अपने-अपने केंद्र अर्थात् इंद्रियों के पास भेजते हैं; इंद्रियाँ मन के निकट, और मन उसे निश्चयात्मिका बुद्धि के निकट ले जाता है, तब पुरुष या आत्मा उसका ग्रहण करता है। फिर जिस सोपानक्रम में से होता हुआ वह विषय अंदर आया था, उसी में से होते हुए लौट जाने की पुरुष मानो उसे आज्ञा देता है। इस प्रकार विषय गृहीत होता है। पुरुष को छोड़कर शेष सब जड़ हैं। पर आँख आदि बाहरी करणों की अपेक्षा मन सूक्ष्मतर भूत से निर्मित है। मन जिस उपादान से निर्मित है, उसी से तन्मात्रा नामक सूक्ष्म भूतों की उत्पत्ति होती है। उनके स्थूल हो जाने पर परिदृश्यमान भूतों की

उत्पत्ति होती है। यही सांख्य का मनोविज्ञान है। अतएव बुद्धि और परिदृश्यमान स्थूल भूत में अंतर केवल स्थूलता के तारतम्य में है। एकमात्र पुरुष या आत्मा ही चेतन है। मन तो मानो आत्मा के हाथों एक यंत्र है। उसके द्वारा आत्मा बाहरी विषयों को ग्रहण करती है। मन सतत परिवर्तनशील है, इधर-से-उधर दौड़ता रहता है, कभी सभी इंद्रियों से लगा रहता है, तो कभी एक से, और कभी किसी भी इंद्रिय से संलग्न नहीं रहता।

मान लो, मैं मन लगाकर एक घड़ी की टिकटिक सुन रहा हूँ। ऐसी दशा में आँखें खुली रहने पर भी मैं कुछ देख न पाऊँगा। इससे स्पष्ट समझ में आ जाता है कि मन जब श्रवणेंद्रिय से लगा था, तो दर्शनेंद्रिय से उसका संयोग न था। पर पूर्णता प्राप्त मन सभी इंद्रियों से एक साथ लगाया जा सकता है। उसकी अंतर्दृष्टि की शक्ति है, जिसके बल से मनुष्य अपने अंतर के सबसे गहरे प्रदेश तक में नजर डाल सकता है। इस अंतर्दृष्टि का विकास साधना ही योगी का उद्‌देश्य है। मन की समस्त शक्तियों को एकत्र करके भीतर की ओर मोड़कर वे जानना चाहते हैं कि भीतर क्या हो रहा है। इसमें केवल विश्वास की कोई बात नहीं; यह तो दार्शनिकों के मनस्तत्त्व-विश्लेषण का फल मात्र है। आधुनिक शरीर-विज्ञानविज्ञ का कथन है कि आँखें यथार्थत: दर्शनेंद्रिय नहीं हैं; वह इंद्रिय तो मस्तिष्क के अंतर्गत स्नायुकेंद्र में अवस्थित है और समस्त इंद्रियों के संबंध में ठीक ऐसा ही समझना चाहिए। उनका यह भी कहना है कि मस्तिष्क जिस पदार्थ से निर्मित है, ये केंद्र भी ठीक उसी पदार्थ से बने हैं। सांख्य भी ऐसा ही कहता है। अंतर यह है कि सांख्य का सिद्धांत मनस्तत्त्व पर आधारित है और वैज्ञानिकों का भौतिकता पर। फिर भी दोनों एक ही बात हैं। हमारे शोध के क्षेत्र इन दोनों के परे हैं।

योगी प्रयत्न करते हैं कि वे अपने को ऐसा सूक्ष्म अनुभूति-संपन्न कर लें, जिससे वे विभिन्न मानसिक अवस्थाओं को प्रत्यक्ष कर सकें। समस्त मानसिक प्रक्रियाओं को पृथक्-पृथक् रूप से मानस-प्रत्यक्ष करना आवश्यक है। इंद्रियगोलकों पर विषयों का आघात होते ही उससे उत्पन्न हुई संवेदनाएँ उस उस करण की सहायता से किस तरह स्नायु में से होती हुई जाती हैं, मन किस प्रकार उनको ग्रहण करता है, किस प्रकार फिर वे निश्चयात्मिका बुद्धि के पास जाती हैं, तत्पश्चात् किस प्रकार वह पुरुष के पास उन्हें पहुँचाता है—इन समस्त व्यापारों को पृथक्-पृथक् रूप में देखना होगा। प्रत्येक विषय की शिक्षा की अपनी एक निर्दिष्ट प्रणाली है। कोई भी विज्ञान क्यों न सीखो, पहले अपने आपको उसके लिए तैयार करना होगा, फिर एक निर्दिष्ट प्रणाली का अनुसरण करना होगा, इसके अतिरिक्त उस विज्ञान के

सिद्धांतों को समझने का और कोई दूसरा उपाय नहीं है। राजयोग के संबंध में भी ठीक ऐसा ही है।

भोजन के संबंध में कुछ नियम आवश्यक हैं। जिससे मन खूब पवित्र रहे, ऐसा भोजन करना चाहिए। तुम यदि किसी अजायबघर में जाओ, तो भोजन के साथ जीव का क्या संबंध है, यह भलीभाँति समझ में आ जाएगा। हाथी बड़ा भारी प्राणी है, परंतु उसकी प्रकृति बड़ी शांत है। और यदि तुम सिंह या बाघ के पिंजड़े की ओर जाओ, तो देखोगे, वे बड़े चंचल हैं। इससे समझ में आ जाता है कि आहार का तारतम्य कितना भयानक परिवर्तन कर देता है। हमारे शरीर के अंदर जितनी शक्तियाँ कार्यशील हैं, वे आहार से पैदा हुई हैं। और यह हम प्रतिदिन प्रत्यक्ष देखते हैं। यदि तुम उपवास करना आरंभ कर दो, तो तुम्हारा शरीर दुर्बल हो जाएगा, दैहिक शक्तियों का ह्रास हो जाएगा और कुछ दिनों बाद मानसिक शक्तियाँ भी क्षीण होने लगेंगी। पहले स्मृतिशक्ति जाती रहेगी, फिर ऐसा एक समय आएगा, जब सोचने के लिए भी सामर्थ्य न रह जाएगा—किसी विषय पर गंभीर रूप से विचार करना तो दूर की बात रही। इसीलिए साधना की पहली अवस्था में, भोजन के संबंध में विशेष ध्यान रखना होगा; फिर बाद में साधना में विशेष प्रगति हो जाने पर उतना सावधान न रहने से भी चलेगा। जब तक पौधा छोटा रहता है, तब तक उसे घेरकर रखते हैं, नहीं तो जानवर उसे चर जाएँ। उसके बड़ा वृक्ष हो जाने पर घेरा निकाल दिया जाता है। तब वह सारे आघात झेलने के लिए पर्याप्त समर्थ है।

योगी को अधिक विलास और कठोरता, दोनों ही त्याग देने चाहिए। उनके लिए उपवास करना या देह को किसी प्रकार कष्ट देना उचित नहीं। 'गीता' कहती है, "जो अपने को अनर्थक क्लेश देते हैं, वे कभी योगी नहीं हो सकते।" अति भोजनकारी, उपवासशील, अधिक जागरणशील, अधिक निद्राल, अत्यंत कर्मी अथवा बिलकुल आलसी—इनमें से कोई भी योगी नहीं हो सकता।

❑

द्वितीय अध्याय

साधना के प्राथमिक सोपान

राजयोग आठ अंगों में विभक्त है। पहला है 'यम'—अर्थात् अहिंसा, सत्य, अस्तेय (चोरी का अभाव), ब्रह्मचर्य और अपरिग्रह। दूसरा है 'नियम'—अर्थात् शौच, संतोष, तपस्या, स्वाध्याय (अध्यात्म-शास्त्रपाठ) और ईश्वरप्रणिधान अर्थात् ईश्वर को आत्मसमर्पण। तीसरा है 'आसन'—अर्थात् बैठने की प्रणाली। चौथा है 'प्राणायाम'—अर्थात् प्राण का संयम। पाँचवाँ है 'प्रत्याहार'—अर्थात् मन की विषयाभिमुखी गति को फेरकर उसे अंतर्मुखी करना। छठा है 'धारणा'—अर्थात् किसी स्थल पर मन का धारण। सातवाँ है 'ध्यान' और आठवाँ है 'समाधि'—अर्थात् अतिचेतन अवस्था। हम देख रहे हैं, यम और नियम चरित्र निर्माण के साधन हैं। इनको नींव बनाए बिना किसी तरह की योगसाधना सिद्ध न होगी। यम और नियम में दृढ़प्रतिष्ठ हो जाने पर योगी अपनी साधना का फल अनुभव करना आरंभ कर देते हैं। इनके न रहने पर साधना का कोई फल न होगा। योगी को चाहिए कि वे तन-मन-वचन से किसी के विरुद्ध हिंसाचरण न करें। दया मनुष्यजाति में ही आबद्ध न रहे, वरन् उसके परे भी वह जाए और सारे संसार का आलिंगन कर ले।

यम और नियम के बाद आसन आता है। जब तक बहुत उच्च अवस्था की प्राप्ति नहीं हो जाती, तब तक रोज नियमानुसार कुछ शारीरिक और मानसिक क्रियाएँ करनी पड़ती हैं। अतएव जिससें दीर्घ काल तक एक ढंग से बैठा जा सके, ऐसे एक आसन का अभ्यास आवश्यक है। जिनको जिस आसन से सुभीता मालूम होती हो, उनको उसी आसन पर बैठना चाहिए। एक व्यक्ति के लिए एक प्रकार से बैठकर सोचना सहज हो सकता है, परंतु दूसरे के लिए संभव है कि वह बहुत कठिन जान पड़े। हम बाद में देखेंगे कि योगसाधना के समय शरीर के भीतर नाना प्रकार के कार्य होते रहते हैं। स्नायविक शक्तिप्रवाह की गति को फेरकर उसे नए रास्ते से दौड़ाना

होगा; तब शरीर में नए प्रकार के स्पंदन या क्रिया शुरू होगी; सारा शरीर मानो नए रूप से गठित हो जाएगा। इस क्रिया का अधिकांश मेरुदंड के भीतर होगा। इसलिए आसन के संबंध में इतना समझ लेना होगा कि मेरुदंड को सहज स्थिति में रखना आवश्यक है, ठीक सीधा बैठना होगा—वक्ष, ग्रीवा और मस्तक सीधे और समुन्नत रहें, जिससे देह का सारा भार पसलियों पर पड़े। यह तुम सहज ही समझ सकोगे कि वक्ष यदि नीचे की ओर झुका रहे, तो किसी प्रकार का उच्च चिंतन करना संभव नहीं।

राजयोग का यह भाग हठयोग से बहुत कुछ मिलता-जुलता है। हठयोग केवल स्थूल देह को लेकर व्यस्त रहता है। इसका उद्देश्य केवल स्थूल देह को सबल बनाना है। हठयोग के संबंध में यहाँ कुछ कहने की आवश्यकता नहीं, क्योंकि उसकी क्रियाएँ बहुत कठिन हैं। एक दिन में उसकी शिक्षा भी संभव नहीं। फिर उससे कोई आध्यात्मिक उन्नति भी नहीं होती। डेलसर्ट और अन्य आचार्यों के ग्रंथों में इन क्रियाओं के अनेक अंश देखने को मिलते हैं। उन लोगों ने भी शरीर को भिन्न-भिन्न स्थितियों में रखने की व्यवस्था की है। हठयोग की तरह उनका भी उद्देश्य दैहिक उन्नति है, आध्यात्मिक नहीं। शरीर की ऐसी कोई पेशी नहीं, जिसे हठयोगी अपने वश में न ला सके। हृदययंत्र उसकी इच्छा के अनुसार बंद किया या चलाया जा सकता है। शरीर के सारे अंश वह अपनी इच्छानुसार चला सकता है।

मनुष्य किस प्रकार दीर्घजीवी हो, यही हठयोग का एकमात्र उद्देश्य है। शरीर किस प्रकार पूर्ण स्वस्थ रहे, यही हठयोगियों का एकमात्र लक्ष्य है। हठयोगियों का यह दृढ़ संकल्प है कि हम अस्वस्थ न हों। और इस दृढ़ संकल्प के बल से वे कभी अस्वस्थ होते भी नहीं। वे दीर्घजीवी हो सकते हैं, सौ वर्ष तक जीवित रहना तो उनके लिए मामूली सी बात है। उनकी डेढ़ सौ वर्ष की आयु हो जाने पर भी, देखोगे, वे पूर्ण युवा और सतेज हैं, उनका एक केश भी सफेद नहीं हुआ, किंतु इसका फल बस यहीं तक है। वटवृक्ष भी कभी-कभी पाँच हजार वर्ष जीवित रहता है, किंतु वह वटवृक्ष का वटवृक्ष ही बना रहता है। फिर वे लोग भी यदि उसी तरह दीर्घजीवी हुए, तो उससे क्या? वे बस एक बड़े स्वस्थकाय जीव भर रहते हैं। हठयोगियों के दो-एक साधारण उपदेश बड़े उपकारी हैं। सिर की पीड़ा होने पर शय्या-त्याग करते ही नाक से शीतल जल पियो, इससे सारा दिन मस्तिष्क ठीक और शांत रहेगा और कभी सर्दी न होगी। नाक से पानी पीना कोई कठिन काम नहीं, बड़ा सरल है। नाक को पानी के भीतर डुबोकर गले में पानी खींचते रहो। पानी अपने आप ही धीरे-धीरे भीतर जाने लगेगा।

आसन सिद्ध होने पर किसी-किसी संप्रदाय के मतानुसार नाड़ीशुद्धि करनी पड़ती है। बहुत से लोग यह सोचकर कि यह राजयोग के अंतर्गत नहीं है, इसकी आवश्यकता

स्वीकार नहीं करते। परंतु जब शंकराचार्य जैसे भाष्यकार ने इसका विधान किया है, तब मेरे लिए भी इसका उल्लेख करना उचित जान पड़ता है। मैं श्वेताश्वतर उपनिषद् पर उनके भाष्य से इस संबंध में उनका मत उद्धृत करूँगा—''प्राणायाम के द्वारा जिस मन का मैल धुल गया है, वही मन ब्रह्म में स्थिर होता है। इसलिए शास्त्रों में प्राणायाम के विषय का उल्लेख है। पहले नाड़ीशुद्धि करनी पड़ती है, तभी प्राणायाम करने की शक्ति आती है। अँगूठे से दाहिना नथुना दबाकर बाएँ नथुने से यथाशक्ति वायु अंदर खींचो, फिर बीच में तनिक देर भी विश्राम किए बिना बायाँ नथुना बंद करके दाहिने नथुने से वायु निकालो। फिर दाहिने नथुने से वायु ग्रहण करके बाएँ से निकालो। दिन भर से चार बार अर्थात् उषा, मध्याह्न, सायाह्न और निशीथ, इन चार समय पूर्वोक्त क्रिया का तीन बार या पाँच बार अभ्यास करने पर, एक पक्ष या महीने भर में नाड़ीशुद्धि हो जाती है। उसके बाद प्राणायाम पर अधिकार होगा।''

सदा अभ्यास आवश्यक है। तुम रोज देर तक बैठे हुए मेरी बात सुन सकते हो, परंतु अभ्यास किए बिना तुम एक कदम भी आगे नहीं बढ़ सकते। सबकुछ साधना पर निर्भर है। प्रत्यक्ष अनुभूति बिना ये तत्त्व कुछ भी समझ में नहीं आते। स्वयं अनुभव करना होगा, केवल व्याख्या और मत सुनने से कुछ न होगा। फिर साधना में बहुत से विघ्न भी हैं। पहला तो व्याधिग्रस्त देह है। शरीर स्वस्थ न रहे, तो साधना में बाधा पड़ती है। अत: शरीर को स्वस्थ रखना आवश्यक है। किस प्रकार का खान-पान करना होगा, किस प्रकार जीवनयापन करना होगा, इन सब बातों की ओर हमें विशेष ध्यान देना होगा। मन से सोचना होगा कि शरीर सबल हो, जैसा कि यहाँ के 'क्रिश्चियन साइंस' मतावलंबी करते हैं। बस शरीर के लिए फिर और कुछ करने की जरूरत नहीं। यह हम कभी न भूलें कि स्वास्थ्य उद्देश्य के साधन का एक उपाय मात्र है। यदि स्वास्थ्य ही उद्देश्य होता, तो हम तो पशुतुल्य हो गए होते। पशु प्राय: अस्वस्थ नहीं होते।

दूसरा विघ्न है 'संदेह'। हम जो कुछ नहीं देख पाते, उसके संबंध में संदिग्ध हो जाते हैं। मनुष्य कितनी भी चेष्टा क्यों न करे, वह केवल बात के भरोसे नहीं रह सकता। यही कारण है कि योगशास्त्रोक्त सत्यता के संबंध में संदेह उपस्थित हो जाता है। यह संदेह बहुत अच्छे आदमियों में भी देखने को मिलता है। परंतु साधना का श्रीगणेश कर देने पर बहुत थोड़े दिनों में ही कुछ-कुछ अलौकिक व्यापार देखने को मिलेंगे, और तब साधना के लिए तुम्हारा उत्साह बढ़ जाएगा। योगशास्त्र के एक भाष्यकार ने कहा भी है, ''योगशास्त्र की सत्यता के संबंध में यदि एक बिलकुल सामान्य प्रमाण भी मिल जाए, तो उतने से ही संपूर्ण योगशास्त्र पर विश्वास हो जाएगा।''

उदाहरणस्वरूप तुम देखोगे कि कुछ महीनों की साधना के बाद तुम दूसरों का मनोभाव समझ पा रहे हो; वे तुम्हारे पास चित्र के रूप में आएँगे; यदि बहुत दूर पर कोई शब्द या बातचीत हो रही हो, तो मन एकाग्र करके सुनने की चेष्टा करने से ही तुम उसे सुन लोगे। पहले-पहल अवश्य ये व्यापार बहुत थोड़ा-थोड़ा करके दिखेंगे। परंतु उसी से तुम्हारा विश्वास, बल और आशा बढ़ती रहेगी।

मान लो, नासिका के अग्रभाग में तुम चित्त का संयम करने लगे, तब तो थोड़े ही दिनों में तुम्हें दिव्य सुगंध मिलने लगेगी; इसी से तुम समझ जाओगे कि हमारा मन कभी-कभी वस्तु प्रत्यक्ष संस्पर्श में न आकर भी उसका अनुभव कर लेता है। पर यह हमें सदा याद रखना चाहिए कि इन सिद्धियों का और कोई स्वतंत्र मूल्य नहीं; वे हमारे प्रकृत उद्‌देश्य के साधन में कुछ सहायता मात्र करती हैं। हमें याद रखना होगा कि इन सब साधनों का एकमात्र लक्ष्य, एकमात्र उद्‌देश्य 'आत्मा की मुक्ति' है। प्रकृति को पूर्ण रूप से अपने अधीन कर लेना ही हमारा एकमात्र लक्ष्य है। इसके सिवा और कुछ भी हमारा प्रकृत लक्ष्य नहीं हो सकता। हम अवश्य ही प्रकृति के स्वामी होंगे, प्रकृति के गुलाम नहीं। शरीर या मन कुछ भी हमारे स्वामी कभी नहीं हो सकते। हम यह कभी न भूलें कि 'शरीर हमारा है—हम शरीर के नहीं'।

एक देव और एक असुर किसी महापुरुष के पास आत्मजिज्ञासु होकर गए। उन्होंने उन महापुरुष के पास एक अरसे तक रहकर शिक्षा प्राप्त की। कुछ दिन बाद उन महापुरुष ने उनसे कहा, "तुम लोग जिसको खोज रहे हो, वह तो तुम्हीं हो।" उन लोगों ने सोचा, 'तो देह ही आत्मा है।' फिर उन लोगों ने यह सोचकर कि जो कुछ मिलना था, मिल गया, संतुष्ट चित्त से अपनी-अपनी जगह को प्रस्थान किया। उन लोगों ने जाकर अपने-अपने आत्मीय जनों से कहा, "जो कुछ सीखना था, सब सीख आए। अब आओ, भोजन, पान और आनंद में दिन बिताएँ, हमीं वह आत्मा हैं, इसके सिवा और कोई वस्तु नहीं।" उस असुर का स्वभाव अज्ञान से ढका हुआ था, इसलिए इस विषय में उसने आगे अधिक अन्वेषण नहीं किया। अपने को ईश्वर समझकर वह पूर्ण रूप से संतुष्ट हो गया; उसने 'आत्मा' शब्द से देह समझा। परंतु देवता का स्वभाव अपेक्षाकृत पवित्र था। वे भी पहले इस भ्रम में पड़े थे कि 'मैं' का अर्थ यह शरीर ही है; यह देह ही ब्रह्म है, इसलिए इसे स्वस्थ और सबल रखना, सुंदर वस्त्रादि पहनाना और सब प्रकार के दैहिक सुखों का भोग करना ही कर्तव्य है। परंतु कुछ दिन बाद उन्हें यह बोध होने लगा कि गुरु के उपदेश का अर्थ यह नहीं हो सकता कि देह ही आत्मा है; वरन् देह से भी श्रेष्ठ कुछ अवश्य है। तब उन्होंने गुरु के निकट आकर पूछा, "गुरुजी, आपके वाक्य का क्या यह तात्पर्य है कि देह ही आत्मा

है? परंतु यह कैसे हो सकता है? सभी शरीर तो नष्ट होते हैं, आत्मा का तो नाश नहीं होता।'' आचार्य ने कहा, ''तुम स्वयं इसका निर्णय करो, तुम वही हो—तत्त्वमसि।''

तब शिष्य ने सोचा, शरीर में क्रियाशील जो प्राण हैं, शायद उनको लक्ष्य कर गुरु ने पूर्वोक्त उपदेश दिया था। वे वापस चले गए। परंतु फिर शीघ्र ही देखा कि भोजन करने पर प्राण तेजस्वी रहते हैं और न करने पर मुरझाने लगते हैं। तब वे पुन: गुरु के पास आए और कहा, ''गुरुजी, आपने क्या प्राणों को आत्मा कहा है?'' गुरु ने कहा, ''स्वयं तुम इसका निर्णय करो, तुम वही हो।'' उस अध्यवसायशील शिष्य ने गुरु के यहाँ से लौटकर सोचा, ''तो शायद मन ही आत्मा होगा।'' परंतु वे शीघ्र ही समझ गए कि मनोवृत्तियाँ बहुत तरह की हैं; मन में कभी सद्‌वृत्ति, तो कभी असद्‌वृत्ति उठती है; अत: मन इतना परिवर्तनशील है कि वह कभी आत्मा नहीं हो सकता। तब फिर से गुरु के पास आकर उन्होंने कहा, ''मन आत्मा है, ऐसा तो मुझे नहीं जान पड़ता। आपने क्यों ऐसा ही उपदेश दिया है?'' गुरु ने कहा, ''नहीं, तुम्हीं वह हो, तुम स्वयं इसका निर्णय करो।'' वे देवपुंगव फिर लौट गए; तब उनको यह ज्ञान हुआ, ''मैं समस्त मनोवृत्तियों के परे एकमेवाद्वितीय आत्मा हूँ। मेरा जन्म नहीं, मृत्यु नहीं, मुझे तलवार नहीं काट सकती, आग नहीं जला सकती, हवा नहीं सुखा सकती, जल नहीं गला सकता, मैं अनादि हूँ, जन्मरहित, अचल, अस्पर्श, सर्वज्ञ, सर्वशक्तिमान पुरुष हूँ। आत्मा शरीर या मन नहीं, वह तो इन सब के परे है।'' इस प्रकार वे देवता ज्ञानप्रसूत आनंद से तृप्त हो गए। पर उस असुर बेचारे को सत्यलाभ न हुआ, क्योंकि देह में उसकी अत्यंत आसक्ति थी।

इस जगत् में ऐसी असुर-प्रकृति के अनेक लोग हैं; फिर भी देवता-प्रकृतिवाले बिलकुल ही न हों, ऐसा नहीं। यदि कोई कहे, ''आओ, तुम लोगों को मैं एक ऐसी विद्या सिखाऊँगा, जिससे तुम्हारा इंद्रियसुख अनंत गुना बढ़ जाएगा'' तो अगणित लोग उसके पास दौड़ पड़ेंगे। परंतु यदि कोई कहे, ''आओ, मैं तुम लोगों को तुम्हारे जीवन का चरम लक्ष्य परमात्मा का विषय सिखाऊँगा'' तो शायद उनकी बात की कोई परवाह भी न करेगा। ऊँचे तत्त्व की धारणा करने की शक्ति बहुत कम लोगों में देखने को मिलती है; सत्य को प्राप्त करने के लिए अध्यवसायशील लोगों की संख्या तो और भी बिरली है। पर संसार में ऐसे महापुरुष भी हैं, जिनकी यह निश्चित धारणा है कि शरीर चाहे हजार वर्ष रहे या लाख वर्ष, अंत में परिणाम एक ही होगा। जिन शक्तियों के बल से देह कायम है, उनके चले जाने पर देह न रहेगी। कोई भी व्यक्ति पल भर के लिए भी शरीर का परिवर्तन रोकने में समर्थ नहीं हो सकता। आखिर शरीर है क्या? वह कुछ सतत परिवर्तनशील परमाणुओं की समष्टि मात्र है। नदी के दृष्टांत

से यह तत्त्व सहज बोधगम्य हो सकता है। तुम अपने सामने नदी में जलराशि देख रहे हो, वह देखो, पल भर में वह चली गई और उसकी जगह एक नई जलराशि आ गई। जो जलराशि आई, वह संपूर्ण नई है, परंतु देखने में पहली ही जलराशि की तरह है। शरीर भी ठीक इसी तरह सतत परिवर्तनशील है। उसके इस प्रकार परिवर्तनशील होने पर भी उसे स्वस्थ और बलिष्ठ रखना आवश्यक है, क्योंकि शरीर की सहायता से ही हमें ज्ञान की प्राप्ति करनी होगी। यही हमारे पास सर्वोत्तम साधन है।

सब प्रकार के शरीरों में मानव-शरीर ही श्रेष्ठतम है; मनुष्य ही श्रेष्ठतम जीव है। मनुष्य सब प्रकार के प्राणियों से—यहाँ तक कि देवादि से भी—श्रेष्ठ है। मनुष्य से श्रेष्ठतर कोई और नहीं। देवताओं को भी ज्ञानलाभ के लिए मनुष्यदेह धारण करनी पड़ती है। एकमात्र मनुष्य ही ज्ञानलाभ का अधिकारी है, यहाँ तक कि देवता भी नहीं। यहूदी और मुसलमानों के मतानुसार ईश्वर ने देवदूत और अन्य समस्त सृष्टियों के बाद मनुष्य की सृष्टि की। और मनुष्य के सृजन के बाद ईश्वर ने देवदूतों से मनुष्य को प्रणाम और अभिनंदन कर आने के लिए कहा। इबलीस को छोड़कर बाकी सब ने ऐसा किया। अतएव ईश्वर ने इबलीस को अभिशाप दे दिया। इससे वह शैतान बन गया। इस रूपक के पीछे यह महान् सत्य निहित है कि संसार में मनुष्य-जन्म ही अन्य सब जन्मों की अपेक्षा श्रेष्ठ है। पशु आदि हीन योनियाँ जड़ या मंदबुद्धि की हैं, ये प्रधानतः तम से निर्मित हुई हैं। पशु किसी ऊँचे तत्त्व की धारणा नहीं कर सकते। देवदूत या देवता भी मनुष्य-जन्म लिये बिना मुक्तिलाभ नहीं कर सकते। इसी तरह मनुष्य समाज में भी अत्यधिक धन अथवा अत्यधिक दरिद्रता आत्मा के उच्चतर विकास के लिए महान् बाधक है। संसार में जितने महात्मा पैदा हुए हैं, सभी मध्यम वर्ग के लोगों से हुए थे। मध्यम वर्गवालों में सब शक्तियाँ समान रूप से समायोजित और संतुलित रहती हैं।

अब हम अपने विषय पर आएँ। हमें अब प्राणायाम—श्वास-प्रश्वास के नियमन के संबंध में विवेचना करनी चाहिए। चित्तवृत्तियों के निरोध से प्राणायाम का क्या संबंध है? श्वास-प्रश्वास मानो देहयंत्र का गतिनियामक प्रचक्र (fly-wheel) है। एक बृहत् इंजन पर निगाह डालने पर पता चलेगा कि पहले प्रचक्र घूम रहा है और उस चक्र की गति क्रमशः सूक्ष्म से सूक्ष्मतर यंत्रों में संचारित होती है। इस प्रकार उस इंजन के अत्यंत सूक्ष्मतम यंत्र तक गतिशील हो जाते हैं। श्वास-प्रश्वास ठीक वैसा ही एक गतिनियामक प्रचक्र है। वही इस शरीर के सब अंगों में, जहाँ जिस प्रकार की शक्ति की आवश्यकता है, उसकी पूर्ति कर रहा है और उस प्रेरक-शक्ति को नियमित भी कर रहा है। एक राजा के एक मंत्री था। किसी कारण से राजा उस पर नाराज हो

गया। राजा ने उसे एक बड़ी ऊँची मीनार की चोटी में कैद करके रखने की आज्ञा दी। राजा की आज्ञा का पालन किया गया। मंत्री भी वहाँ कैद होकर मौत की राह देखने लगा। मंत्री के एक पतिव्रता पत्नी थी। रात को उस मीनार के नीचे आ उसने चोटी पर कैद हुए पति को पुकारकर पूछा, ''मैं किस प्रकार तुम्हारी रक्षा करूँ?'' मंत्री ने कहा, ''अगली रात को एक लंबा मोटा रस्सा, एक मजबूत डोरी, एक बंडल सूत, रेशम का पतला सूत, एक भृंग और थोड़ा सा शहद लेती आना।'' उसकी सहधर्मिणी पति की यह बात सुनकर बहुत आश्चर्यचकित हुई। जो हो, वह पति की आज्ञानुसार दूसरे दिन सब वस्तुएँ ले गई। मंत्री ने उससे कहा, ''रेशम का सूत मजबूती से भृंग के पैर में बाँध दो, उसकी मूँछों में एक बूँद शहद लगा दो और उसका सिर ऊपर की ओर करके उसे मीनार की दीवार पर छोड़ दो।'' पतिव्रता ने सब आज्ञाओं का पालन किया। तब उस कीड़े ने अपना लंबा रास्ता पार करना शुरू किया। सामने शहद की महक पाकर उसके लोभ से वह धीरे-धीरे ऊपर चढ़ने लगा, और अंत में मीनार की चोटी पर जा पहुँचा, मंत्री ने झट उसे पकड़ लिया और उसके साथ रेशम के सूत को भी। इसके बाद अपनी पत्नी से कहा, ''बंडल में जो सूत है, उसे रेशम के सूत के छोर से बाँध दो।'' इस तरह वह भी उसके हाथ में आ गया। इसी उपाय से उसने डोरा और मोटा रस्सा भी पकड़ लिया। अब कोई कठिन काम न रह गया। रस्सा ऊपर बाँधकर वह नीचे उतरा और भाग खड़ा हुआ। हमारी इस देह में श्वास-प्रश्वास की गति मानो रेशमी सूत है। इसके धारण या संयम कर सकने पर पहले स्नायविक शक्तिप्रवाह-रूप (nerve currents) सूत का बंडल, फिर मनोवृत्ति-रूप डोरी और अंत में प्राणरूप रस्से को पकड़ सकते हैं। प्राणों को जीत लेने पर मुक्ति प्राप्त होती है।

हम अपने शरीर के संबंध में बड़े अज्ञ है, कुछ जानकारी रखना भी हमें संभव नहीं मालूम पड़ता। बहुत हुआ, तो हम मृत देह को चीर-फाड़कर देख सकते हैं कि उसके भीतर क्या है और क्या नहीं; और कोई-कोई इसके लिए किसी जीवित पशु की देह ले सकते हैं। पर इससे हमारे अपने शरीर का कोई संबंध नहीं। हम अपने शरीर के संबंध में बहुत कम जानते हैं। इसका कारण क्या है? यह कि हम मन को उतनी दूर तक एकाग्र नहीं कर सकते, जिससे हम शरीर के भीतर की अतिसूक्ष्म गतियों तक को समझ सकें। मन जब बाह्य विषयों का परित्याग करके देह के भीतर प्रविष्ट होता है और अत्यंत सूक्ष्मावस्था प्राप्त करता है, तभी हम उन गतियों को जान सकते हैं। इस प्रकार सूक्ष्म अनुभूति-संपन्न होने के लिए हमें पहले स्थूल से आरंभ करना होगा। देखना होगा, सारे शरीरयंत्र को चलाता कौन है, और उसे अपने वश में लाना होगा। वह प्राण है, इसमे कोई संदेह नहीं। श्वास-प्रश्वास ही उस प्राणशक्ति

की प्रत्यक्ष अभिव्यक्ति है। अब श्वास-प्रश्वास के साथ धीरे-धीरे शरीर के भीतर प्रवेश करना होगा।

इसी से हम देह के भीतर की सूक्ष्म-से-सूक्ष्म शक्तियों के संबंध में जानकारी प्राप्त कर सकेंगे और समझ सकेंगे कि स्नायविक शक्तिप्रवाह किस तरह शरीर में सर्वत्र भ्रमण कर रहे हैं। और जब हम मन में उनका अनुभव कर सकेंगे, तब उन्हे, और उनके साथ देह को भी हमारे अधिकार में लाने के लिए हम प्रारंभ करेंगे। मन भी इन स्नायविक शक्तिप्रवाहों द्वारा संचालित हो रहा है। इसीलिए उन पर विजय पाने से मन और शरीर, दोनों ही हमारे अधीन हो जाते हैं, हमारे दास बन जाते हैं। ज्ञान ही शक्ति है, और यह शक्ति प्राप्त करना ही हमारा उद्देश्य है। इसीलिए हमें प्राणायाम—प्राण के नियमन—से प्रारंभ करना होगा। इस प्राणायाम-तत्त्व की विशेष आलोचना के लिए दीर्घ समय की आवश्यकता है, इसको अच्छी तरह समझाते बहुत दिन लगेंगे। हम उसका एक एक अंश लेकर चर्चा करेंगे।

हम क्रमशः समझ सकेंगे कि प्राणायाम के साधन में जो क्रियाएँ की जाती हैं, उनका हेतु क्या है और प्रत्येक क्रिया से देह के भीतर किस प्रकार की शक्ति प्रवाहित होती है। क्रमशः यह सब हमें बोधगम्य हो जाएगा। परंतु इसके लिए निरंतर साधना आवश्यक है। साधना के द्वारा ही मेरी बात की सत्यता का प्रमाण मिलेगा। मैं इस विषय में कितनी भी युक्तियों का प्रयोग क्यों न करूँ, पर तुम्हारे लिए वे प्रमाण नहीं होंगी, जब तक तुम स्वयं प्रत्यक्ष न कर लोगे। जब देह के भीतर इन शक्तियों के प्रवाह की गति स्पष्ट अनुभव करने लगोगे, तभी सारे संशय दूर होंगे। परंतु इसके अनुभव के लिए प्रत्येक कठोर अभ्यास आवश्यक है। प्रतिदिन कम-से-कम दो बार अभ्यास करना चाहिए, और उस अभ्यास का उपयुक्त समय है प्रातः व सायं। जब रात बीतती है और पौ फटती है तथा जब दिन बीतता है और रात आती है, इन दो समयों में प्रकृति अपेक्षाकृत शांत होती है। ब्राह्ममुहूर्त और गोधूलि, ये दो समय मन की स्थिरता के लिए अनुकूल हैं। इन दोनों समयों में शरीर बहुत कुछ शांत रहता है। इस समय साधना करने से प्रकृति हमारी काफी सहायता करेगी, इसलिए इन्हीं दो समयों में साधना करनी आवश्यक है। यह नियम बना लो कि साधना समाप्त किए बिना भोजन न करोगे। ऐसा नियम बना लेने पर भूख का प्रबल वेग ही तुम्हारा आलस्य नष्ट कर देगा। भारतवर्ष में बालक यही शिक्षा पाते हैं कि स्नान-पूजा और साधना किए बिना भोजन नहीं करना चाहिए। कालांतर में यह उनके लिए स्वाभाविक हो जाता है; उनकी जब तक स्नान-पूजा और साधना समाप्त नहीं हो जाती, तब तक उन्हें भूख नहीं लगती।

तुममें से जिनको सुभीता हो, वे साधना के लिए यदि एक स्वतंत्र कमरा रख सकें, तो अच्छा हो। इस कमरे को सोने के काम में न लाओ। इसे पवित्र रखो। बिना स्नान किए और शरीर-मन को बिना शुद्ध किए इस कमरे में प्रवेश न करो। इस कमरे में सदा पुष्प और हृदय को आनंद देनेवाले चित्र रखो। योगी के लिए ऐसे वातावरण में रहना बहुत उत्तम है। सुबह और शाम वहाँ धूप तथा चंदनचूर्ण आदि जलाओ। उस कमरे में किसी प्रकार का क्रोध, कलह और अपवित्र चिंतन न किया जाए। तुम्हारे साथ जिनके भाव मिलते हैं, केवल उन्हीं को उस कमरे में प्रवेश करने दो। ऐसा करने पर शीघ्र वह कमरा सत्त्वगुण से पूर्ण हो जाएगा; यहाँ तक कि जब किसी प्रकार का दु:ख या संशय आए अथवा मन चंचल हो, तो उस समय उस कमरे में प्रवेश करते ही तुम्हारा मन शांत हो जाएगा। मंदिर, गिरजाघर आदि के निर्माण का सच्चा उद्देश्य यही था। अब भी बहुत से मंदिरों और गिरजाघरों में यह भाव देखने को मिलता है; परंतु अधिकतर स्थलों में लोग इनका उद्देश्य भूल गए हैं।

चारों ओर पवित्र चिंतन के परमाणु सदा स्पंदित होते रहने के कारण वह स्थान पवित्र ज्योति से भरा रहता है। जो इस प्रकार के स्वतंत्र कमरे की व्यवस्था नहीं कर सकते, वे जहाँ इच्छा हो, वहीं बैठकर साधना कर सकते हैं। शरीर को सीधा रखकर बैठो। संसार में पवित्र चिंतन का एक स्रोत बहा दो। मन-ही-मन कहो, ''संसार में सभी सुखी हों, सभी शांतिलाभ करें, सभी आनंद पाएँ।'' इस प्रकार पूर्व, पश्चिम, उत्तर, दक्षिण चारों ओर पवित्र चिंतन की धारा बहा दो। ऐसा जितना करोगे, उतना ही तुम अपने को अच्छा अनुभव करने लगोगे। बाद में देखोगे, 'दूसरे सब लोग स्वस्थ हों,' यह चिंतन ही स्वास्थ्य-लाभ का सहज उपाय है। 'दूसरे लोग सुखी हों', ऐसी भावना ही अपने को सुखी करने का सहज उपाय है। इसके बाद जो लोग ईश्वर पर विश्वास करते हैं, वे ईश्वर के निकट प्रार्थना करें—अर्थ, स्वास्थ्य अथवा स्वर्ग के लिए नहीं, वरन् हृदय में ज्ञान और सत्यतत्त्व के उन्मेष के लिए। इसको छोड़ बाकी सब प्रार्थनाएँ स्वार्थ भरी हैं। इसके बाद भावना करनी होगी, 'मेरा शरीर वज्रवत् दृढ़, सबल और स्वस्थ है। यह देह ही मेरी मुक्ति में एकमात्र सहायक है। इसी की सहायता से मैं यह जीवन-समुद्र पार कर लूँगा।' जो दुर्बल है, वह कभी मुक्ति नहीं पा सकता। समस्त दुर्बलताओं का त्याग करो। देह से कहो, 'तुम खूब बलिष्ठ हो।' मन से कहो, 'तुम अनंत शक्तिधर हो' और स्वयं पर अटूट विश्वास और भरोसा रखो।

❑

तृतीय अध्याय

प्राण

अधिकतर लोगों का विचार है कि प्राणायाम श्वास-प्रश्वास की कोई क्रिया है। पर असल में ऐसा नहीं है। वास्तव में तो श्वास-प्रश्वास की क्रिया के साथ इसका बहुत थोड़ा संबंध है। श्वास-प्रश्वास उन क्रियाओं में से सिर्फ एक ही क्रिया है, जिनके माध्यम से हम यथार्थ प्राणायाम की साधना के अधिकारी होते हैं। प्राणायाम का अर्थ है—प्राण का संयम। भारतीय दार्शनिकों के मतानुसार सारा जगत् दो पदार्थों से निर्मित है। उनमें से एक का नाम है 'आकाश'। यह आकाश एक सर्वव्यापी, सर्वानुस्मृत सत्ता है। जिस किसी वस्तु का आकार है, जो कोई वस्तु कुछ वस्तुओं के मिश्रण से बनी है, वह इस आकाश से ही उत्पन्न हुई है। यह आकाश ही वायु में परिणत होता है; यही तरल पदार्थ का रूप धारण करता है, यही फिर ठोस आकार को प्राप्त होता है। 'यह आकाश ही सूर्य, पृथ्वी, तारा, धूमकेतु आदि में परिणत होता है। समस्त प्राणियों के शरीर—पशुओं के शरीर, उद्भिद आदि जितने रूप हमें देखने को मिलते हैं, जिन वस्तुओं का हम इंद्रियों द्वारा अनुभव कर सकते हैं, यहाँ तक कि संसार में जो कुछ है, सभी आकाश से उत्पन्न है। इंद्रियों द्वारा इस आकाश की उपलब्धि करने का कोई उपाय नहीं; यह इतना सूक्ष्म है कि साधारण अनुभूति के अतीत है। जब यह स्थूल होकर कोई आकार धारण करता है, तभी हम इसका अनुभव कर सकते हैं। सृष्टि के आदि में एकमात्र आकाश रहता है। फिर कल्प के अंत में समस्त ठोस, तरल और वाष्पीय पदार्थ पुनः आकाश में लीन हो जाते हैं। बाद की सृष्टि फिर से इसी तरह आकाश से उत्पन्न होती है।

किस शक्ति के प्रभाव से आकाश का जगत् के रूप में परिणाम होता है? इस प्राण की शक्ति से। जिस तरह आकाश इस जगत् का कारणस्वरूप अनंत, सर्वव्यापी

भौतिक पदार्थ है, प्राण भी उसी तरह जगत् की उत्पत्ति की कारणस्वरूप अनंत सर्वव्यापी विक्षेपकर शक्ति है। कल्प के आदि और अंत में संपूर्ण सृष्टि आकाशरूप में परिणत होती है, और जगत् की सारी शक्तियाँ प्राण में लीन हो जाती हैं; दूसरे कल्प में फिर इसी प्राण से समस्त शक्तियों का विकास होता है। यह प्राण ही गतिरूप में अभिव्यक्त हुआ है—यही गुरुत्वाकर्षण या चुंबकशक्ति के रूप में अभिव्यक्त हो रहा है। यह प्राण ही स्नायविक शक्तिप्रवाह के रूप में, विचारशक्ति के रूप में और समस्त दैहिक क्रियाओं के रूप में अभिव्यक्त हुआ है। विचारशक्ति से लेकर अति सामान्य बाह्य शक्ति तक सबकुछ प्राण का ही विकास है। बाह्य और अंतर्जगत् की समस्त शक्तियाँ जब अपनी मूल अवस्था में पहुँचती हैं, तब उसी को प्राण कहते हैं। ''जब अस्ति और नास्ति कुछ भी न था, जब तम से तम आवृत था, तब क्या था? यह आकाश ही गतिशून्य होकर अवस्थित था।'' प्राण की सभी प्रकार की बाह्य गति रुद्ध थी, परंतु तब भी प्राण का अस्तित्व था। संसार में जितने प्रकार की शक्तियों का विकास अब हुआ है, कल्प के अंत में वे शांतभाव धारण करती हैं—अव्यक्त अवस्था में लीन होती हैं, और दूसरे कल्प के आदि में वे ही फिर से व्यक्त होकर आकाश पर कार्य करती रहती हैं। इसी आकाश से परिदृश्यमान साकार वस्तुएँ उत्पन्न होती हैं, और आकाश के विविध परिणाम प्राप्त होने पर यह प्राण भी दृश्यमान नाना प्रकार की शक्तियों में परिणत होता रहता है। इस प्राण के यथार्थ तत्त्व को जानना और उसको संयत करने की चेष्टा करना ही प्राणायाम का प्रकृत अर्थ है।

इस प्राणायाम में सिद्ध होने पर हमारे लिए मानो अनंत शक्ति का द्वार खुल जाता है। मान लो, किसी व्यक्ति की समझ में यह प्राण का विषय पूरी तरह आ गया और वह उसे वश में करने में भी कृतकार्य हो गया, तो फिर संसार में ऐसी कौन सी शक्ति है, जो उसके अधिकार में न आए? उसकी आज्ञा से चंद्र-सूर्य अपनी जगह से हिलने लगते हैं, क्षुद्रतम परमाणु से बृहत्तम सूर्य तक सभी उसके वशीभूत हो जाते हैं, क्योंकि उसने प्राण को जीत लिया है। प्रकृति को वशीभूत करने की शक्ति प्राप्त करना ही प्राणायाम की साधना का लक्ष्य है। जब योगी सिद्ध हो जाते हैं, तब प्रकृति में ऐसी कोई वस्तु नहीं, जो उनके वश में न आ जाए। यदि वे देवताओं का आह्वान करेंगे, तो वे उनकी आज्ञा मात्र से आ उपस्थित होंगे; यदि मृत व्यक्तियों को आने की आज्ञा देंगे, तो वे तुरंत हाजिर हो जाएँगे। प्रकृति की सारी शक्तियाँ उनकी आज्ञा से दासी की तरह काम करने लगेंगी। अग जन योगी के इन कार्य-कलापों को अलौकिक समझते हैं। हिंदू मन की यह एक विशेषता है कि वह सदैव अंतिम संभाव्य सामान्यीकरण के लिए अनुसंधान करता है और बाद में विशेष पर कार्य करता है।

यह प्रश्न वेदों में पूछा गया है—''कस्मिन्नु भगवो विज्ञाते सर्वमिदं विज्ञातं भवति?'' अर्थात् 'ऐसी कौन सी वस्तु है, जिसका ज्ञान होने पर सबकुछ ज्ञात हो जाता है?' इस प्रकार, हमारे जितने शास्त्र हैं, जितने दर्शन हैं, सब के सब उसी के निर्णय में लगे हुए हैं, जिनके जानने से सबकुछ जाना जा सकता है। यदि कोई व्यक्ति जगत् का तत्त्व थोड़ा-थोड़ा करके जानना चाहे, तो उसे अनंत समय लग जाएगा; क्योंकि फिर तो उसे बालू के एक-एक कण तक को भी अलग-अलग रूप में जानना होगा। अत: यह स्पष्ट है कि इस प्रकार सबकुछ जानना एक प्रकार से असंभव है। तब फिर इस प्रकार के ज्ञानलाभ की संभावना कहाँ है? एक-एक विषय को अलग-अलग रूप से जानकर मनुष्य के लिए सर्वज्ञ होने की संभावना कहाँ है? योगी कहते हैं, इन सब विशिष्ट अभिव्यक्तियों के पीछे एक सामान्य—अमूर्त तत्त्व है। उसको पकड़ सकने या जान लेने पर सबकुछ जाना जा सकता है। इसी प्रकार, वेदों में संपूर्ण जगत् को उस एक अखंड निरपेक्ष सत्स्वरूप में सामान्यीकृत किया गया है। जिन्होंने इस सत्स्वरूप को पकड़ा है, उन्होंने संपूर्ण विश्व को समझ लिया है। उक्त प्रणाली से ही समस्त शक्तियों को भी इस प्राण में सामान्यीकृत किया गया है। अतएव जिन्होंने प्राण को पकड़ा है, उन्होंने संसार में जितनी शारीरिक या मानसिक शक्तियाँ हैं, सब को पकड़ लिया है। जिन्होंने प्राण को जीता है, उन्होंने अपने मन को ही नहीं, वरन् सब के मन को भी जीत लिया है। जिन्होंने प्राण को जीत लिया है, उन्होंने अपनी देह और दूसरी जितनी देह हैं, सबको अपने अधीन कर लिया हैं, क्योंकि प्राण ही सारी शक्तियों की सामान्यीकृत अभिव्यक्ति है।

इस प्राण पर किस प्रकार विजय पाई जाए, यही प्राणायाम का एकमात्र उद्देश्य है। इस प्राणायाम के संबंध में जितनी साधनाएँ और उपदेश हैं, सबका यही एक उद्देश्य है। हर एक साधनार्थी को, उसके सबसे समीप जो कुछ है, उसी से साधना शुरू करनी चाहिए—उसके निकट जो कुछ है, उस सब पर विजय पाने की चेष्टा करनी चाहिए। संसार की सारी वस्तुओं में देह हमारे सबसे निकट है और मन उससे भी निकटतर है। जो प्राण संसार में सर्वत्र व्याप्त है, उसका जो अंश इस शरीर और मन में कार्यशील है, वही अंश हमारे सबसे निकट है। यह जो क्षुद्र प्राणतरंग है, जो हमारी शारीरिक और मानसिक शक्तियों के रूप में परिचित है, वह अनंत प्राणसमुद्र में हमारे सबसे निकटतम तरंग है। यदि हम उस क्षुद्र तरंग पर विजय पा लें, तभी हम समस्त प्राणसमुद्र को जीतने की आशा कर सकते हैं। जो योगी इस विषय में कृतकार्य होते हैं, वे सिद्धि पा लेते हैं, तब कोई भी शक्ति उन पर प्रभुत्व नहीं जमा सकती। वे एक प्रकार से सर्वशक्तिमान और सर्वज्ञ हो जाते हैं। हम सभी देशों में ऐसे संप्रदाय

देखते हैं, जो किसी-न-किसी उपाय से इस प्राण पर विजय प्राप्त करने की चेष्टा कर रहे हैं। इसी देश में (अमेरिका में) हम मनशक्ति से आरोग्य करनेवाले (mind-healers), विश्वास से आरोग्य करनेवाले (faith-healers), प्रेतात्मवादी (spiritualists), ईसाई वैज्ञानिक (hypnotists) आदि अनेक संप्रदाय देखते हैं। यदि हम इन मतों का विशेष रूप से विश्लेषण करें, तो देखेंगे कि इन सब मतों की पृष्ठभूमि में—वे फिर जानें या न जानें—प्राणायाम ही है। उन सब मतों के मूल में एक ही बात है। वे सब एक ही शक्ति को लेकर कार्य कर रहे हैं; पर हाँ, वे उसके संबंध में कुछ जानते नहीं। उन लोगों ने एकाएक मानो एक शक्ति का आविष्कार कर डाला है, परंतु उस शक्ति के स्वरूप के संबंध में बिलकुल अज्ञ हैं। योगी जिस शक्ति का उपयोग करते हैं, ये भी बिना जाने-बूझे उसी का उपयोग कर रहे हैं और वह प्राण की ही शक्ति है।

प्राण ही समस्त प्राणियों के भीतर जीवनीशक्ति के रूप में विद्यमान है। विचारणा इसकी सूक्ष्मतम और उच्चतम अभिव्यक्ति है। फिर जिसे हम साधारणतः विचारणा की आख्या देते हैं, वही प्राण की एकमात्र वृत्ति नहीं है। इसके अतिरिक्त हमारा एक निम्नतम कार्यक्षेत्र भी है, जिसे हम जन्मजात-प्रवृत्ति (hypnotists) अथवा ज्ञानरहित चित्तवृत्ति अथवा मन की अचेतन भूमि कहते हैं। मान लो, मुझे एक मच्छर ने काटा, तो मेरा हाथ अपने ही आप उसे मारने को उठ जाता है। उसे मारने के लिए हाथ को उठाते-गिराते मुझे कोई विशेष सोच-विचार नहीं करना पड़ता। यह भी विचारणा की एक प्रकार की अभिव्यक्ति है। शरीर के समस्त स्वाभाविक कार्य (reflex actions) इसी विचारणा के स्तर के अंतर्गत हैं। इससे उन्नत विचारणा का एक दूसरा स्तर भी है, जिसे सज्ञान अथवा मन की चेतन-भूमि कहते हैं। हम युक्ति- तर्क करते हैं, विचार करते हैं, सब विषयों के पक्षापक्ष सोचते हैं, लेकिन इतना ही पर्याप्त नहीं। हमें मालूम है, युक्ति या विचार बिलकुल छोटी सी सीमा के द्वारा सीमित है। वह हम लोगों को कुछ ही दूर तक ले जा सकता है, इसके आगे उसका और अधिकार नहीं। जिस वृत्त के अंदर वह चक्कर काटता है, वह बहुत ही सीमित, बहुत ही संकीर्ण है। परंतु साथ ही हम यह भी देखते हैं कि बहुत से तथ्य बाहर से सहसा इस वृत्त के भीतर आ जाते हैं।

पुच्छल तारा जिस प्रकार सौरजगत् के अधिकार के भीतर न होने पर भी कभी-कभी उसके भीतर सहसा आ जाता है और हमें दीख पड़ता है, उसी प्रकार बहुत से तथ्य हमारी युक्ति के अधिकार के बाहर होने पर भी उसके भीतर आ जाते हैं। यह निश्चित है कि वे सब तथ्य इस सीमा के बाहर से आते हैं, पर हमारा तर्क या युक्ति इस सीमा के परे नहीं जा सकती। इस छोटी सी सीमा के भीतर उन तथ्यों के प्रवेश का

कारण यदि हम खोजना चाहें, तो हमें अवश्य इस सीमा के बाहर जाना होगा। हमारे विचार, हमारी युक्तियाँ वहाँ नहीं पहुँच सकतीं। योगियों का कहना है कि यह सज्ञान या चेतनभूमि ही हमारे ज्ञान की चरम सीमा नहीं है। मन इन दोनों भूमियों से भी उच्चतर भूमि पर विचरण कर सकता है। उस भूमि को हम 'अतिचेतन भूमि' कहते हैं, वही समाधि नामक पूर्ण एकाग्र अवस्था है। जब मन उस अवस्था में पहुँच जाता है, तब वह युक्ति-तर्क की सीमा के परे चला जाता है और ऐसे तथ्यों का प्रत्यक्ष साक्षात्कार करता है, जो जन्मजात-प्रवृत्ति और युक्ति-तर्क द्वारा कभी प्राप्त नहीं है। शरीर की सारी सूक्ष्म से सूक्ष्म शक्तियाँ, जो प्राण की ही विभिन्न अभिव्यक्ति मात्र हैं, यदि सही रास्ते से परिचालित हों, तो वे मन पर विशेष रूप से कार्य करती हैं, और तब मन भी पहले से उच्चतर अवस्था में अर्थात् अतिचेतन भूमि में चला जाता है और वहाँ से कार्य करता रहता है।

इस विश्व में अस्तित्व के प्रत्येक स्तर पर एक अखंड वस्तुराशि दीख पड़ती है। भौतिक संसार की ओर दृष्टिपात करने पर दिखता है कि एक अखंड वस्तु ही मानो नाना रूपों में विराजमान है। वास्तव में, तुममें और सूर्य में कोई भेद नहीं। वैज्ञानिक के पास जाओ, वे तुम्हें समझा देंगे कि वस्तु वस्तु में भेद केवल काल्पनिक है। इस मेज से वास्तव में मेरा कोई भेद नहीं। यह मेज अनंत जड़राशि का मानो एक बिंदु है और मैं उसी का एक दूसरा बिंदु। प्रत्येक साकार वस्तु इस अनंत जड़सागर में मानो एक भँवर है। भँवर सारे समय एकरूप नहीं रहते। मान लो, किसी वेगवती नदी में लाखों भँवर हैं; प्रत्येक भँवर में प्रतिक्षण नई जलराशि आती है, कुछ देर घूमती है और फिर दूसरी ओर चली जाती है। उसके स्थान में एक नई जलराशि आ जाती है। यह जगत् भी इसी प्रकार सतत परिवर्तनशील एक जड़राशि मात्र है और ये सारे रूप उसके भीतर मानो छोटे-छोटे भँवर हैं। कोई भूतसमष्टि किसी मनुष्यदेह रूपी भँवर में घुसती है, और वहाँ कुछ काल तक चक्कर काटने के बाद बदल जाती है और एक दूसरी भँवर में—किसी पशुदेहरूपी भँवर में—प्रवेश करती है। फिर वहाँ कुछ वर्ष तक घूमती रहने के बाद, खनिज पदार्थ नामक दूसरे भँवर में चली जाती है। बस, सतत परिवर्तन होता रहता है! कोई भी वस्तु स्थिर नहीं। मेरा शरीर, तुम्हारा शरीर नामक कोई वस्तु वास्तव में नहीं है। वह केवल कहने भर की बात है। है केवल एक अखंड जड़राशि। उसी के किसी बिंदु का नाम है चंद्र, किसी का सूर्य, किसी का मनुष्य, किसी का पृथ्वी, कोई बिंदु उद्भिद् है, तो कोई खनिज पदार्थ। इनमें से कोई भी सदा एक भाव से नहीं रहता, सभी वस्तुओं का सतत परिवर्तन हो रहा है; जड़ का एक बार संश्लेषण होता है, फिर विश्लेषण।

मनोजगत् के संबंध में भी ठीक यही बात है। 'ईथर' (आकाश तत्त्व) को हम सारी जड़ वस्तुओं के प्रतिनिधि के रूप में ग्रहण कर सकते हैं। प्राण की सूक्ष्मतर स्पंदनशील अवस्था में इस ईथर को मन का भी प्रतिनिधिस्वरूप कहा जा सकता है। अतएव संपूर्ण मनोजगत् भी एक अखंडस्वरूप है। जो अपने मन में यह अति सूक्ष्म कंपन उत्पन्न कर सकते हैं, वे देखते हैं कि सारा जगत् सूक्ष्मातिसूक्ष्म कंपनों की समष्टि मात्र है। किसी-किसी ओषधि में हमको इस सूक्ष्म अवस्था में पहुँचा देने की शक्ति रहती है, यद्यपि उस समय हम इंद्रियराज्य के भीतर ही रहते हैं। तुममें से बहुतों को सर हंफ्री डेवी के प्रसिद्ध प्रयोग की बात याद होगी। हास्योत्पादक गैस (Laughing Gas) ने जब उनको अभिभूत कर लिया, तब वे भाषण देते समय स्तब्ध और निःस्पंद होकर खड़े रहे। कुछ देर बाद जब होश आया, तो बोले, "सारा जगत् विचारों की समष्टि मात्र है।" कुछ समय के लिए सारे स्थूल कंपन (gross vibrations) चले गए थे और केवल सूक्ष्म कंपन, जिनको उन्होंने विचारराशि कहा था, बच रहे थे। उन्होंने चारों ओर केवल सूक्ष्म कंपन देखे थे। संपूर्ण जगत् उनकी आँखों में मानो एक महान् विचारसमुद्र में परिणत हो गया था। उस महासमुद्र में वे और जगत् की प्रत्येक व्यष्टि मानो एक-एक छोटा विचार-भँवर बन गई थी।

इस प्रकार हम देखते हैं कि विचारजगत् में भी अखंड एकत्व विद्यमान है। अंत में जब हम आत्मा को प्राप्त कर लेते हैं, तब एक अखंड सत्ता के अतिरिक्त और कुछ नहीं अनुभव करते। भौतिक पदार्थ के स्थूल और सूक्ष्म स्पंदनों के परे, सब प्रकार की गतियों के परे वही एक अखंड सत्ता है। यहाँ तक कि इन गतियों की स्थूल अभिव्यक्तियों के भीतर भी केवल एकत्व विद्यमान है। इन सत्यों को अब अस्वीकार नहीं किया जा सकता। आधुनिक भौतिक विज्ञान ने भी यह प्रमाणित कर दिया है कि शक्तिसमष्टि सदैव समान है और यह भी सिद्ध हो चुका है कि यह शक्तिसमष्टि दो तरह से अवस्थित है—कभी स्तिमित या अव्यक्त अवस्था में और कभी व्यक्त अवस्था में। व्यक्त अवस्था में वह इन नानाविध शक्तियों के रूप धारण करती है। इस प्रकार वह अनंत काल से कभी व्यक्त और कभी अव्यक्त भाव धारण करती आ रही है। इस शक्तिरूपी प्राण के संयम का नाम ही प्राणायाम है।

मनुष्यदेह में इस प्राण की सबसे स्पष्ट अभिव्यक्ति है—फेफड़े की गति। यदि यह गति रुक जाए, तो देह की सारी क्रियाएँ तुरंत बंद हो जाएँगी, शरीर के भीतर जो अन्यान्य शक्तियाँ कार्य कर रही थीं, वे भी शांत भाव धारण कर लेंगी। पर ऐसे भी व्यक्ति हैं, जो अपने को इस प्रकार प्रशिक्षित कर लेते हैं कि उनके फेफड़े की गति रुक जाने पर भी उनका शरीर नहीं जाता। ऐसे बहुत से व्यक्ति हैं, जो बिना साँस लिये

कई महीने तक जमीन के अंदर गड़े रह सकते हैं, पर तो भी उनका देहनाश नहीं होता। सूक्ष्मतर शक्ति को प्राप्त करने के लिए हमें स्थूलतर शक्ति की सहायता लेनी पड़ती है। इस प्रकार क्रमशः सूक्ष्म से सूक्ष्मतर शक्ति में जाते हुए अंत में हम चरम लक्ष्य पर पहुँच जाते हैं। प्राणायाम का यथार्थ अर्थ है—फेफड़े की इस गति का रोध करना। इस गति के साथ खास का निकट संबंध है। यह गति श्वास-प्रश्वास द्वारा उत्पन्न नहीं होती, वरन् वही श्वास-प्रश्वास की गति को उत्पन्न कर रही है। यह गति ही पंप की भाँति वायु को भीतर खींचती है। प्राण इस फेफड़े को चलाता है और फेफड़े की यह गति फिर वायु को खींचती है।

इस तरह यह स्पष्ट है कि प्राणायाम श्वास-प्रश्वास की क्रिया नहीं है। पेशियों की जो शक्ति फेफड़े को चलाती है, उसको वश में लाना ही प्राणायाम है। जो शक्ति स्नायुओं के भीतर से पेशियों के पास जाती है और जो फेफड़ों का संचालन करती है, वही प्राण है। प्राणायाम की साधना में हमें उसी को वश में लाना है। जब प्राण पर विजय प्राप्त हो जाएगी, तब हम तुरंत देखेंगे कि शरीरस्थ प्राण की अन्यान्य सभी क्रियाएँ हमारे अधिकार में धीरे-धीरे आ गई हैं। मैंने स्वयं ऐसे व्यक्ति देखे हैं, जिन्होंने अपने शरीर की सारी पेशियों को वशीभूत कर लिया है अर्थात् वे उनको इच्छानुसार चला सकते हैं। और वे ऐसा कर भी क्यों न सकेंगे? यदि कुछ पेशियाँ हमारी इच्छा के अनुसार चलाई जा सकती हों तो दूसरी सब पेशियों और स्नायुओं को हम इच्छानुसार क्यों न चला सकेंगे? इसमें असंभव क्या है? अब हमारी इस संयमशक्ति का लोप हो गया है और पेशियों की गति स्वयंक्रिय हो गई है। हम इच्छानुसार कानों को नहीं हिला सकते, परंतु हम जानते हैं कि पशुओं में यह शक्ति है। हममें यह शक्ति इसलिए नहीं है कि हम इसे काम में नहीं लाते। इसी को क्रम-अवनति अथवा पूर्वावस्था की ओर पुनरावर्तन (atavism) कहते हैं।

हम यह भी जानते हैं कि जिस गति ने अब अव्यक्त भाव धारण किया है, उसे हम फिर से व्यक्तावस्था में ला सकते हैं। दृढ़ अभ्यास के द्वारा शरीर की कुछ गतियाँ, जो अभी हमारी इच्छा के अधीन नहीं, फिर से पूरी तरह वश में लाई जा सकती हैं। इस प्रकार विचार करने पर दीख पड़ता है कि शरीर का प्रत्येक अंश हम पूरी तरह अपनी इच्छा के अधीन कर सकते हैं; इसमें कुछ भी असंभव नहीं, बल्कि यह तो पूर्णतया संभव है। योगी प्राणायाम द्वारा इसमें कृतकार्य होते हैं। तुम लोगों ने पढ़ा होगा कि प्राणायाम में श्वास लेते समय संपूर्ण शरीर को प्राण से पूर्ण करना होता है। अंग्रेजी अनुवाद में प्राण शब्द का अर्थ किया गया है श्वास। इससे तुम्हें सहज ही संदेह हो सकता है कि आस से संपूर्ण शरीर को कैसे पूरा किया जाए। वास्तव में यह

अनुवादक का दोष है। देह के सारे अंगों को प्राण अर्थात् इस जीवनीशक्ति द्वारा भरा जा सकता है, और जब तुम इसमें सफल होंगे, तो संपूर्ण शरीर तुम्हारे वश में हो जाएगा; देह की समस्त व्याधियों, सारे दुःख तुम्हारी इच्छा के अधीन हो जाएँगे। इतना ही नहीं, दूसरे के शरीर पर भी अधिकार जमाने में तुम समर्थ हो जाओगे। संसार में भला-बुरा जो कुछ है, सभी संक्रामक है। यदि तुम्हारा शरीर किसी विशेष अवस्था में हो, तो उसकी प्रवृत्ति दूसरी में भी वही अवस्था उत्पन्न करने की होगी। यदि तुम सबल और स्वस्थकाय रहो, तो तुम्हारे समीपवर्ती व्यक्तियों में भी मानो कुछ स्वस्थ भाव, कुछ सबल भाव आएगा। और यदि तुम रुग्ण और दुर्बल रहो, तो देखोगे, तुम्हारे निकटवर्ती दूसरे व्यक्ति भी मानो कुछ रुग्ण और दुर्बल हो रहे हैं। तुम्हारी देह का कंपन मानो दूसरे के भीतर संचारित हो जाएगा।

जब एक व्यक्ति दूसरे को रोगमुक्त करने की चेष्टा करता है, तब उसका पहला प्रयत्न यह होता है कि उसका स्वास्थ्य दूसरे में संचारित हो जाए। यही आदिम चिकित्सा प्रणाली है। ज्ञातभाव से हो या अज्ञातभाव से, एक व्यक्ति दूसरे की देह में स्वास्थ्य-संचार कर सकता है। यदि एक बहुत बलवान् व्यक्ति किसी दुर्बल व्यक्ति के साथ सदैव रहे, तो वह दुर्बल व्यक्ति कुछ अंशों में अवश्य सबल हो जाएगा। यह बल-संचारणक्रिया ज्ञातभाव से हो सकती है तथा अज्ञातभाव से भी। जब यह क्रिया ज्ञातभाव से की जाती है, तब इसका कार्य और भी शीघ्र तथा उत्तम रूप में होता है। एक ओर दूसरे प्रकार की भी चिकित्सा प्रणाली है, जिसमें आरोग्यकारी स्वयं बहुत स्वस्थकाय न होने पर भी दूसरे के शरीर में स्वास्थ्य का संचार कर सकता है। इन स्थलों में उस आरोग्यकारी व्यक्ति को कुछ परिमाण में प्राणजयी समझना चाहिए। वह कुछ समय के लिए अपने प्राण में मानो एक विशेष कंपन उत्पन्न करके दूसरे के शरीर में उसका संचार कर देता है।

अनके स्थलों पर यह कार्य बहुत दूर से भी साधित हुआ है। यदि सचमुच में दूरत्व का अर्थ खंड या विच्छेद (break) हो, तो दूरत्व नामक कोई चीज नहीं। ऐसा दूरत्व कहाँ है, जहाँ परस्पर कुछ भी संबंध, कुछ भी योग नहीं? सूर्य में और तुममें क्या वास्तविक कोई विच्छेद है? नहीं, यह तो समस्त एक अविच्छिन्न अखंड वस्तु है; तुम उसके एक अंश हो और सूर्य उसका एक दूसरा अंश। नदी के एक भाग और दूसरे भाग में क्या विच्छेद है? तो फिर शक्ति भी एक जगह से दूसरी जगह क्यों न भ्रमण कर सकेगी? इसके विरोध में तो कोई युक्ति नहीं दी जा सकती। दूर से आरोग्य करने की घटनाएँ बिलकुल सत्य हैं। इस प्राण को बहुत दूर तक संचालित किया जा सकता है। पर हाँ, इसमें धोखेबाजी बहुत है। यदि इसमें एक घटना सत्य हो, तो अन्य

सैकड़ों असत्य और छलकपट के अतिरिक्त और कुछ नहीं। लोग इसे जितना सहज समझते हैं, यह उतना सहज नहीं। अधिकतर स्थलों में तो देखोगे कि आरोग्य करनेवाले चंगा करने के लिए मानवदेह की स्वाभाविक स्वस्थता की ही सहायता लेते हैं। एक एलोपैथ चिकित्सक आता है, हैजे के रोगियों की चिकित्सा करता है और उन्हें दवा देता है; एक होमियोपैथ चिकित्सक आता है, वह भी रोगियों को अपनी दवा देता है और शायद एलोपैथ की अपेक्षा अधिक रोगियों को चंगा कर देता है। ऐसा क्यों? इसलिए कि वह रोगी के शरीर में किसी तरह का विपर्यय न लाकर प्रकृति को अपनी चाल से काम करने देता है। और विश्वास के बल से आरोग्य करनेवाला तो और भी अधिक रोगियों को चंगा कर देता है, क्योंकि वह अपनी इच्छाशक्ति द्वारा कार्य करके विश्वास के बल से रोगी की प्रसुप्त प्राणशक्ति को प्रबुद्ध कर देता है।

परंतु विश्वास के बल से रोगों को अच्छा करनेवालों को सदा एक भ्रम हुआ करता है, वे सोचते हैं कि साक्षात् विश्वास ही लोगों को रोगमुक्त करता है। वास्तव में यह नहीं कहा जा सकता कि केवल विश्वास इसका कारण है। ऐसे भी रोग हैं, जिसमें रोगी स्वयं नहीं समझ पाता कि उसके कोई रोग है। रोगी का अपनी निरोगता पर अतीव विश्वास ही रोग का एक प्रधान लक्षण है, और इससे आसन्न मृत्यु की सूचना होती है। इन सब स्थलों में केवल विश्वास से रोग नहीं टलता। यदि विश्वास ही रोग की जड़ काटता हो, तो वे रोगी मौत के मुँह न गए होते। वास्तव में रोग तो इस प्राण की शक्ति से ही दूर होता है। प्राणजित् पवित्रात्मा पुरुष अपने प्राण को एक निर्दिष्ट कंपन में ले जा सकते हैं और उसे दूसरे में संचारित करके, उसके भीतर भी उसी प्रकार का कंपन पैदा कर सकते हैं। तुम प्रतिदिन की घटना से यह प्रमाण ले सकते हो। मैं व्याख्यान दे रहा हूँ। व्याख्यान देते समय मैं क्या कर रहा हूँ? मैं अपने मन को मानो कंपन की एक विशिष्ट स्थिति में लाता हूँ। और मैं मन को इस स्थिति में लाने में जितना ही सफल होऊँगा, तुम मेरी बात सुनकर उतने ही प्रभावित होंगे। तुम लोगों को मालूम है, व्याख्यान देते-देते मैं जिस दिन मस्त हो जाता हूँ, उस दिन मेरा व्याख्यान तुमको बहुत अच्छा लगता है, पर जब कभी मेरा उत्साह घट जाता है, तो तुम्हें मेरे व्याख्यान में उतना आनंद नहीं मिलता।

जगत् को हिला-डुला देनेवाले तीव्र इच्छाशक्ति-संपन्न महापुरुष अपने प्राण को कंपन की एक उच्च स्थिति में ला सकते हैं और यह प्राण इतना महान् तथा शक्तिशाली होता है कि वह दूसरे को पल भर में लपेट लेता है, हजारों मनुष्य उनकी ओर खिंच जाते हैं और संसार के आधे लोग उनके भाव से परिचालित हो जाते हैं। जगत् के सभी महान् पैगंबरों का प्राण पर अत्यंत अद्भुत संयम था, जिसके बल से वे

प्रबल इच्छाशक्ति-संपन्न हो गए थे। वे अपने प्राण के भीतर अति उच्च कंपन पैदा कर सकते थे, और उसी से उन्हें समस्त संसार पर प्रभाव-विस्तार करने की क्षमता प्राप्त हुई थी। संसार में शक्ति के जितने विकास देखे जाते हैं, सभी प्राण के संयम से उत्पन्न होते हैं। मनुष्य को यह तथ्य भले ही मालूम न हो, पर और किसी तरह इसकी व्याख्या नहीं हो सकती। तुम्हारे शरीर में यह प्राणसंचालन कभी एक ओर अधिक और दूसरी ओर कम हो जाता है। इससे संतुलन भंग होता है; और जब प्राण का यह संतुलन नष्ट होता है, तब रोग की उत्पत्ति होती है। अतिरिक्त प्राण को हटाकर, जहाँ प्राण का अभाव है, वहाँ का अभाव भर सकने से ही रोग अच्छा हो जाता है। शरीर के किस भाग में प्राण अधिक है और किस भाग में अल्प, इसका ज्ञान प्राप्त करना भी प्राणायाम का अंग है। इस प्राणायाम के अभ्यास से अनुभवशक्ति इतनी सूक्ष्म हो जाएगी कि मन समझ जाएगा, पैर के अँगूठे में या हाथ की अँगुली में जितना प्राण आवश्यक है, उतना वहाँ नहीं है, और मन उस प्राण के अभाव को पूरा करने में भी समर्थ हो जाएगा। इस प्रकार प्राणायाम के अनेक अंग हैं। इनको धीरे-धीरे, एक के बाद एक, सीखना होगा। अतएव यह स्पष्ट है कि विभिन्न रूपों में प्रकाशित प्राण का संयम सिखाना और उसको विभिन्न प्रकार से चलाना ही राजयोग का संपूर्ण क्षेत्र है। जब कोई अपनी समस्त शक्तियों का संयम करता है, तब वह अपनी देह के भीतर के प्राण का ही संयम करता है। जब कोई ध्यान करता है, तो भी समझना चाहिए कि वह प्राण का ही संयम कर रहा है।

महासागर की ओर यदि देखो, तो प्रतीत होगा कि वहाँ पर्वतकाय बड़ी-बड़ी तरंगें हैं, फिर छोटी-छोटी तरंगें भी हैं, और छोटे-छोटे बुलबुले भी। पर इन सब के पीछे वही अनंत महासमुद्र है। एक ओर वह छोटा बुलबुला अनंत समुद्र से युक्त है, फिर दूसरी ओर वह बड़ी तरंग भी उसी महासमुद्र से युक्त है। इसी प्रकार, संसार में कोई महापुरुष हो सकता है, और कोई छोटे बुलबुले जैसा सामान्य व्यक्ति, परंतु सभी उसी अनंत महाशक्ति के समुद्र से युक्त हैं, जो सभी जीवों का जन्मसिद्ध अधिकार है। जहाँ भी जीवनीशक्ति का प्रकाश देखो, वहाँ समझना कि उसके पीछे अनंत शक्ति का भांडार है। एक छोटी सी फफूँदी (Fungus) है; वह संभव है, इतनी छोटी, इतनी सूक्ष्म हो कि उसे अनुवीक्षण यंत्र द्वारा देखना पड़े; आरंभ करो। देखोगे कि वह अनंत शक्ति के भांडार से क्रमशः शक्ति-संग्रह करती हुई एक अन्य रूप धारण कर रही है। कालांतर में वह उद्भिद के रूप में परिणत होती है, वही फिर एक पशु का आकार ग्रहण करती है, फिर मनुष्य का रूप लेती हुई वही अंत में ईश्वररूप में परिणत हो जाती है। हाँ, इतना अवश्य है कि प्राकृतिक नियम से इस व्यापार के घटते-घटते

लाखों साल पार हो जाते हैं। परंतु वह यह समय है क्या? वेग—साधना का वेग बढ़ाकर समय काफी घटाया जा सकता है। योगियों का कहना है कि साधारण प्रयत्न से जिस काम को अधिक समय लगता है, वही वेग बढ़ा देने पर, बहुत थोड़े समय में सध सकता है। हो सकता है, कोई मनुष्य इस संसार की अनंत शक्तिराशि में से बहुत थोड़ी-थोड़ी शक्ति लेकर चले।

इस प्रकार चलने पर उसे देवजन्म प्राप्त करते, संभव है, एक लाख वर्ष लग जाएँ, फिर और भी ऊँची अवस्था प्राप्त करते शायद पाँच लाख वर्ष लगें। फिर पूर्ण सिद्ध होते और भी पाँच लाख वर्ष लगें। पर उन्नति का वेग बढ़ा देने पर यह समय कम हो जाता है। पर्याप्त प्रयत्न करने पर छह वर्ष या छह महीने में ही यह सिद्धिलाभ क्यों न हो सकेगा? युक्ति तो बताती है कि इसमें कोई निर्दिष्ट सीमाबद्ध समय नहीं है। सोचो, कोई वाष्पीय यंत्र, निर्दिष्ट मात्रा में कोयला देने पर, प्रति घंटा दो मील चल सकता है, तो अधिक कोयला देने पर वह और भी शीघ्र चलेगा। इसी प्रकार, यदि हम भी तीव्र वेगसंपन्न' हों, तो इसी जन्म में मुक्तिलाभ क्यों न कर सकेंगे? हाँ, हम यह जानते अवश्य हैं कि अंत में सभी मुक्ति पाएँगे। पर इस प्रकार युग-युग तक हम प्रतीक्षा क्यों करें? इसी क्षण, इस शरीर में ही, इस मनुष्यदेह में ही हम मुक्तिलाभ करने में समर्थ क्यों न होंगे? हम इसी समय वह अनंत ज्ञान, वह अनंत शक्ति क्यों न प्राप्त कर सकेंगे? आत्मा की उन्नति का वेग बढ़ाकर किस प्रकार थोड़े समय में 'मुक्ति' पाई जा सकती है, यही सारे योगशास्त्र का लक्ष्य और उद्देश्य है। जब तक सारे मनुष्य मुक्त नहीं हो जाते, तब तक प्रतीक्षा करते हुए थोड़ा-थोड़ा कर अग्रसर न होकर, प्रकृति के अनंत शक्ति-भंडार में से शक्ति ग्रहण करने की शक्ति बढ़ाकर किस प्रकार शीघ्र मुक्तिलाभ किया जा सकता है, योगियों ने इसका उपाय खोज निकाला है।

संसार के सभी पैगंबर, साधु और सिद्ध पुरुषों ने क्या किया है? उन्होंने एक ही जन्म में मानवजाति का जीवन बिताया और उन सब अवस्थाओं को पार कर लिया है; जिनमें से होते हुए साधारण मानव करोड़ों जन्मों में मुक्त होता है। एक जन्म में ही वे अपनी मुक्ति का मार्ग तय कर लेते हैं। वे दूसरी कोई चिंता नहीं करते, दूसरी बात के लिए एक क्षण भी समय नहीं देते। उनका पल भर भी व्यर्थ नहीं जाता। इस प्रकार उनकी मुक्तिप्राप्ति का समय घट जाता है। एकाग्रता का अर्थ ही है, शक्तिसंचय की क्षमता को बढ़ाकर समय को घटा लेना। राजयोग इसी एकाग्रता की शक्ति को प्राप्त करने का विज्ञान है।

इस प्राणायाम के साथ 'प्रेतात्मवाद' (spiritualism) का क्या संबंध है? प्रेतात्मवाद भी प्राणायाम की ही एक अभिव्यक्ति है। यदि यह सत्य हो कि प्रेतात्मा

का अस्तित्व है और उसे हम देख भर नहीं पाते, तो यह भी बहुत संभव है कि यहीं पर शायद लाखों आत्माएँ हैं, जिन्हें हम न देख पाते हैं, न अनुभव कर पाते हैं, न छू पाते हैं। संभव है, हम सदा उनके शरीर के भीतर से आ-जा रहे हों। और यह भी बहुत संभव है कि वे भी हमें देखने या किसी प्रकार से अनुभव करने में असमर्थ हों। यह मानो एक वृत्त के भीतर एक और वृत्त है, एक जगत् के भीतर एक और जगत्। हम पंचेंद्रिय विशिष्ट प्राणी हैं। हमारे प्राण का कंपन एक विशेष प्रकार का है। जिनके प्राण का कंपन हमारी तरह का है, उन्हीं को हम देख सकेंगे। परंतु यदि कोई ऐसा प्राणी हो, जिसका प्राण अपेक्षाकृत उच्चकंपनशील है, तो उसे हम नहीं देख पाएँगे। प्रकाश के कंपन की तीव्रता अत्यंत अधिक बढ़ जाने पर हम उसे नहीं देख पाते, किंतु बहुत से प्राणियों की आँखें ऐसी शक्तियुक्त हैं कि वे उस तरह का प्रकाश देख सकती हैं। इनके विपरीत, यदि आलोक के परमाणुओं का कंपन अत्यंत मृदु या हलका हो, तो भी उसे हम नहीं देख पाते, परंतु उल्लू और बिल्ली आदि प्राणी उसे देख लेते हैं। हमारी दृष्टि इस प्राणकंपन के एक विशेष प्रकार को ही देखने में समर्थ है। इसी प्रकार वायुराशि की बात लो। वायु मानो स्तर पर स्तर रची हुई है। पृथ्वी का निकटवर्ती स्तर अपने से ऊँचेवाले स्तर से अधिक घना है, और इस तरह हम जितने ऊँचे उठते जाएँगे, हमें यही दिखेगा कि वायु क्रमशः सूक्ष्म होती जा रही है। इसी प्रकार समुद्र की बात लो; समुद्र के जितने ही गहरे प्रदेश में जाओगे, पानी का दबाव उतना ही बढ़ेगा। जो प्राणी समुद्र के नीचे रहते हैं, वे कभी ऊपर नहीं आ सकते, क्योंकि यदि वे आएँ, तो उसी समय उनका शरीर टुकड़े-टुकड़े हो जाए।

संपूर्ण जगत् को ईथर (आकाशतत्त्व) के एक समुद्र के रूप में सोचो। प्राण की शक्ति से वह मानो स्पंदित हो रहा है और विभिन्न मात्रा में स्पंदनशील स्तरों में बँटा हुआ है। तो देखोगे, जिस केंद्र से स्पंदन शुरू हुआ है, उससे तुम जितनी दूर जाओगे, उतना ही यह स्पंदन मृदु रूप में अनुभूत होगा; केंद्र के पास स्पंदन बहुत द्रुत होता है। और भी सोचो, भिन्न-भिन्न प्रकार के स्पंदनों के अलग-अलग स्तर हैं। यह संपूर्ण स्पंदन-क्षेत्र मानो विभिन्न स्पंदन-स्तरों में विभक्त है—कई लाख मील तक एक प्रकार का स्पंदन; फिर कई लाख मील तक एक उच्चतर, किंतु दूसरे प्रकार का स्पंदन, आदि-आदि। अतः यह संभव है कि जो प्राण की एक विशेष अवस्था के स्तर पर वास करते हैं, वे एक-दूसरे को पहचान सकेंगे, परंतु अपने से नीचे या ऊँचे स्तरवाले जीवों को न पहचान सकेंगे। फिर भी, जैसे हम अनुवीक्षण यंत्र और दूरबीन की सहायता से अपनी दृष्टि का क्षेत्र बढ़ा सकते हैं, उसी प्रकार योग के द्वारा मन को विभिन्न प्रकार के स्पंदनों से युक्त करके हम दूसरे स्तर का समाचार अर्थात् वहाँ क्या

हो रहा है, यह जान सकते हैं। समझो, इसी कमरे में ऐसे बहुत से प्राणी हैं, जिन्हें हम नहीं देख पाते। वे सब प्राण के एक प्रकार के स्पंदन के फल हैं, और हम एक दूसरे प्रकार के। मान लो कि वे प्राण के अधिक स्पंदन से युक्त हैं और हम उनकी तुलना में कम स्पंदन से। हम भी प्राणरूप मूल वस्तु से गढ़े हुए हैं, और वे भी वही हैं। सभी एक ही समुद्र के भिन्न-भिन्न अंश मात्र हैं।

विभिन्नता है केवल स्पंदन की मात्रा में। यदि मन को मैं अधिक स्पंदनविशिष्ट कर सका, तो मैं फिर इस स्तर पर न रहूँगा, मैं फिर तुम लोगों को न देख पाऊँगा। तुम मेरी दृष्टि से अंतर्हित हो जाओगे और वे मेरी आँखों के सामने आ जाएँगे। तुममें से शायद बहुतों को मालूम है कि यह व्यापार सत्य है। मन को इस प्रकार स्पंदन की उच्चतर भूमि में लाना ही योगशास्त्र में एकमात्र 'समाधि' शब्द द्वारा अभिहित किया गया है। उच्चतर स्पंदन की ये सब भूमियाँ, मन के सब अतिचेतन स्पंदन इस एक शब्द—समाधि—में वर्गीकृत हैं। समाधि की निम्नतर भूमियों में इन अदृश्य प्राणियों को प्रत्यक्ष किया जाता है। और समाधि की सर्वोच्च अवस्था तो वह है, जब हमें सत्यस्वरूप ब्रह्म के दर्शन होते हैं। तब हम उस उपादान को जान लेते हैं, जिससे इन सब बहुविध जीवों की उत्पत्ति हुई है, जैसे एक मृत्पिंड को जान लेने पर समस्त मृत्पिंड ज्ञात हो जाते हैं।

इस प्रकार हम देखते हैं कि प्रेतात्मवाद में जो कुछ सत्य है, वह भी प्राणायाम में समाविष्ट है। इसी तरह जब कभी तुम देखो कि कोई दल या संप्रदाय किसी रहस्यात्मक या गुप्त तत्त्व के आविष्कार की चेष्टा कर रहा है, तो समझना, वह यथार्थतः किसी परिणाम में इस राजयोग की ही साधना कर रहा है, प्राणसंयम की ही चेष्टा कर रहा है। जहाँ कहीं किसी प्रकार की असाधारण शक्ति का विकास हुआ है, वहाँ प्राण की ही शक्ति का विकास समझना चाहिए। यहाँ तक कि भौतिक विज्ञान भी प्राणायाम के अंतर्गत किए जा सकते हैं। वाष्पीय यंत्र को कौन संचालित करता है? प्राण ही वाष्प के भीतर से उसको चलाता है। ये जो विद्युत् की अद्भुत क्रियाएँ दीख पड़ती हैं, ये सब प्राण को छोड़ भला और क्या हो सकती हैं? भौतिक विज्ञान है क्या? वह बाहरी उपायों द्वारा प्राणायाम का विज्ञान है। प्राण जब मानसिक शक्ति के रूप में प्रकाशित होता है, तब मानसिक उपायों द्वारा ही उसका संयम किया जा सकता है। जिस प्राणायाम में प्राण की स्थूल अभिव्यक्ति को बाह्य उपायों द्वारा जीतने की चेष्टा की जाती है, उसे भौतिक विज्ञान कहते हैं, और जिस प्राणायाम में प्राण की मानसिक अभिव्यक्तियों को मानसिक उपायों द्वारा संयत करने की चेष्टा की जाती है, उसी को राजयोग कहते हैं।

❑

चतुर्थ अध्याय

प्राण का आध्यात्मिक रूप

योगियों के मतानुसार मेरुदंड के भीतर इड़ा और पिंगला नामक दो स्नायविक शक्तिप्रवाह और मेरुदंडस्थ मज्जा के बीच सुषुम्ना नाम की एक शून्य नली है। इस शून्य नली के सबसे नीचे कुंडलिनी का आधारभूत पद्म अवस्थित है। योगियों का कहना है कि वह त्रिकोणाकार है। योगियों की रूपक भाषा में कुंडलिनी-शक्ति उस स्थान पर कुंडलाकार हो विराज रही है। जब यह कुंडलिनीशक्ति जगती है, तब वह इस शून्य नली के भीतर से मार्ग बनाकर ऊपर उठने का प्रयत्न करती है, और ज्यों-ज्यों वह एक-एक सोपान ऊपर उठती जाती है, त्यों-त्यों मन के स्तर पर स्तर मानो खुलते जाते हैं और योगी को अनेक प्रकार के अलौकिक दर्शन होने लगते हैं तथा अद्‌भुत शक्तियाँ प्राप्त होने लगती हैं। जब वह कुंडलिनी मस्तक पर चढ़ जाती है, तब योगी संपूर्ण रूप से शरीर और मन से पृथक् हो जाते हैं और उनकी आत्मा अपने मुक्त स्वभाव की उपलब्धि करती है। हमें मालूम है कि मेरुमज्जा एक विशेष प्रकार से गठित है। अंग्रेजी के आठ अंक (8) को यदि आड़ा ( ) कर दिया जाए, तो देखेंगे कि उसके दो अंश हैं और वे दोनों अंश बीच से जुड़े हुए हैं। इस तरह के अनेक अंकों को एक पर एक रखने पर जैसा दीख पड़ता है, मेरुमज्जा बहुत कुछ वैसी ही है। उसके बाईं ओर इड़ा है और दाहिनी ओर पिंगला; और जो शून्य नली मेरुमज्जा के ठीक बीच में से गई है, वही सुषुम्ना है। कटिप्रदेश में स्थित मेरुदंड की कुछ अस्थियों के बाद ही मेरुमज्जा समाप्त हो गई है, परंतु वहाँ से भी धागे के समान एक बहुत ही सूक्ष्म पदार्थ बराबर नीचे उतरता गया है। सुषुम्ना नली वहाँ भी अवस्थित है, परंतु वहाँ बहुत सूक्ष्म हो गई है। नीचे की ओर उस नली का मुँह बंद रहता है। उसके निकट ही कटिप्रदेशस्थ नाड़ीजाल (sacral plexus) अवस्थित है,

जो आजकल के शरीरशास्त्र (physiology) के मत से त्रिकोणाकार है। इन विभिन्न नाड़ीजालों के केंद्र मेरुमज्जा के भीतर अवस्थित हैं; वे नाड़ीजाल योगियों के भिन्न-भिन्न पद्मों या चक्रों के रूप में लिये जा सकते हैं।

योगियों का कहना है कि सबसे नीचे मूलाधार से लेकर मस्तिष्क में स्थित सहस्रार या सहस्रदल पद्म तक कुछ चक्र हैं। यदि हम उन पद्मों को पूर्वोक्त नाड़ीजाल के प्रतिरूप समझें, तो आजकल के शरीरशास्त्र के द्वारा बहुत सहज ही योगियों की बात का मर्म समझ में आ जाएगा। हमें मालूम है कि हमारे स्नायुओं के भीतर दो प्रकार के प्रवाह हैं; उनमें से एक को अंतर्मुखी और दूसरे को बहिर्मुखी, एक को ज्ञानात्मक और दूसरे को कर्मात्मक, एक को केंद्रगामी और दूसरे को केंद्रापसारी कहा जा सकता है। उनमें से एक मस्तिष्क की ओर संवाद ले जाता है, और दूसरा मस्तिष्क से बाहर समस्त अंगों में। परंतु अंत में ये प्रवाह मस्तिष्क से संयुक्त हो जाते हैं। आगे आनेवाले विषय को स्पष्ट रूप से समझने के लिए हमें कुछ और बातें ध्यान में रखनी होंगी। यह मेरुमज्जा मस्तिष्क में जाकर एक प्रकार के 'बल्ब' में—मेडुला (medulla) नामक एक अंडाकार पदार्थ में—समाप्त हो जाती है, जो मस्तिष्क के साथ संयुक्त नहीं है, वरन् मस्तिष्क में जो एक तरल पदार्थ है, उसमें तैरता रहता है। अत: यदि सिर पर कोई आघात लगे, तो उस आघात की शक्ति उस तरल पदार्थ से बिखर जाती है, और इससे उस बल्ब को कोई चोट नहीं पहुँचती। यह एक महत्त्वपूर्ण बात है, जो हमें स्मरण रखनी चाहिए। दूसरे, हमें यह भी जान लेना होगा कि इन सब चक्रों में से सबसे नीचे स्थित मूलाधार, मस्तिष्क में स्थिर सहस्रार और नाभिदेश में स्थित मणिपूर—इन तीन चक्रों की बात हमें विशेष रूप से ध्यान में रखनी होगी।

अब भौतिक विज्ञान का एक तत्त्व हमें समझना है। हम लोगों ने विद्युत् और उससे संयुक्त अन्य बहुविध शक्तियों की बातें सुनी हैं। विद्युत् क्या है, यह किसी को मालूम नहीं। हम लोग इतना ही जानते हैं कि विद्युत् एक प्रकार की गति है। जगत् में और भी अनेक प्रकार की गतियाँ हैं; विद्युत् से उनका भेद क्या है? मान लो, यह मेज चल रही है और उसके परमाणु विभिन्न दिशाओं में जा रहे हैं। अब यदि उन परमाणुओं को एक ही दिशा में चलाया जाए, तो वह विद्युत् के माध्यम से ही किया जा सकता है। समस्त परमाणु यदि एक ओर गतिशील हों, तो उसी को विद्युत्-गति कहते हैं। इस कमरे में जो वायु है, उसके सारे परमाणुओं को यदि लगातार एक ओर चलाया जाए, तो यह कमरा एक प्रचंड बैटरी (battery) के रूप में परिणत हो जाएगा। शरीरशास्त्र की एक और बात हमें स्मरण रखनी होगी। वह यह है कि जो

स्नायुकेंद्र श्वास-प्रश्वास यंत्रों को नियमित करता है, उसका सारे स्नायु-प्रवाहों के नियमन पर भी कुछ अधिकार है।

अब हम प्राणायाम करने का कारण समझ सकेंगे। पहले तो, यदि श्वास-प्रश्वास की गति लयबद्ध या नियमित की जाए, तो शरीर के सारे परमाणु एक ही दिशा में गतिशील होने का प्रयत्न करेंगे। जब विभिन्न दिशाओं में दौड़नेवाला मन एकमुखी होकर एक दृढ़ इच्छाशक्ति के रूप में परिणत होता है, तब सारे स्नायु-प्रवाह भी परिवर्तित होकर एक प्रकार की विद्युत्-प्रवाह जैसी गति प्राप्त करते हैं, क्योंकि स्नायुओं पर विद्युत्-क्रिया करने पर देखा गया है कि उनके दोनों प्रांतों में धनात्मक और ऋणात्मक, इन विपरीत शक्तिद्वय का उद्भव होता है। इसी से यह स्पष्ट है कि जब इच्छाशक्ति स्नायुप्रवाह के रूप में परिणत होती है, तब वह एक प्रकार के विद्युत् का आकार धारण कर लेती है। जब शरीर की सारी गतियाँ संपूर्ण रूप से एकाभिमुखी होती हैं, तब वह शरीर मानो इच्छाशक्ति का एक प्रबल विद्युदाधार बन जाता है। यह प्रबल इच्छाशक्ति प्राप्त करना ही योगी का उद्देश्य है। इस तरह, शरीरशास्त्र की सहायता से प्राणायाम-क्रिया की व्याख्या की जा सकती है। वह शरीर के भीतर एक प्रकार की एकमुखी गति पैदा कर देती है और श्वास-प्रश्वास-केंद्र पर आधिपत्य करके शरीर के अन्यान्य केंद्रों को भी वश में लाने में सहायता पहुँचाती है। यहाँ पर प्राणायाम का लक्ष्य मूलाधार में कुंडलाकार में अवस्थित कुंडलिनी-शक्ति को उद्बुद्ध करना है।

हम जो कुछ देखते हैं, कल्पना करते हैं, या जो कोई स्वप्न देखते हैं, सारे अनुभव हमें आकाश में करने पड़ते हैं। हम साधारणतः जिस परिदृश्यमान आकाश को देखते हैं, उसका नाम है 'महाकाश'। योगी जब दूसरों का मनोभाव समझने लगते हैं या अलौकिक वस्तुएँ देखने लगते हैं, तब वे सब दर्शन चित्ताकाश में होते हैं। और जब अनुभूति विषयशून्य हो जाती है, जब आत्मा अपने स्वरूप में प्रकाशित होती है, तब उसका नाम है 'चिदाकाश'। जब कुंडलिनी शक्ति जागकर सुषुम्ना नाड़ी में प्रवेश करती है, तब जो सब विषय अनुभूत होते हैं, वे चित्ताकाश में ही होते हैं। जब वह उस नाड़ी की अंतिम सीमा मस्तक में पहुँचाती है; तब चिदाकाश में एक विषयशून्य ज्ञान अनुभूत होता है।

विद्युत् की उपमा पर अब फिर से विचार करते हैं। हम देखते हैं कि मनुष्य केवल तार की मदद से एक जगह से दूसरी जगह विद्युत्-प्रवाह चला सकता है, परंतु प्रकृति अपने महान् शक्ति-प्रवाहों को भेजने के लिए किसी तार का सहारा नहीं लेती। इसी से अच्छी तरह समझ में आ जाता है कि किसी प्रवाह को चलाने के लिए

वास्तव में तार की कोई आवश्यकता नहीं। हम तार के बिना काम नहीं कर सकते, इसीलिए हमें उसकी आवश्यकता पड़ती है। जैसे विद्युत्-प्रवाह तार की सहायता से विभिन्न दिशाओं में प्रवाहित होता है, ठीक उसी तरह शरीर की समस्त संवेदनाएँ और गतियाँ मस्तिष्क में और मस्तिष्क से बहिर्देश में प्रेरित की जाती हैं; वह स्नायुतंतुरूप तार की ही सहायता से होता है। मेरुमज्जामध्यस्थ ज्ञानात्मक और कर्मात्मक स्नायुगुच्छस्तंभ ही योगियों की इड़ा और पिंगला नाड़ियाँ हैं। उन दोनों प्रधान नाड़ियों के भीतर से ही पूर्वोक्त अंतर्मुखी और बहिर्मुखी शक्तिप्रवाहद्वय संचारित हो रहे हैं। परंतु बात अब यह है कि इस प्रकार के तार के समान किसी पदार्थ की सहायता बिना मस्तिष्क के चारों ओर विभिन्न संवाद भेजना और भिन्न-भिन्न स्थानों से मस्तिष्क का विभिन्न संवाद ग्रहण करना संभव क्यों न होगा? प्रकृति में तो ऐसे व्यापार घटते देखे जाते हैं। योगियों का कहना है कि इसमें कृतकार्य होने पर ही भौतिक बंधनों को लाँघा जा सकता है। तो अब इसमें कृतकार्य होने का उपाय क्या है? यदि मेरुदंडमध्यस्थ सुषुम्ना के भीतर से स्नायुप्रवाह चलाया जा सके, तो यह समस्या मिट जाएगी। मन ने ही यह स्नायुजाल तैयार किया है, और उसी को यह जाल तोड़कर किसी प्रकार की सहायता की राह न देखते हुए, अपना काम करना होगा। तभी सारा ज्ञान हमारे अधिकार में आएगा, देह का बंधन फिर न रह जाएगा। इसीलिए सुषुम्ना नाड़ी पर विजय पाना हमारे लिए इतना आवश्यक है। यदि तुम इस शून्य नली के भीतर से, स्नायुजाल की सहायता के बिना भी मानसिक प्रवाह चला सको, तो बस इस समस्या का समाधान हो गया। योगी कहते हैं कि यह संभव है।

साधारण मनुष्यों में सुषुम्ना निम्नतर छोर में बंद रहती है; उसके माध्यम से कोई कार्य नहीं होता। योगियों का कहना है कि इस सुषुम्ना का द्वार खोलकर उसके माध्यम से स्नायु-प्रवाह चलाने की एक निर्दिष्ट साधना है। बाह्य विषय के संस्पर्श से उत्पन्न संवेदना जब किसी केंद्र में पहुँचती है, तब उस केंद्र में एक प्रतिक्रिया होती है। स्वयंक्रिय केंद्रों (automatic centres) में उन प्रतिक्रियाओं का फल केवल गति होता है, पर सचेतन केंद्रों (conscious centres) में पहले अनुभव, और फिर गति होती है। सारी अनुभूतियाँ बाहर से आई हुई क्रियाओं की प्रतिक्रिया मात्र हैं। तो फिर स्वप्न में अनुभूति किस तरह होती है? उस समय तो बाहर की कोई क्रिया नहीं रहती। अतएव स्पष्ट है कि विषयों के अभिघात से पैदा हुई स्नायविक गतियाँ शरीर के किसी-न-किसी स्थान पर अवश्य अव्यक्त भाव से रहती हैं। मान लो, मैंने एक नगर देखा। 'नगर' नामक बाह्य वस्तु के आघात की जो प्रतिक्रिया है, उसी से उस नगर की अनुभूति होती है। अर्थात् उस नगर की बाह्य वस्तु द्वारा हमारे अंतर्वाही

स्नायुओं में जो गतिविशेष उत्पन्न हुई है, उससे मस्तिष्क के भीतर के परमाणुओं में एक गति पैदा हो गई है। आज बहुत दिन बाद भी वह नगर मेरी स्मृति में आता है। इस स्मृति में भी ठीक वही व्यापार होता है, पर अपेक्षाकृत हलके रूप में। किंतु जो क्रिया मस्तिष्क के भीतर उस प्रकार का मृदुतर कंपन ला देती है, वह भला कहाँ से आती है? यह तो कभी नहीं कहा जा सकता कि वह उसी पहले के विषय-अभिघात से पैदा हुई है। अतः स्पष्ट है कि विषय-अभिघात से उत्पन्न गतिप्रवाह या संवेदनाएँ शरीर के किसी स्थान पर कुंडलीकृत होकर विद्यमान हैं और उनकी क्रिया के फलस्वरूप ही स्वप्न-अनुभूतिरूप मृदु प्रतिक्रिया की उत्पत्ति होती है।

जिस केंद्र में विषय-अभिघात से उत्पन्न संवेदनाओं के अवशिष्ट अंश या संस्कार मानो संचित से रहते हैं, उसे मूलाधार कहते हैं, और उस कुंडलीकृत क्रियाशक्ति को कुंडलिनी कहते हैं। संभवतः गतिशक्तियों का अवशिष्ट अंश भी इसी जगह कुंडलीकृत होकर संचित है; क्योंकि गंभीर अध्ययन और बाह्य वस्तुओं पर मनन के बाद शरीर के जिस स्थान पर यह मूलाधार चक्र (संभवतः sacral plexus) अवस्थित है, वह तप्त हो जाता है। अब यदि इस कुंडलिनी शक्ति को जगाकर उसे ज्ञातभाव से क्षमा नली में से प्रवाहित करते हुए एक केंद्र से दूसरे केंद्र को ऊपर लाया जाए, तो वह ज्यों-ज्यों विभिन्न केंद्रों पर क्रिया करेगी, त्यों-त्यों प्रबल प्रतिक्रिया की उत्पत्ति होगी। जब शक्ति का बिलकुल सामान्य अंश किसी स्नायुतंतु के भीतर से प्रवाहित होकर विभिन्न केंद्रों में प्रतिक्रिया उत्पन्न करता है, तब वही स्वप्न अथवा कल्पना के नाम से अभिहित होता है। किंतु जब मूलाधार में संचित विपुलायतन शक्तिपुंज दीर्घकालव्यापी तीव्र ध्यान के बल से उद्धबु होकर सुषुम्ना मार्ग में भ्रमण करता है और विभिन्न केंद्रों पर आघात करता है, तो उस समय एक बड़ी प्रबल प्रतिक्रिया होती है, जो स्वप्न अथवा कल्पनाकालीन प्रतिक्रिया से तो अनंत गुनी श्रेष्ठ है ही, पर जाग्रत्कालीन विषयज्ञान की प्रतिक्रिया से तो अनंत गुनी प्रबल है। यही अतींद्रिय अनुभूति है। फिर जब वह शक्तिपुंज समस्त ज्ञान के, समस्त संवेदनाओं के केंद्रस्वरूप मस्तिष्क में पहुँचता है, तब संपूर्ण मस्तिष्क मानो प्रतिक्रिया करता है, और इसका फल है ज्ञान का पूर्ण प्रकाश या आत्मसाक्षात्कार। कुंडलिनी-शक्ति जैसे-जैसे एक केंद्र से दूसरे केंद्र को जाती है, वैसे ही वैसे मन का मानो एक-एक परदा खुलता जाता है और तब योगी इस जगत् की सूक्ष्म या कारणरूप में उपलब्धि करते हैं। और तभी विषयस्पर्श से उत्पन्न हुई संवेदना और उसकी प्रतिक्रिया रूप, जो जगत् के कारण है, उनका यथार्थ स्वरूप हमें ज्ञात हो जाता है। अतएव तब हम सारे विषयों का पूर्ण ज्ञान प्राप्त कर लेते हैं; क्योंकि कारण को जान लेने पर कार्य

का ज्ञान अवश्य होगा।

इस प्रकार हमने देखा कि कुंडलिनी को जगा देना ही तत्त्वज्ञान, अतिचेतन अनुभूति या आत्मसाक्षात्कार का एकमात्र उपाय है। कुंडलिनी को जाग्रत् करने के अनेक उपाय हैं। किसी की कुंडलिनी भगवान् के प्रति प्रेम के बल से ही जाग्रत् हो जाती है, किसी की सिद्ध महापुरुषों की कृपा से और किसी की सूक्ष्म ज्ञानविचार द्वारा। लोग जिसे अलौकिक शक्ति या ज्ञान कहते हैं, उसका जहाँ कहीं कुछ प्रकाश दीख पड़े, तो समझना होगा कि वहाँ कुछ परिमाण में यह कुंडलिनी-शक्ति सुषुम्ना के भीतर किसी तरह प्रवेश पा गई है। तो भी इस प्रकार की अलौकिक घटनाओं में से अधिकतर स्थलों में देखा जाएगा कि उस व्यक्ति ने बिना जाने एकाएक ऐसी कोई साधना कर डाली है, जिससे उसकी कुंडलिनी-शक्ति अज्ञातभाव से कुछ परिमाण में स्वतंत्र होकर सुषुम्ना के भीतर प्रवेश कर गई है।

समस्त उपासना, ज्ञातभाव से हो अथवा अज्ञातभाव से, उसी एक लक्ष्य पर पहुँचा देती है अर्थात् उससे कुंडलिनी जाग्रत् हो जाती है। जो सोचते हैं कि मैंने अपनी प्रार्थना का उत्तर पाया, उन्हें: मालूम नहीं कि प्रार्थनारूप मनोवृत्ति के द्वारा वे अपनी ही देह में स्थित अनंत शक्ति के एक बिंदु को जगाने में समर्थ हुए हैं। अतएव योगी घोषणा करते हैं कि मनुष्य बिना जाने जिसकी विभिन्न नामों से, डरते-डरते और कष्ट उठाकर उपासना करता है, उसके पास किस तरह अग्रसर होना होगा, यह जान लेने पर समझ में आ जाएगा कि वही प्रत्येक व्यक्ति में कुंडलीकृत यथार्थ शक्ति है—चिरंतन सुख की जननी है। अतएव राजयोग यथार्थ धर्मविज्ञान है। वही सारी उपासना, सारी प्रार्थना, विभिन्न प्रकार की साधन-पद्धति और समस्त अलौकिक घटनाओं की युक्तिसंगत व्याख्या है।

❑

पंचम अध्याय

आध्यात्मिक प्राण का संयम

यहाँ पर प्राणायाम की विभिन्न क्रियाओं के संबंध में चर्चा करते हैं। हमने पहले ही देखा है कि योगियों के मत में साधना का पहला अंग फेफड़े की गति को अपने अधीन करना है। हमारा उद्‌देश्य है—शरीर के भीतर जो सूक्ष्म गतियाँ हो रही हैं, उनका अनुभव प्राप्त करना। हमारा मन बिलकुल बहिर्मुखी हो गया है, वह भीतर की सूक्ष्म गतियों को बिलकुल नहीं पकड़ सकता। हम जब उनका अनुभव प्राप्त करने में समर्थ होंगे, तो उन पर विजय पा लेंगे। ये स्नायविक शक्ति-प्रवाह शरीर में सर्वत्र चल रहे हैं; वे प्रत्येक पेशी में जाकर उसको जीवनी-शक्ति दे रहे हैं; किंतु हम उनका अनुभव नहीं कर पाते। योगियों का कहना है कि प्रयत्न करने पर हम उनका अनुभव प्राप्त करना सीख जाएँगे। कैसे? पहले फेफड़े की गति पर विजय पाने की कोशिश करनी होगी। कुछ काल तक यह कर सकने पर हम सूक्ष्मतर गतियों को भी वश में कर सकेंगे।

अब प्राणायाम की क्रियाओं की चर्चा की जाए। पहले तो, सीधे होकर बैठना होगा। देह को ठीक सीधी रखना होगा। यद्यपि मेरुमज्जा मेरुदंड से संलग्न नहीं है, फिर भी वह मेरुदंड के भीतर है। टेढ़ा होकर बैठने से वह अस्त-व्यस्त हो जाती है। अतएव देखना होगा कि वह स्वच्छंद रूप से रहे। टेढ़े बैठकर ध्यान करने की चेष्टा करने से अपनी ही हानि होती है। शरीर के तीनों भाग—वक्ष, ग्रीवा और मस्तक—सदा एक रेखा में ठीक सीधे रखने होंगे। देखोगे, बहुत थोड़े अभ्यास से यह श्वास-प्रश्वास की तरह सहज हो जाएगा। इसके बाद स्नायुओं को वशीभूत करने का प्रयत्न करना होगा। हमने पहले ही देखा है कि जो स्नायुकेंद्र श्वास-प्रश्वास-यंत्र के कार्य को नियमित करता है, वह दूसरे स्नायुओं पर भी कुछ प्रभाव डालता है। इसीलिए

साँस लेना और साँस छोड़ना लययुक्त (नियमित) रूप से करना आवश्यक है। हम साधारणतः जिस प्रकार साँस लेते और छोड़ते हैं, वह श्वास-प्रश्वास नाम के ही योग्य नहीं। वह बहुत अनियमित है। फिर स्त्री और पुरुष के श्वास-प्रश्वास में कुछ स्वाभाविक भेद भी है।

प्राणायाम-साधना की पहली क्रिया यह है—भीतर निर्दिष्ट परिमाण में साँस लो और बाहर निर्दिष्ट परिमाण में साँस छोड़ो। इससे देह संतुलित होगी। कुछ दिन तक यह अभ्यास करने के बाद, साँस खींचने और छोड़ने के समय ओंकार अथवा अन्य किसी पवित्र शब्द का मन-ही-मन उच्चारण करना अच्छा रहेगा। भारत में प्राणायाम करते समय हम लोग श्वास के ग्रहण और त्याग की संख्या ठहराने के लिए एक, दो, तीन, चार इस क्रम से न गिनते हुए कुछ सांकेतिक शब्दों का व्यवहार करते हैं। इसीलिए मैं तुम लोगों से प्राणायाम के समय ओंकार अथवा अन्य किसी पवित्र शब्द का व्यवहार करने के लिए कह रहा हूँ। चिंतन करना कि वह शब्द श्वास के साथ लययुक्त और संतुलित रूप से बाहर जा रहा है तथा भीतर आ रहा है। ऐसा करने पर तुम देखोगे कि सारा शरीर क्रमशः मानो लययुक्त होता जा रहा है। तभी तुम समझोगे, यथार्थ विश्राम क्या है। उसकी तुलना में निद्रा तो विश्राम ही नहीं। एक बार यह विश्राम की अवस्था आने पर अतिशय थके हुए स्नायु भी शांत हो जाएँगे और तब तुम जानोगे कि पहले तुमने कभी यथार्थ विश्राम का सुख नहीं पाया।

इस साधना का पहला फल यह देखोगे कि तुम्हारे मुख की कांति बदलती जा रही है। मुख की शुष्कता या कठोरता का भाव प्रदर्शित करनेवाली रेखाएँ दूर हो जाएँगी। मन की शांति मुख से फूटकर बाहर निकलेगी। दूसरे, तुम्हारा स्वर बहुत मधुर हो जाएगा। मैंने ऐसा एक भी योगी नहीं देखा, जिसके गले का स्वर कर्कश हो। कुछ महीने के अभ्यास के बाद ही ये चिह्न प्रकट होने लगेंगे। इस पहले प्राणायाम का कुछ दिन अभ्यास करने के बाद प्राणायाम की एक दूसरी ऊँची साधना ग्रहण करनी होगी। वह है—इड़ा अर्थात् बाएँ नथुने द्वारा फेफड़े को धीरे-धीरे वायु से पूरा करो। उसके साथ स्नायुप्रवाह में मन को एकाग्र करो, सोचो कि तुम मानो स्नायुप्रवाह को मेरुमज्जा के नीचे भेजकर कुंडलिनी-शक्ति के आधारभूत, मूलाधार स्थित त्रिकोणाकृति पद्म पर बड़े जोर से आघात कर रहे हो। इसके बाद इस स्नायुप्रवाह को कुछ क्षण के लिए उसी जगह धारण किए रहो। तत्पश्चात् कल्पना करो कि तुम उस स्नायविक प्रवाह को श्वास के साथ दूसरी ओर से अर्थात् पिंगला द्वारा ऊपर खींच रहे हो। फिर दाहिने नथुने से वायु धीरे-धीरे बाहर फेंको। इसका अभ्यास तुम्हारे लिए कुछ कठिन प्रतीत होगा। सहज उपाय है—अँगूठे से दाहिना नथुना बंद करके बाएँ नथुने से धीरे-

धीरे वायु भरो। फिर अँगूठे और तर्जनी से दोनों नथुने बंद कर लो, और सोचो, मानो तुम स्नायुप्रवाह को नीचे भेज रहे हो और सुषुम्ना के मूलदेश में आघात कर रहे हो। इसके बाद अँगूठा हटाकर दाहिने नथुने द्वारा वायु बाहर निकालो। फिर बायाँ नथुना तर्जनी से बंद करके दाहिने नथुने से धीरे-धीरे वायु-पूरण करो और फिर पहले की तरह दोनों नासिकाछिद्रों को बंद कर लो। हिंदुओं के समान प्राणायाम का अभ्यास करना इस देश (अमेरिका) के लिए कठिन होगा, क्योंकि हिंदू बाल्यकाल से ही इसका अभ्यास करते हैं, उनके फेफड़े इससे अभ्यस्त हैं। यहाँ चार सेकंड से आरंभ करके धीरे-धीरे बढ़ाने पर अच्छा होगा। चार सेकंड तक वायु-पूरण करो, सोलह सेकंड बंद करो और फिर आठ सेकंड में वायु का रेचन करो। इससे एक प्राणायाम होगा। पर उस समय मूलाधारस्थ त्रिकोणाकार पद्‌म पर मन स्थिर करना भूल न जाना। इस प्रकार की कल्पना से तुमको साधना में बड़ी सहायता मिलेगी।

एक तीसरे प्रकार का प्राणायाम यह है—धीरे-धीरे भीतर श्वास खीचो, फिर तनिक भी देर किए बिना धीरे-धीरे वायु-रेचन करके बाहर ही श्वास कुछ देर के लिए रुद्ध कर रखो, संख्या पहले के प्राणायाम की तरह है। पूर्वोक्त प्राणायाम और इसमें भेद इतना ही है कि पहले के प्राणायाम में साँस भीतर रोकनी पड़ती है और इसमें बाहर। यह प्राणायाम पहले से सीधा है। जिस प्राणायाम में साँस भीतर रोकनी पड़ती है, उसका अधिक अभ्यास अच्छा नहीं। उसका सबेरे चार बार और शाम को चार बार अभ्यास करो। बाद में धीरे-धीरे समय और संख्या बढ़ा सकते हो। तुम क्रमशः देखोगे कि तुम बहुत सहजता से यह कर रहे हो और इससे तुम्हें बहुत आनंद भी मिल रहा है। अतएव जब देखो कि तुम यह बहुत सहजता कर रहे हो, तब बड़ी सावधानी और सतर्कता के साथ संख्या चार से छह बढ़ा सकते हो। अनियमित रूप से साधना करने पर तुम्हारा अनिष्ट हो सकता है।

उपर्युक्त तीन प्रक्रियाओं में से पहली और अंतिम क्रियाएँ कठिन भी नहीं और उनसे किसी प्रकार की विपत्ति की आशंका भी नहीं। पहली क्रिया का जितना अभ्यास करोगे, उतना ही तुम शांत होते जाओगे। उसके साथ ओंकार जोड़कर अभ्यास करो, देखोगे, जब तुम दूसरे कार्य में लगे हो, तब भी तुम उसका अभ्यास कर सकते हो। इस क्रिया के फल से देखोगे, तुम अपने को सभी बातों में अच्छा ही महसूस कर रहे हो। इस तरह कठोर साधना करते-करते एक दिन तुम्हारी कुंडलिनी जग जाएगी। जो दिन में केवल एक या दो बार अभ्यास करेंगे, उनके शरीर और मन कुछ स्थिर कर हो जाएँगे और उनका स्वर मधुर हो जाएगा। परंतु जो कमर बाँधकर साधना के लिए आगे बढ़ेंगे, उनकी कुंडलिनी जाग्रत् हो जाएगी, उनके लिए सारी

प्रकृति एक नया रूप धारण कर लेगी, उनके लिए ज्ञान का द्वार खुल जाएगा। तब फिर ग्रंथों में तुम्हें ज्ञान की खोज न करनी होगी। तुम्हारा मन ही तुम्हारे निकट अनंत ज्ञानविशिष्ट पुस्तक का काम करेगा। मैंने मेरुदंड के दोनों ओर से प्रवाहित इड़ा और पिंगला नामक दो शक्तिप्रवाहों का पहले ही उल्लेख किया है, और मेरुमज्जा के बीच से जानेवाली सुषुम्ना की बात भी कही है। यह इड़ा, पिंगला और सुषुम्ना प्रत्येक प्राणी में विद्यमान हैं! जिनके मेरुदंड है, उन सभी के भीतर ये तीन प्रकार की भिन्न-भिन्न क्रिया-प्रणालियाँ मौजूद हैं। परंतु योगी कहते हैं, साधारण जीव में यह सुषुम्ना बंद रहती है, उसके भीतर किसी तरह की क्रिया का अनुभव नहीं किया जा सकता; किंतु इड़ा और पिंगला नाड़ियों का कार्य, अर्थात् शरीर के विभिन्न भागों में शक्तिवहन करना, सभी प्राणियों में होता रहता है।

केवल योगी में यह सुषुम्ना खुली रहती है। यह सुषुम्ना खुलने पर उसके भीतर से स्नायविक शक्तिप्रवाह जब ऊपर चढ़ता है, तब चित्त उच्च से उच्चतर भूमि पर उठता जाता है, और अंत में हम अतींद्रिय राज्य में चले जाते हैं। हमारा मन तब अतींद्रिय, अतिचेतन अवस्था प्राप्त कर लेता है। तब हम बुद्धि के अतीत प्रदेश में चले जाते हैं; वहाँ तर्क नहीं पहुँच सकता। इस सुषुम्ना को खोलना ही योगी का एकमात्र उद्देश्य है। ऊपर जिन शक्तिवहन-केंद्रों का उल्लेख किया गया है, योगियों के मत में वे सुषुम्ना में ही अवस्थित हैं। रूपक की भाषा में उन्हीं को पद्म कहते हैं। सबसे नीचेवाला पद्म सुषुम्ना के सबसे निचले भाग में अवस्थित है। उसका नाम है 'मूलाधार'। इसके बाद दूसरा है स्वाधिष्ठान। तीसरा मणिपुर, फिर चौथा अनाहत, पाँचवाँ विशुद्ध, छठा आज्ञा और सातवाँ है सहस्रार या सहस्रदल पद्म। यह सहस्रार सबसे ऊपर मस्तिष्क में स्थित है। अभी इनमें से केवल दो केंद्रों (चक्रों) की बात हम लेंगे—सबसे नीचेवाले मूलाधार की और सबसे ऊपरवाले सहस्रार की। सबसे नीचेवाला चक्र ही समस्त शक्ति का अधिष्ठान है, और उस शक्ति को उस जगह से लेकर मस्तिष्कस्थ सर्वोच्च चक्र पर ले जाना होगा। योगी दावा करते हैं कि मनुष्यदेह में जितनी शक्तियाँ हैं, उनमें ओज सबसे उत्कृष्ट कोटि की शक्ति है। यह ओज मस्तिष्क में संचित रहता है। जिसके मस्तिष्क में ओज जितने अधिक परिमाण में रहता है, वह उतना ही अधिक बुद्धिमान और आध्यात्मिक बल से बली होता है। एक व्यक्ति, बड़ी सुंदर भाषा में सुंदर भाव व्यक्त करता है, परंतु लोग आकृष्ट नहीं होते। और दूसरा व्यक्ति न सुंदर भाषा बोल सकता है, न सुंदर ढंग से भाव व्यक्त कर सकता है, परंतु फिर भी लोग उसकी बात से मुग्ध हो जाते हैं। वह जो कुछ कार्य करता है, उसी में महाशक्ति का विकास देख जाता है। ऐसी है ओज की शक्ति!

थोड़ी-बहुत मात्रा में सभी मनुष्यों में विद्यमान है। शरीर में जितनी शक्तियों क्रियाशील हैं, उनका उच्चतम विकास यह ओज है। यह हमें सदा याद रखना चाहिए कि सवाल केवल रूपांतरण का है—एक ही शक्ति दूसरी शक्ति में परिणत हो जाती है। बाहरी संसार में जो शक्ति विद्युत् अथवा चुंबकीय शक्ति के रूप में प्रकाशित हो रही है, वही क्रमशः आभ्यंतरिक शक्ति में परिणत हो जाएगी। आज जो शक्तियाँ पेशियों में कार्य कर रही हैं, वे ही कल ओज के रूप में परिणत हो जाएँगी। योगी कहते हैं कि मनुष्य में जो शक्ति कामक्रिया, कामचिंतन आदि रूपों में प्रकाशित हो रही हैं, उसका दमन करने पर वह सहज ही ओज में परिणत हो जाती है। हमारे शरीर का सबसे नीचेवाला केंद्र ही इस शक्ति का नियामक होने के कारण योगी इसकी ओर विशेष रूप से ध्यान देते हैं। वे सारी कामशक्ति को ओज में परिणत करने का प्रयत्न करते हैं। कामजयी स्त्री-पुरुष ही इस ओज को मस्तिष्क में संचित कर सकते हैं। इसीलिए ब्रह्मचर्य ही सदैव सर्वश्रेष्ठ धर्म माना गया है। मनुष्य यह अनुभव करता है कि अगर वह कामुक हो, तो उसका सारा धर्मभाव चला जाता है, चरित्रबल और मानसिक तेज नष्ट हो जाता है। इसी कारण देखोगे, संसार में जिन-जिन संप्रदायों में बड़े-बड़े धर्मवीर पैदा हुए हैं, उन सभी संप्रदायों ने ब्रह्मचर्य पर विशेष जोर दिया है। इसीलिए विवाहत्यागी संन्यासियों की उत्पत्ति हुई है। इस ब्रह्मचर्य का पूर्ण रूप से—तन-मन-वचन से—पालन करना नितांत आवश्यक है। ब्रह्मचर्य के बिना राजयोग की साधना बड़े खतरे की है; क्योंकि उससे अंत में मस्तिष्क में विषम विकार पैदा हो सकता है। यदि कोई राजयोग का अभ्यास करे और साथ ही अपवित्र जीवन-यापन करे, तो वह भला किस प्रकार योगी होने की आशा कर सकता है?

❑

षष्ठ अध्याय

प्रत्याहार और धारणा

प्राणायाम के बाद प्रत्याहार की साधना करनी पड़ती है। प्रत्याहार क्या है? तुम सभी को ज्ञात है कि विषयानुभूति किस तरह होती है। सबसे पहले, इंद्रियों के द्वारस्वरूप ये बाहर के यंत्र हैं। फिर हैं इंद्रियाँ, जो मस्तिष्क में स्थित स्नायुकेंद्रों की सहायता से शरीर पर कार्य करती हैं। इसके बाद है मन। जब ये समस्त एकत्र होकर किसी बाहरी वस्तु के साथ संलग्न होते हैं, तभी हम उस वस्तु का अनुभव कर सकते हैं। किंतु मन को एकाग्र करके केवल किसी एक ही इंद्रिय से संयुक्त कर रखना बहुत कठिन है, क्योंकि मन (विषयों का) दास है।

हम संसार में सर्वत्र देखते हैं कि सभी यह शिक्षा दे रहे हैं—'अच्छे बनो', 'अच्छे बनो', 'अच्छे बनो!' संसार में शायद किसी देश में ऐसा बालक नहीं पैदा हुआ, जिसे मिथ्याभाषण न करने, चोरी न करने आदि की शिक्षा नहीं मिली; परंतु कोई उसे यह शिक्षा नहीं देता कि वह इन अशुभ कर्मों से किस प्रकार बचे। केवल बात करने से काम नहीं बनता। वह चोर क्यों न बने? हम तो उसको चोरी से निवृत्त होने की शिक्षा नहीं देते, उससे बस इतना ही कह देते हैं, 'चोरी मत करो।' यदि उसे मनसंयम का उपाय सिखाया जाए, तभी वह यथार्थ में शिक्षा प्राप्त कर सकता है, और वही उसकी सच्ची सहायता और उपकार है। जब मन इंद्रिय नामक भिन्न-भिन्न स्नायुकेंद्रों से संलग्न रहता है, तभी समस्त बाह्य और आभ्यंतरिक कर्म होते हैं। इच्छापूर्वक अथवा अनिच्छापूर्वक मनुष्य अपने मन को भिन्न-भिन्न (इंद्रिय नामक) केंद्रों में संलग्न करने को बाध्य होता है। इसीलिए मनुष्य अनेक प्रकार के दुष्कर्म करता है और बाद में कष्ट पाता है। मन यदि अपने वश में रहता, तो मनुष्य कभी अनुचित कर्म न करता। मन को संयत करने का फल क्या है? यही कि मन संयत हो

जाने पर वह फिर विषयों का अनुभव करनेवाली भिन्न-भिन्न इंद्रियों के साथ अपने को संयुक्त न करेगा और ऐसा होने पर सब प्रकार की भावनाएँ और इच्छाएँ हमारे वश में आ जाएँगी।

यहाँ तक तो बहुत स्पष्ट है। अब प्रश्न यह है, क्या यह संभव है? हाँ, यह संपूर्ण रूप से संभव है। तुम लोग वर्तमान समय में भी इसका कुछ आभास पा रहे हो, विश्वास के बल से आरोग्यलाभ करानेवाला संप्रदाय दुःख, कष्ट, अशुभ आदि के अस्तित्व को बिलकुल अस्वीकार कर देने की शिक्षा देता है। इसमें संदेह नहीं कि इनका दर्शन बहुत कुछ पेंचदार है, किंतु वह भी योग का एक अंश है, किसी तरह उन लोगों ने अचानक उसका ज्ञान प्राप्त कर लिया है। जहाँ वे दुःख-कष्ट के अस्तित्व को अस्वीकार करने की शिक्षा देकर लोगों के दुःख दूर करने में सफल होते हैं, तो वहाँ समझना होगा कि उन्होंने वास्तव में प्रत्याहार की ही कुछ शिक्षा दी है, क्योंकि वे उस व्यक्ति के मन को यहाँ तक सबल कर देते हैं कि वह इंद्रियों की गवाही पर विश्वास ही नहीं करता। सम्मोहनकारी व्यक्ति (hypnotists), इसी प्रकार, सम्मोहक संकेत (hypnotyic suggestion) द्वारा कुछ देर के लिए अपने सम्मोहित व्यक्तियों को एक प्रकार के अस्वाभाविक प्रत्याहार से उद्दीप्त करते हैं। जिसे साधारणतः 'सम्मोहक संकेत' कहते हैं, वह केवल कमजोर मन पर ही अपना प्रभाव फैला सकता है। सम्मोहनकारी जब तक स्थिर दृष्टि अथवा अन्य किसी उपाय द्वारा अपने सम्मोहित व्यक्ति के मन को निष्क्रिय, जड़तुल्य, अस्वाभाविक अवस्था में नहीं ले जा सकता, तब तक वह चाहे जो कुछ सोचने, सुनने या देखने का आदेश दे, उसका कोई फल न होगा।

सम्मोहनकारी या विश्वास के बल से आरोग्य करानेवाले थोड़े समय के लिए जो अपने सम्मोहित व्यक्तियों के शरीरस्थ स्नायुकेंद्रों (इंद्रियों) को वशीभूत कर लेते हैं, वह अत्यंत निंदनीय कर्म है, क्योंकि वह उसको अंत में सर्वनाश के रास्ते पर ले जाता है। यह कोई अपनी इच्छाशक्ति के बल से अपने मस्तिष्क स्थित केंद्रों का संयम तो है नहीं, यह तो दूसरे की इच्छाशक्ति के एकाएक प्रबल आघात से सम्मोहित व्यक्ति के मन को कुछ समय के लिए मानो जड़कर रखना है। वह लगाम और बाहुबल की सहायता से, गाड़ी खींचनेवाले उच्छृंखल घोड़ों की उन्मत्त गति को संयत करना नहीं है, वरन् वह दूसरों से उन अश्वों पर तीव्र आघात करने को कहकर उनको कुछ समय के लिए चुप कर रखना है। उस व्यक्ति पर यह प्रक्रिया जितनी की जाती है, उतना ही वह अपने मन की शक्ति क्रमशः खोने लगता है, और अंत में, मन को पूर्ण रूप से जीतना तो दूर रहा, उसका मन बिलकुल शक्तिहीन और विचित्र

जड़पिंड सा हो जाता है तथा पागलखाने में ही उसकी चरम गति आ ठहरती है।

अपने मन को स्वयं अपने मन की सहायता से वश में लाने की चेष्टा के बदले इस प्रकार दूसरे की इच्छा से प्रेरित होकर मन का संयम करना अनिष्टकारक ही नहीं है, वरन् जिस उद्देश्य से वह कार्य किया जाता है, वह भी सिद्ध नहीं होता। प्रत्येक जीवात्मा का चरम लक्ष्य है मुक्ति या स्वाधीनता—जड़वस्तु और चित्तवृत्ति के दासत्व से मुक्तिलाभ करके उन पर प्रभुत्व स्थापित करना, बाह्य और अंत:प्रकृति पर अधिकार जमाना। किंतु उस दिशा में सहायता करने की बात तो अलग रही, दूसरे व्यक्ति द्वारा प्रयुक्त इच्छाशक्ति का प्रवाह हम पर लगी हुई पुराने संस्कारों और भ्रांत धारणाओं की भारी बेड़ी में एक और कड़ी जोड़ देता है—फिर वह इच्छाशक्ति हम पर किसी भी रूप से क्यों न प्रयुक्त हो, चाहे उससे हमारी इंद्रियाँ प्रत्यक्ष वशीभूत हो जाएँ, चाहे वह एक प्रकार की अस्वाभाविक विकृतावस्था लाकर हमें इंद्रियों को संयत करने के लिए बाध्य करे। इसलिए सावधान! दूसरे को अपने ऊपर इच्छाशक्ति का संचालन न करने देना। अथवा दूसरे पर ऐसी इच्छाशक्ति का प्रयोग करके अनजाने उसका सत्यानाश मत कर देना। यह सत्य है कि कोई-कोई लोग कुछ व्यक्तियों की प्रवृत्ति का मोड़ फेरकर कुछ दिनों के लिए उनका कुछ कल्याण करने में सफल होते हैं, परंतु साथ ही वे दूसरों पर इस सम्मोहन-शक्ति का प्रयोग करके, बिना जाने, लाखों नर-नारियों को एक प्रकार से विकृत जड़ावस्थापन्न कर डालते हैं, जिसके परिणामस्वरूप उन सम्मोहित व्यक्तियों की आत्मा का अस्तित्व तक मानो लुप्त हो जाता है। इसलिए जो कोई व्यक्ति तुमसे अंधविश्वास करने को कहता है, अथवा अपनी श्रेष्ठतर इच्छाशक्ति के बल से लोगों को वशीभूत करके अपना अनुसरण करने के लिए बाध्य करता है, वह मनुष्यजाति का भारी अनिष्ट करता है—भले ही वह उसे इच्छापूर्वक न करता हो।

इसलिए अपने मन का संयम करने के लिए सदा अपने ही मन की सहायता लो, और यह सदा याद रखो कि तुम यदि रोगग्रस्त नहीं हो, तो कोई भी बाहरी इच्छाशक्ति तुम पर कार्य न कर सकेगी। जो व्यक्ति तुमसे अंधे के समान विश्वास कर लेने को कहता है, उससे दूर ही रहो, वह चाहे कितना भी बड़ा आदमी या साधु क्यों न हो। संसार के सभी भागों में ऐसे बहुत से संप्रदाय हैं, जिनके धर्म के प्रधान अंग नाच-गान, उछल-कूद, चिल्लाना आदि हैं। वे जब संगीत, नृत्य और प्रचार करना आरंभ करते हैं, तब उनके भाव मानो संक्रामक रोग की तरह लोगों के अंदर फैल जाते हैं! वे भी एक प्रकार के सम्मोहनकारी हैं। वे थोड़े समय के लिए भावुक व्यक्तियों पर गजब का प्रभाव डाल देते हैं। पर हाय! परिणाम यह होता है कि सारी

जाति अधपतित हो जाती है। इस प्रकार की अस्वाभाविक बाहरी शक्ति के बल से किसी व्यक्ति या जाति के लिए ऊपर-ऊपर अच्छी होने की अपेक्षा अच्छी न रहना ही बेहतर है, और वह स्वास्थ्य का लक्षण है। इन धर्मोन्मत्त व्यक्तियों का उद्देश्य अच्छा भले ही हो, परंतु इनको किसी उत्तरदायित्व का ज्ञान नहीं। इन लोगों द्वारा मनुष्य का जितना अनिष्ट होता है, उसका विचार करते ही हृदय स्तब्ध हो जाता है।

वे नहीं जानते कि उनकी सूचना जो व्यक्ति संगीत, स्तव आदि की सहायता से—उनकी शक्ति के प्रभाव से—इस तरह एकाएक भगवद्भाव में मत्त हो जाते हैं, वे अपने को केवल जड़, विकृतिग्रस्त और शक्तिहीन बना लेते हैं और सहज ही किसी भी भाव के वश में हो जाते हैं—फिर वह भाव कितना भी बुरा क्यों न हो। उसका प्रतिरोध करने की उनमें तनिक भी शक्ति नहीं रह जाती। इन अज्ञ, आत्मवंचित व्यक्तियों के मन में यह स्वप्न में भी नहीं आता कि वे एक ओर जहाँ यह कहकर हर्षोत्फुल्ल हो रहे हैं कि उनमें मनुष्य के हृदय को परिवर्तित कर देने की अद्भुत शक्ति है—जिस शक्ति के संबंध में वे सोचते हैं कि वह बादल के ऊपर अवस्थित किसी पुरुष से उन्हें मिली है—वहाँ साथ ही वे भावी मानसिक अवनति, पाप, उन्मत्तता और मृत्यु के बीज भी बो रहे हैं। अतएव जिससे तुम्हारी स्वाधीनता नष्ट होती हो, ऐसे सब प्रकार के प्रभावों से सतर्क रहो। ऐसे प्रभावों को भयानक विपत्ति से भरा जानकर प्राणपण से उनसे दूर रहने की चेष्टा करो।

जो इच्छा मात्र से अपने मन को केंद्रों में संलग्न करने अथवा उनसे हटा लेने में सफल हो गया है, उसी का प्रत्याहार सिद्ध हुआ है। प्रत्याहार का अर्थ है—एक ओर आहरण करना अर्थात् खींचना—मन की बहिर्गति को रोककर इंद्रियों की अधीनता से मन को मुक्त करके उसे भीतर की ओर खींचना। इसमें सफल होने पर हम यथार्थ में चरित्रवान होंगे; तभी और तभी समझेंगे कि हम मुक्ति के मार्ग में बहुत दूर बढ़ गए हैं। इससे पहले हम तो मशीन मात्र हैं।

पर मन को संयत करना कितना कठिन है! इसकी एक सुसंगत उपमा उन्मत्त वानर से दी गई है। कहीं एक वानर रहता था। वह स्वभावत: चंचल था, जैसे कि वानर होते हैं। लेकिन उतने से संतुष्ट न हो, एक आदमी ने उसे काफी शराब पिला दी। इससे वह और भी चंचल हो गया। इसके बाद उसे एक बिच्छू ने डंक मार दिया। तुम जानते हो, किसी को बिच्छू डंक मार दे, तो वह दिन भर इधर-उधर कितना तड़पता रहता है। सो उस प्रमत्त अवस्था के ऊपर बिच्छू का डंक! इससे वह बंदर बहुत अस्थिर हो गया। तत्पश्चात् मानो उसके दु:ख की मात्रा को पूरी करने के लिए एक दानव उस पर सवार हो गया। यह सब मिलाकर सोचो, बंदर कितना चंचल हो

गया होगा। यह भाषा द्वारा व्यक्त करना असंभव है। बस मनुष्य का मन उस वानर के सदृश है। मन तो स्वभावत: ही सतत चंचल है, फिर वह वासनारूप मदिरा से मत्त है, इससे उसकी अस्थिरता बढ़ गई है। जब वासना आकर मन पर अधिकार कर लेती है, तब सुखी लोगों को देखने पर ईर्ष्यारूप बिच्छू उसे डंक मारता रहता है। उसके भी ऊपर जब अहंकाररूप दानव उसके भीतर प्रवेश करता है, तब तो वह अपने आगे किसी को नहीं गिनता। ऐसी तो हमारे मन की अवस्था है! सोचो तो, इसका संयम करना कितना कठिन है!

अतएव मन के संयम का पहला सोपान यह है कि कुछ समय के लिए चुप्पी साधकर बैठे रहो और मन को अपने अनुसार चलने दो। मन सतत चंचल है। वह बंदर की तरह सदा कूद-फाँद रहा है। यह मनमर्कट जितनी इच्छा हो, उछल-कूद मचाए, कोई हानि नहीं, धीरज धरकर प्रतीक्षा करो और मन की गति देखते जाओ। लोग जो कहते हैं कि ज्ञान ही यथार्थ शक्ति है, यह बिलकुल सत्य है। जब तक मन की क्रियाओं पर नजर न रखोगे, उसका संयम न कर सकोगे। मन को इच्छानुसार घूमने दो। संभव है, बहुत बुरी-बुरी भावनाएँ तुम्हारे मन में आएँ। तुम्हारे मन में इतनी असत् भावनाएँ आ सकती हैं कि तुम सोचकर आश्चर्यचकित हो जाओगे। परंतु देखोगे, मन के ये सब खेल दिन-पर-दिन कम होते जा रहे हैं, दिन-पर-दिन मन कुछ-कुछ स्थिर होता जा रहा है। पहले कुछ महीने देखोगे, तुम्हारे मन में हजारों विचार आएँगे, क्रमश: वह संख्या घटकर सैकड़ों तक रह जाएगी। फिर कुछ और महीने बाद वह और भी घट जाएगी, और अंत में मन पूर्ण रूप से अपने वश में आ जाएगा। पर हाँ, हमें प्रतिदिन धैर्य के साथ अभ्यास करना होगा। जब तक इंजन के भीतर भाप रहेगी, तब तक वह चलता ही रहेगा। जब तक विषय हमारे सामने हैं, तब तक हम उन्हें देखेंगे ही। अतएव, मनुष्य को यह प्रमाणित करने के लिए कि वह इंजन की तरह एक मशीन मात्र नहीं है, यह दिखाना आवश्यक है कि वह किसी के अधीन नहीं। इस प्रकार मन का संयम करना और उसे विभिन्न इंद्रियों के साथ संयुक्त न होने देना ही प्रत्याहार है। इसके अभ्यास का क्या उपाय है? यह एक-दो दिन का काम नहीं, बहुत दिनों तक लगातार इसका अभ्यास करना होगा। धीरज धरकर लगातार बहुत वर्षों तक अभ्यास करने पर तब कहीं इस विषय में सफलता मिल पाती है।

कुछ काल तक प्रत्याहार की साधना करने के बाद उसके बाद की साधना, अर्थात् धारणा का अभ्यास करने का प्रयत्न करना होगा। धारणा का अर्थ है—मन को देह के भीतर या उसके बाहर किसी स्थानविशेष में धारण या स्थापन करना। मन

को स्थानविशेष में धारण करने का अर्थ क्या है? इसका अर्थ यह है कि मन को शरीर के अन्य सब स्थानों से अलग करके किसी एक विशेष अंश के अनुभव में बलपूर्वक लगाए रखना। मान लो, मैंने मन को हाथ में धारण किया। तब शरीर के अन्यान्य अवयव विचार के विषय के बाहर हो जाएँगे। जब चित्त अर्थात् मनोवृत्ति किसी निर्दिष्ट स्थान में आबद्ध होती है, तब उसे 'धारणा' कहते हैं। यह धारणा अनेक प्रकार की है। इस धारणा के अभ्यास के समय किसी कल्पना की सहायता लेने से काम अच्छा सधता है। मान लो, हृदय के एक बिंदु में मन को धारण करना है। इसे कार्य में परिणत करना बड़ा कठिन है। अतएव सहज उपाय यह है कि हृदय में एक पद्म की भावना करो और कल्पना करो कि वह ज्योति से पूर्ण है—चारों ओर उस ज्योति की आभा बिखर रही है। उसी जगह मन की धारणा करो। अथवा मस्तिष्क में स्थित सहस्त्रदल कमल को अथवा पूर्वोक्त सुषुम्ना में स्थित विभिन्न चक्रों को ज्योतिर्मय रूप से सोचो। योगी के लिए नियमित अभ्यास आवश्यक है।

योगी को अकेले रहने का प्रयत्न करना होगा। विभिन्न प्रकार के मनुष्यों के साथ रहने से चित्त विक्षिप्त हो जाता है। उनका अधिक बातचीत करना उचित नहीं; अधिक बातचीत करने से मन चंचल हो जाता है। अधिक काम करना भी अच्छा नहीं, क्योंकि इससे भी मन डाँवाँडोल रहता है; सारे दिन की कड़ी मेहनत के बाद मन का संयम नहीं हो सकता। जो उपर्युक्त नियमों के अनुसार चलते हैं, वे ही योगी हो सकते हैं। योग की ऐसी अद्भुत शक्ति है कि बहुत थोड़ी मात्रा में भी उसका अभ्यास करने पर बहुत अधिक फल प्राप्त होता है। इससे किसी का अनिष्ट नहीं होता, वरन् इससे सबका उपकार ही होता है। पहले तो, स्नायविक उत्तेजना शांत हो जाएगी, मन शांत भाव धारण करेगा और समस्त विषयों को अत्यंत स्पष्ट रूप से देखने और समझने की शक्ति आएगी। मिजाज अच्छा रहेगा, स्वास्थ्य भी क्रमशः उत्तम हो जाएगा। योगाभ्यास करने पर जो चिह्न योगियों में प्रकट होते हैं, देह की स्वस्थता उनमें प्रथम है। स्वर भी मधुर हो जाएगा, स्वर में जो कुछ दोष है, सब निकल जाएगा। और भी अनेक प्रकार के चिह्न प्रकट होंगे। पर ये ही प्रथम हैं। जो बहुत अधिक साधना करते हैं, उनमें और भी दूसरे लक्षण प्रकट होते हैं। कभी-कभी घंटाध्वनि की तरह की ध्वनि सुन पड़ेगी, मानो दूर बहुत से घंटे बज रहे हैं और वे सारी ध्वनियाँ मिलकर कानों में लगातार आघात कर रही हैं। कभी-कभी देखोगे, आलोक के छोटे-छोटे कण हवा में तैर रहे हैं और क्रमशः कुछ-कुछ बड़े होते जा रहे हैं। जब ये लक्षण प्रकट होंगे, तब समझना कि तुम द्रुतगति से साधना में उन्नति कर रहे हो।

जो योगी होने की इच्छा रखते हैं और कठोर अभ्यास करते हैं, उन्हें पहली अवस्था में आहार के संबंध में कुछ विशेष सावधानी रखनी होगी। जो शीघ्र उन्नति करने की इच्छा रखते हैं, वे यदि कुछ महीने केवल दूध और अन्न आदि निरामिष भोजन पर रह सकें, तो उन्हें साधना में बड़ी सहायता मिलेगी। किंतु जो लोग दूसरे दैनिक कामों के माथ थोड़ा-बहुत अभ्यास करना चाहते हैं, उनके लिए अधिक भोजन न करने से ही काम बन जाएगा। उन्हें खाद्य के संबंध में उतना विचार करने की आवश्यकता नहीं, वे जो इच्छा हो, वही खा सकते हैं। जो कठोर अभ्यास करके शीघ्र उन्नति करना चाहते हैं, उन्हें आहार के संबंध में विशेष सावधान रहना चाहिए। देहयंत्र धीरे-धीरे जितना ही सूक्ष्म होता जाता है,उतना ही तुम देखोगे कि एक सामान्य अनियम से भी तुम अपना संतुलन खो बैठते हो। जब तक मन पर संपूर्ण अधिकार नहीं हो जाता, तब तक आहार में एक पास की अल्पता या अधिकता संपूर्ण देहयंत्र को बिलकुल अप्रकृतिस्थ कर देगी। मन के पूर्ण रूप से अपने वश में आने के बाद जो इच्छा हो, खाया जा सकता है। मन को एकाग्र करना आरंभ करने पर देखोगे कि एक सामान्य पिन गिरने से ही ऐसा मालूम होगा कि मानो तुम्हारे मस्तिष्क में से वज्र पार हो गया। इंद्रिययंत्र जितने सूक्ष्म होते जाते हैं, अनुभूति भी उतनी ही सूक्ष्म होती जाती है। इन्हीं सब अवस्थाओं में से होते हुए हमें क्रमशः अग्रसर होना होगा। और जो लोग अध्यवसाय के साथ अंत तक लगे रह सकते हैं, वे ही कृतकार्य होंगे। सब प्रकार के तर्क और चित्त में विक्षेप उत्पन्न करनेवाली बातों को दूर कर देना होगा। शुक और निरर्थक तर्कपूर्ण प्रलाप से क्या होगा? यह केवल मन के साम्यभाव को नष्ट करके उसे चंचल भर कर देता है। इन सब तत्त्वों की उपलब्धि की जानी चाहिए। केवल बातों से क्या होगा? अतएव सब प्रकार की बकवास छोड़ दो। जिन्होंने प्रत्यक्ष अनुभव किया है, केवल उन्हीं के लिखे ग्रंथ पढ़ो।

शक्ति के समान बनो! भारतवर्ष में एक सुंदर किंवदंती प्रचलित है। वह यह कि आकाश में स्वाति नक्षत्र के तुंगस्थ रहते यदि पानी गिरे और उसकी एक बूँद किसी सीपी में चली जाए, तो उसका मोती बन जाता है। सीपियों को यह मालूम है। अतएव जब वह नक्षत्र उदित होता है, तो वे सीपियाँ पानी की ऊपरी सतह पर आ जाती हैं, और उस समय की एक अनमोल बूँद की सी प्रतीक्षा करती रहती हैं। ज्योंही एक बूँद पानी उनके पेट में जाता है, त्योंही उस जलकण को लेकर मुँह बंद करके वे समुद्र के अथाह गर्भ में चली जाती हैं, और वहाँ बड़े धैर्य के साथ उनसे मोती तैयार करने के प्रयत्न में लग जाती हैं। हमें भी उन्हीं सीपियों की तरह बनना होगा। पहले सुनना होगा, फिर समझना होगा, अंत में बाहरी संसार से दृष्टि बिलकुल

हटाकर, सब प्रकार की विक्षेपकारी बातों से दूर रहकर हमें अंतर्निहित सत्यतत्त्व के विकास के लिए प्रयत्न करना होगा। एक भाव को नया कहकर ग्रहण करके, उसकी नवीनता चली जाने पर फिर एक-दूसरे नए भाव का आश्रय लेना—इस प्रकार बारंबार करने से तो हमारी सारी शक्ति ही इधर-उधर बिखर जाएगी। एक भाव को पकड़ो, उसी को लेकर रहो। उसका अंत देखे बिना उसे मत छोड़ो। जो एक भाव लेकर उसी में मत्त रह सकते हैं, उन्हीं के हृदय में सत्यतत्त्व का उन्मेष होता है। और जो यहाँ का कुछ, वहाँ का कुछ, इस तरह खटाइयाँ चखने के समान सब विषयों को मानो थोड़ा-थोड़ा चखते जाते हैं, वे कभी कोई चाज नहीं पा सकते। कुछ देर के लिए नसों की उत्तेजना से उन्हें एक प्रकार का आनंद भले ही मिल जाता हो, किंतु इससे और कुछ फल नहीं होता। वे चिरकाल प्रकृति के दास बने रहेंगे, कभी अतींद्रिय राज्य में विचरण न कर सकेंगे।

जो सचमुच योगी होने की इच्छा करते हैं, उन्हें इस प्रकार के थोड़ा-थोड़ा हर विषय को पकड़ने की वृत्ति सदैव के लिए छोड़ देनी होगी। एक विचार लो; उसी विचार को अपना जीवन बनाओ—उसी का चिंतन करो, उसी का स्वप्न देखो और उसी में जीवन बिताओ। तुम्हारा मस्तिष्क, स्नायु, शरीर के सर्वांग उसी के विचार से पूर्ण रहें। दूसरे सारे विचार छोड़ दो। यही सिद्ध होने का उपाय है; और इसी उपाय से बड़े-बड़े धर्मवीरों की उत्पत्ति हुई है। शेष सब तो बातें करनेवाले मशीन मात्र हैं। यदि हम सचमुच स्वयं कृतार्थ होना और दूसरों का उद्धार करना चाहें, तो हमें गहराई तक जाना होगा। इसे कार्य में परिणत करने का पहला सोपान यह है कि मन किसी तरह चंचल न किया जाए। जिनके साथ बातचीत करने पर मन चंचल हो जाता हो, उनका साथ छोड़ दो। तुम सबको मालूम है कि तुममें से प्रत्येक का किसी स्थानविशेष, व्यक्तिविशेष और खाद्यविशष के प्रति एक रुष्टता का भाव रहता है। उन सबका परित्याग कर देना। और जो सर्वोच्च अवस्था की प्राप्ति के अभिलाषी हैं, उन्हें तो सत्-असत् सब प्रकार के संग को त्याग देना होगा। पूरी लगन के साथ, कमर कसकर साधना में लग जाओ—फिर मृत्यु भी आए तो क्या! 'मन्त्र वा साधयामि शरीरं वा पातयामि' काम सधे या प्राण ही जाएँ। फल की ओर दृष्टि रखे बिना साधना में मग्न हो जाओ। निर्भीक होकर इस प्रकार दिन-रात साधना करने पर छह महीने के भीतर ही तुम एक सिद्ध योगी हो सकते हो। परंतु दूसरे, जो थोड़ी-थोड़ी साधना करते हैं, सब विषयों को जरा-जरा चखते हैं, वे कभी कोई बड़ी उन्नति नहीं कर सकते। केवल उपदेश सुनने से कोई फल नहीं होता। जो लोग तमोगुण से पूर्ण हैं, अज्ञानी और आलसी हैं, जिनका मन कभी किसी वस्तु पर स्थिर नहीं रहता, जो

केवल थोड़े से मजे के अन्वेषण में हैं, उनके लिए धर्म और दर्शन केवल मनोरंजन के विषय हैं। जो सिर्फ थोड़े से आमोद-प्रमोद के लिए धर्म करने आते हैं, वे साधना में अध्यवसायहीन हैं। वे धर्म की बातें सुनकर सोचते हैं, 'वाह! ये तो अच्छी बातें हैं', पर इसके बाद घर पहुँचते ही सारी बातें भूल जाते हैं। सिद्ध होना हो, तो प्रबल अध्यवसाय चाहिए, मन का अपरिमित बल चाहिए। अध्यवसायशील साधक कहता है, ''मैं चुल्लू से समुद्र पी जाऊँगा। मेरी इच्छा मात्र से पर्वत चूर-चूर हो जाएँगे।'' इस प्रकार का तेज, इस प्रकार का दृढ़ संकल्प लेकर कठोर साधना करो, तो तुम ध्येय को अवश्य प्राप्त करोगे।

❑

सप्तम अध्याय

ध्यान और समाधि

यहाँ तक हम राजयोग के अंतरंग साधनों को छोड़ शेष सभी अंगों के संक्षिप्त विवरण समाप्त कर चुके हैं। इन अंतरंग साधनों का लक्ष्य एकाग्रता की प्राप्ति है। इस एकाग्रता-शक्ति को प्राप्त करना ही राजयोग का चरम लक्ष्य है। मानव के नाते हम देखते हैं कि हमारा समस्त तर्कसंगत ज्ञान अहंबोध के अधीन है। मुझे इस मेज का बोध हो रहा है, तुम्हारे अस्तित्व का बोध हो रहा है; और इस अहंबोध के कारण ही मैं जान पा रहा हूँ कि मेज यहाँ है और तुम यहाँ हो! यह तो हुई एक ओर की बात। फिर एक दूसरी ओर यह भी देख रहा हूँ कि मेरी सत्ता कहने से जो कुछ बोध होता है, उसका अधिकांश मैं अनुभव नहीं कर सकता। शरीर के भीतर से सारे यंत्र, मस्तिष्क के विभिन्न अंश—इन सब के प्रति हम सचेत नहीं हैं। जब हम भोजन करते हैं, तब वह ज्ञानपूर्वक करते हैं, परंतु जब हम उसका सारभाग भीतर ग्रहण करते हैं, तब हम वह अज्ञात रीति से करते हैं। जब वह खून के रूप में परिणत होता है, तब भी वह हमारे बिना जाने ही होता है। और जब इस खून से शरीर के भिन्न-भिन्न अंश गठित होते हैं, तो वह भी हमारी जानकारी के बिना ही होता है। किंतु यह सारा काम हमारे द्वारा ही होता है। इस शरीर के भीतर कोई अन्य दस-बीस लोग तो बैठे नहीं हैं, जो यह काम कर देते हों। पर यह किस तरह हमें मालूम हुआ कि हमीं इनको कर रहे हैं, दूसरा कोई, नहीं?

इस संबंध में अनायास ही यह कहा जा सकता है कि आहार करना ही हमारा काम है और खाना पचाने और खाद्य से शरीर को पुष्ट करने का काम तो हमारे लिए दूसरा कोई कर दे रहा है। पर यह हो नहीं सकता; क्योंकि यह प्रमाणित किया जा सकता है कि अभी जो काम हमारे बिना जाने हो रहे हैं, वे सभी लगभग साधना के

बल से हमारे जाने साधित हो सकते हैं। ऐसा मालूम होता है कि हमारा हृदययंत्र अपने आप ही चल रहा है, हममें से कोई उसको अपनी इच्छानुसार नहीं चला सकता, वह अपने खयाल से आप ही चल रहा है। परंतु इस हृदय के कार्य भी अभ्यास के बल से इस प्रकार इच्छाधीन किए जा सकते हैं कि वे इच्छा मात्र से शीघ्र या धीरे चलने लगेंगे या लगभग बंद हो जाएँगे। हमारे शरीर के प्राय: सभी अंश वश में लाए जा सकते हैं। इससे क्या ज्ञात होता है? यही कि इस समय जो काम हमारे बिना जाने हो रहे हैं, उन्हें भी हमी कर रहे हैं, पर हाँ, हम उन्हें अज्ञातरीति से कर रहे हैं, बस इतना ही। अतएव हम देखते हैं कि मानव-मन दो अवस्थाओं में रहकर कार्य करता है। पहली अवस्था को (ज्ञान या चेतन भूमि) कह सकते हैं। जिन कामो को करते समय साथ-साथ 'मैं कर रहा हूँ' यह ज्ञान सदा विद्यमान रहता है, वे 'कार्य ज्ञान या चेतन भूमि' से साधित हो रहे हैं, ऐसा कहा जा सकता है। दूसरी भूमि को अज्ञान या अचेतन भूमि कह सकते हैं। जो सब कार्य ज्ञान की निम्न भूमि से साधित होते हैं, जिसमें 'मैं' ज्ञान नहीं रहता, उसे अज्ञान या अचेतन भूमि कह सकते हैं।

हमारे कार्य-कलापों में से, जिनमें 'अहं' मिला रहता है, उन्हें ज्ञानयुक्त या चेतन क्रिया और जिनमें 'अहं' का लगाव नहीं, उन्हें ज्ञानरहित या अचेतन क्रिया कहते हैं। निम्न जाति के प्राणियों में यह ज्ञानरहित क्रिया जन्मजात-प्रवृत्ति (instinct) कहलाती है। उनकी अपेक्षा उच्चतर जीवों में और सबसे उच्च जीव, मनुष्य में यह दूसरे प्रकार की क्रिया, जिसमें अहंबोध रहता है, अधिक दीख पड़ती है—इसी को ज्ञानयुक्त क्रिया कहते हैं।

परंतु इतने से ही सारी भूमियों का उल्लेख नहीं होता। मन इन दोनों से भी उच्च भूमि पर विचरण कर सकता है। मन ज्ञान की भी अतीत अवस्था में जा सकता है। जिस प्रकार अज्ञानभूमि से जो कार्य होता है, वह ज्ञान की निम्न भूमि का कार्य है, वैसे ही ज्ञान की उच्च भूमि से भी—ज्ञानातीत भूमि से भी—कार्य होता है। उसमें भी किसी प्रकार का अहंबोध नहीं रहता। यह अहंबोध केवल बीच की अवस्था में रहता है। जब मन इस रेखा के ऊपर या नीचे विचरण करता है, तब किसी प्रकार का अहंबोध नहीं रहता, किंतु तब भी मन की क्रिया चलती रहती है। जब मन इस रेखा के ऊपर अर्थात् ज्ञानभूमि के अतीत प्रदेश में गमन करता है, तब उसे समाधि, अतिचेतन या ज्ञानातीत भूमि कहते हैं। अब हम यह किस तरह समझें कि जो मनुष्य समाधि अवस्था में जाता है, वह ज्ञानभूमि के निम्न स्तर में नहीं चला जाता, बिलकुल हीनदशापन्न नहीं हो जाता, वरन् ज्ञानातीत भूमि में चला जाता है? इन दोनों ही अवस्थाओं में तो अहंबोध नहीं रहता! इसका उत्तर यह है कि कौन ज्ञानभूमि के

निम्न देश में और कौन ऊर्ध्व देश में गया, इसका निर्णय फल देखने पर ही हो सकता है। जब कोई गहरी नींद में सोया रहता है, तब वह ज्ञान या चेतन की निम्न भूमि में चला जाता है। तब वह अज्ञात भाव से ही शरीर की सारी क्रियाएँ, श्वास-प्रश्वास, यहाँ तक कि शरीर-संचालन-क्रिया भी करता रहता है; उसके इन सब कामों में अहंबोध का कोई लगाव नहीं रहता; तब वह अज्ञान से ढका रहता है। वह जब नींद से उठता है, तब वह सोने के पहले जैसा था, वैसा ही रहता है, उसमें कुछ भी परिवर्तन नहीं होता। उसके सोने से पहले उसकी जो ज्ञानसमष्टि थी, नींद टूटने के बाद भी ठीक वही रहती है, उसमें कुछ भी वृद्धि नहीं होती। उसे कोई प्रकाश नहीं मिलता। किंतु जब मनुष्य समाधिस्थ होता है, तो समाधि प्राप्त करने के पहले यदि वह महामूर्ख रहा हो, अज्ञानी रहा हो, तो समाधि से वह महाज्ञानी होकर व्युत्थित होता है।

इस भिन्नता का कारण क्या है? एक अवस्था से मनुष्य जैसा गया था, वैसा ही लौट आया, और दूसरी अवस्था से लौटकर मनुष्य ने ज्ञानालोक प्राप्त किया—वह एक महान् साधु, एक सिद्ध पुरुष के रूप में परिणत हो गया, उसका स्वभाव बिलकुल बदल गया, उसके जीवन ने बिलकुल दूसरा रूप धारण कर लिया। दोनों अवस्थाओं के ये दो विभिन्न फल हैं। अब बात यह है कि फल अलग-अलग होने पर कारण भी अवश्य अलग-अलग होगा। चूँकि समाधि-अवस्था से लब्ध यह ज्ञानालोक, अज्ञानावस्था से लौटने के बाद की अवस्था में जो ज्ञान प्राप्त होता है अथवा साधारण ज्ञानावस्था में युक्ति-विचार द्वारा जो ज्ञान उपलब्ध होता है, उन दोनों से अत्यंत उच्चतर है, इसीलिए अवश्य ही वह ज्ञानातीत या अतिचेतन भूमि से आता है। इसीलिए समाधि को मैंने 'ज्ञानातीत भूमि' के नाम से अभिहित किया है।

संक्षेप में समाधि का तात्पर्य यही है। हमारे जीवन में इस समाधि की उपयोगिता कहाँ है? समाधि की विशेष उपयोगिता है। विचार का क्षेत्र या जिस क्षेत्र में हमारा मन ज्ञानपूर्वक कार्य करता है, वह संकीर्ण और सीमित है। मनुष्य का युक्ति-तर्क एक छोटे से वृत्त में ही भ्रमण कर सकता है, वह कभी उसके बाहर नहीं जा सकता। हम जितना ही उसके बाहर जाने का प्रयत्न करते हैं, उतना ही वह असंभव सा जान पड़ता है। ऐसा होते हुए भी, मनुष्य जिसे अत्यंत कीमती और सबसे प्रिय समझता है, वह तो उस युक्ति या तर्क के राज्य के बाहर ही है। अविनाशी आत्मा है या नहीं, ईश्वर है या नहीं, इस जगत् के नियंता—परम 'ज्ञानस्वरूप कोई' है या नहीं—इन सब तत्त्वों का निर्णय करने में तर्क असमर्थ है। इन सब प्रश्नों का उत्तर तर्क कभी नहीं दे सकता। तर्क क्या कहता है? वह कहता है "मैं अज्ञेयवादी हूँ। मैं किसी

विषय में 'हाँ' भी नहीं कह सकता और 'ना' भी नहीं।'' फिर भी इन सब प्रश्नों का समाधान तो हमारे लिए अत्यंत आवश्यक है। इन प्रश्नों के ठीक-ठीक उत्तर बिना मानवजीवन उद्देश्यहीन हो जाएगा। इस तर्करूप वृत्त के बाहर से प्राप्त हुए समाधान ही हमारे सारे नैतिक मत, सारे नैतिक भाव, यही नहीं, बल्कि मानव स्वभाव में जो कुछ सुंदर तथा महान् है, उस सबकी नींव है।

अतएव यह सबसे आवश्यक है कि हम इन प्रश्नों के यथार्थ उत्तर पा लें। यदि मनुष्यजीवन केवल पाँच मिनट की चीज हो, और यदि जगत् कुछ परमाणुओं का आकस्मिक मिलन मात्र हो, तो फिर दूसरे का उपकार मैं क्यों करूँ? दया, न्यायपरता या सहानुभूति दुनिया में फिर क्यों रहे? तब तो हम लोगों का यही एकमात्र कर्तव्य हो जाता है कि जिसकी जो इच्छा हो, वही करे, सब अपना अपना देखे। तब तो यही कहावत चरितार्थ होने लगती हैं—'यावत् जीवेत् सुखं जीवेत् ऋणं कृत्वा घृतं पिबेत्।' यदि हम लोगों के भविष्य-अस्तित्व की आशा ही न रहे, तो मैं अपने भाई को क्यों प्यार करूँ, मैं उसका गला क्यों न काटूँ? यदि जगत् के परे कोई सत्ता न हो, यदि मुक्ति नामक कोई चीज न हो, यदि कुछ कठोर, अभेद्य, जड़ नियम ही सर्वस्व हो, तब तो हमें इहलोक में ही सुखी होने की प्राणपण से चेष्टा करनी चाहिए। आजकल बहुत से लोगों के मतानुसार उपयोगितावाद (utility) ही नीति की नींव है, अर्थात् जिससे अधिक लोगों को अधिक परिमाण में सुख-स्वच्छंदता मिले, वही नीति की नींव है। इन लोगों से मैं पूछता हूँ, 'हम इस नींव पर खड़े होकर नीति का पालन क्यों करे? क्यों? यदि अधिक मनुष्यों का अधिक मात्रा में अनिष्ट करने से मेरा मतलब सधता हो, तो मैं वैसा क्यों न करू? उपयोगितावादी इस प्रश्न का क्या जवाब देंगे? कौन अच्छा है और कौन बुरा, यह तुम कैसे जानोगे? मैं अपनी सुख की वासना से परिचालित होकर उसकी तृप्ति करता हूँ; ऐसा करना मेरा स्वभाव है; मैं उससे अधिक कुछ नहीं जानता। मेरी वासनाएँ हैं, और मैं उनकी तृप्ति करूँगा ही, तुम्हें उसमें आपत्ति करने का क्या अधिकार है? मानवजीवन के ये सब महान् सत्य, जैसे—नीति, आत्मा का अमरत्व, ईश्वर, प्रेम, सहानुभूति, साधुत्व और सर्वोपरि, सबसे महान् सत्य निस्स्वार्थता—ये सब भाव हमें कहाँ से मिले हैं?'

सारा नीतिशास्त्र, मनुष्य के सारे काम, मनुष्य के सारे विचार इस निस्स्वार्थता-रूप एकमात्र नींव पर आधारित हैं। मानव जीवन के सारे भाव इस निस्स्वार्थता-रूप एकमात्र भाव के अंदर डाले जा सकते हैं। मैं क्यों स्वार्थशून्य होऊँ? निस्स्वार्थी होने की आवश्यकता क्या? और किस शक्ति के बल से मैं निस्स्वार्थी होऊँ? तुम कहते हो, ''मैं युक्तिवादी हूँ, मैं उपयोगितावादी हूँ,'' लेकिन यदि तुम मुझे इस उपयोगिता

की युक्ति न दिखला सको, तो मैं तुम्हें अयौक्तिक कहूँगा? मैं क्यों निस्स्वार्थी होऊँ, कारण बताओ; क्यों न मैं बुद्धिहीन पशु के समान आचरण करूँ? निस्स्वार्थता कवित्व के हिसाब से अवश्य बहुत सुंदर हो सकती है, किंतु कवित्व तो युक्ति नहीं है। मुझे युक्ति दिखलाओ, मैं क्यों निस्स्वार्थी होऊँ? क्यों मैं भला बनूँ? यदि कहो, "अमुक यह बात कहते हैं, इसलिए ऐसा करो" तो यह कोई जवाब नहीं है, मैं ऐसे किसी व्यक्तिविशेष की बात नहीं मानता। मेरे निस्स्वार्थी होने से मेरा कल्याण कहाँ? यदि 'कल्याण' से अधिक परिमाण में सुख समझा जाए, तो स्वार्थी होने में ही मेरा कल्याण है। उपयोगितावादी इसका क्या उत्तर देंगे? वे इसका कुछ भी उत्तर नहीं दे सकते। इसका यथार्थ उत्तर है कि परिदृश्यमान जगत् अनंत समुद्र में एक छोटा सा बुलबुला है—अनंत शृंखला की एक छोटी सी कड़ी है। जिन्होंने जगत् में निस्स्वार्थता का प्रचार किया था और मानवजाति को उसकी शिक्षा दी थी, उन्होंने यह तत्त्व कहाँ से पाया? हम जानते हैं कि यह जन्मजात-प्रवृत्तियों द्वारा प्राप्त नहीं हो सकता। जन्मजात-प्रवृत्तियों से युक्त पशु तो इसे नहीं जानते। विचार-बुद्धि से भी यह नहीं मिल सकता—उससे इन सब तत्त्वों का कुछ भी नहीं जाना जाता। तो फिर वे सब तत्त्व उन्होंने कहाँ से पाए?

इतिहास के अध्ययन से मालूम होता है, संसार के सभी धर्मशिक्षक तथा धर्मप्रचारक कह गए हैं कि हमने ये सब सत्य जगत् के अतीत प्रदेश से पाए हैं। उनमें से बहुतेरे इस संबंध में अज्ञ थे कि उन्होंने सत्य ठीक-ठीक कहाँ से पाया। किसी ने कहा, "पंखोंवाले एक देवदूत ने मनुष्य के रूप में मेरे पास आकर मुझसे कहा, 'हे मानव, सुनो, मैं स्वर्ग से यह शुभ समाचार लाया हूँ। ग्रहण करो'।" दूसरे ने कहा, "तेजपुंजकाय एक देवता ने मेरे सामने आविर्भूत होकर मुझे उपदेश दिया है।" तीसरे ने कहा, " मैंने स्वप्न ने अपने एक पूर्वज को देखा, उन्होंने मुझे इन तत्त्वों का उपदेश दिया।" इसके आगे वे और कुछ न कह सके। इस तरह विभिन्न उपायों से तत्त्वलाभ की बात कहने पर भी उन सभी का इस विषय में यही मत कि उन्होंने यह ज्ञान युक्ति-तर्क से नहीं पाया, वरन् उसके अतीत प्रदेश से ही उसे पाया है। इसके बारे में योगशास्त्र का मत क्या है? उसका मत यह है कि वे जो कहते हैं कि युक्ति-तर्क के अतीत प्रदेश से उन्होंने उस ज्ञान को पाया है, यह सही है; किंतु उनके अपने अंतर से ही वह ज्ञान उनके पास आया है।

योगीजन कहते हैं, इस मन की ही ऐसी एक उच्च अवस्था है, जो युक्ति-तर्क के परे है, जो अतिचेतन है। उस उच्चावस्था में पहुँचने पर मनुष्य तर्क के अगम्य ज्ञान को प्राप्त कर लेता है, और ऐसे मनुष्य को ही समस्त विषय-ज्ञान के अतीत

पारमार्थिक ज्ञान या अतींद्रिय ज्ञान की प्राप्ति होती है। साधारण मानवी स्वभाव के परे, समस्त युक्ति-तर्क के परे की यह अतींद्रिय अवस्था कभी-कभी ऐसे व्यक्ति को अचानक प्राप्त हो जाती है, जो उसका विज्ञान नहीं जानता। वह मानो उस ज्ञानातीत राज्य में ढकेल दिया जाता है। और जब इस प्रकार अचानक अतींद्रिय ज्ञान की प्राप्ति होती है, तो वह साधारणत: सोचता है कि वह ज्ञान कहीं बाहर से आया है। इसी से यह स्पष्ट है कि यह पारमार्थिक ज्ञान सारे देशों में वस्तुत: एक होने पर भी, किसी देश में वह देवदूत से, किसी देश में देवविशेष से, अथवा फिर कहीं साक्षात् भगवान् से प्राप्त हुआ सुना जाता है। इसका तात्पर्य क्या है? यही कि मन ने अपनी प्रकृति के अनुसार ही अपने भीतर से उस ज्ञान को प्राप्त किया है, किंतु जिन्होंने उसे पाया है, उन्होंने अपनी-अपनी शिक्षा और विश्वास के अनुसार इस बात का वर्णन किया है कि उन्हें वह ज्ञान कैसे मिला। असल बात तो यह है कि ये सभी उस ज्ञानातीत अवस्था में अचानक जा पड़े थे। योगी कहते हैं कि उस ज्ञानातीत अवस्था में अचानक जा पड़ने से एक भारी खतरे की आशंका रहती है। अनेक स्थलों में तो मस्तिष्क के बिलकुल नष्ट हो जाने की आशंका रहती है। और भी देखोगे, जिन सब मनुष्यों ने अचानक इस अतींद्रिय ज्ञान को पाया है, पर उसके वैज्ञानिक तत्त्व को नहीं समझा, वे कितने भी बड़े क्यों न हों, सच पूछा जाए, तो उन्होंने अँधेरे में टटोला है, और उनके उस ज्ञान के साथ कुछ-न-कुछ विचित्र अंधविश्वास मिला हुआ है ही। उन्होंने अपने आपको भ्रांतियों के लिए खोल रखा था। मुहम्मद ने घोषणा की कि एक दिन देवदूत गैब्रिल पर्वत की गुफा में उनके पास आया और उन्हें स्वर्गीय अश्व हैरक पर बिठा स्वर्गराज्य के दर्शनार्थ ले गया। किंतु यह सब होते हुए भी मुहम्मद ने कई आश्चर्यजनक सत्यों का उद्‌घाटन किया। यदि तुम कुरान का अध्ययन करो, तो तुम पाओगे कि उसमें आश्चर्यजनक सत्यों के साथ ही कुछ अंधविश्वास भी मिले-जुले हैं। इसकी व्याख्या तुम कैसे करोगे? वे अवश्य ही दिव्य प्रेरणा से प्रेरित थे, किंतु यह अंत:प्रेरणा उन्हें अनजाने में ही अचानक मिल गई थी। वे कोई सिद्ध योगी न थे। अत: अपने क्रिया-कलापों को न समझ सके। मुहम्मद ने संसार का क्या उपकार किया और उनके शिष्यों की धर्मांधता ने संसार की कितनी क्षति की, जरा इस पर विचार करो। उनकी कुछ शिक्षाओं पर गलत जोर देने के कारण लाखों की हत्याएँ हुईं, लाखों माताओं ने अपनी संतानें खोईं, लाखों मातृपितृ-विहीन बने और कितने ही देशों का सर्वनाश हो गया—इस पर जरा सोचो तो।

जो भी हो, हम मुहम्मद तथा अन्य कई महापुरुषों के जीवनचरित्र का अध्ययन करने पर देखते हैं कि अचानक इंद्रियातीत राज्य में जा पड़ने से उपर्युक्त प्रकार के

खतरे की आशंका रहती है। किंतु इसमें कोई संदेह नहीं कि वे सभी दिव्य प्रेरणा से प्रेरित थे। जब कभी कोई महापुरुष केवल भावुकता के बल से इस अतींद्रिय अवस्था में जा पड़े हैं, तो वे उस अवस्था से कुछ सत्य ही नहीं लाए, पर साथ ही अंधविश्वास, धर्मांधता, ये सब भी लेते आए। उनकी शिक्षा में जो उत्कृष्ट अंश है, उससे जगत् का जैसा उपकार हुआ है, उन सब धर्मांधता और अंधविश्वासों से वैसे ही क्षति भी हुई है। मानवजीवन नाना प्रकार के विपरीत भावों से ग्रस्त होने के कारण असामंजस्यपूर्ण है। इस असामंजस्य में कुछ सामंजस्य और सत्य प्राप्त करने के लिए हमें युक्ति-तर्क के अतीत जाना पड़ेगा। पर वह धीरे-धीरे करना होगा, नियमित साधना के द्वारा ठीक वैज्ञानिक उपाय से उसमें पहुँचना होगा, और सारे अंधविश्वास को भी हमें छोड़ देना होगा। अन्य कोई विज्ञान सीखने के समय जैसा हम लोग करते हैं, इस अतिचेतन अवस्था के अध्ययन के लिए ठीक उसी धारा का अनुसरण करना होगा। युक्ति-तर्क को ही अपनी नींव बनाना होगा? युक्ति-तर्क हमें जितनी दूर ले जा सकता है, हम उतनी दूर जाएँगे और जब युक्ति-तर्क नहीं चलेगा, तब वही हमें उस सर्वोच्च अवस्था की प्राप्ति का रास्ता दिखला देगा। अतः यदि कोई अपने को दिव्य प्रेरणा से प्रेरित कहकर दावा करे, फिर साथ ही युक्ति के विरुद्ध भी अटपट बोलता रहे, तो उसकी बात मत सुनना। क्यों? इसलिए कि जिन तीन भूमियों की बात कही गई है, जैसे—जन्मजात प्रवृत्ति, चेतन या तर्कसम्मत ज्ञान और अतिचेतन या ज्ञानातीत भूमि—ये तीनों एक ही मन की विभिन्न अवस्थाएँ हैं। एक मनुष्य के तीन मन नहीं हैं, वरन् उस एक ही मन की एक अवस्था दूसरी अवस्थाओं में परिवर्तित हो जाती है। जन्मजात-प्रवृत्ति चेतन या तर्कजात ज्ञान में और तर्कजात ज्ञान अतिचेतन या जगदतीत ज्ञान में परिणत होता है। अतः इन अवस्थाओं में से कोई भी अवस्था दूसरी अवस्थाओं की विरोधी नहीं है। यथार्थ दिव्य प्रेरणा, तर्कजाल ज्ञान की अपूर्णता को पूर्ण मात्र करती है। पूर्वकालीन महापुरुषों ने जैसा कहा है, "हम विनाश करने नहीं आए, वरन् पूर्ण करने आए हैं," इसी प्रकार दिव्य प्रेरणा भी तर्कजात ज्ञान का पूरक है और उसके साथ उसका पूर्ण समन्वय है।

वैज्ञानिक उपाय से उपर्युक्त अतिचेतन या समाधि अवस्था प्राप्त करने के लिए ही पूर्वकथित सारे योगांग उपदिष्ट हुए हैं। यह भी समझ लेना विशेष आवश्यक है कि इस दिव्य प्रेरणा को प्राप्त करने की शक्ति प्राचीन पैगंबरों के समान प्रत्येक मनुष्य के स्वभाव में है। वे पैगंबर कोई अद्वितीय नहीं थे, वे हमारे-तुम्हारे समान ही मनुष्य थे। वे अत्यंत उच्च कोटि के योगी थे। उन्होंने पूर्वोक्त अतिचेतन अवस्था प्राप्त कर ली थी, और प्रयत्न करने पर तुम और हम भी उसकी प्राप्ति कर सकते हैं। वे कोई विशेष प्रकार के

अद्‌भुत मनुष्य नहीं हैं। यदि एक मनुष्य ने उस अवस्था की प्राप्ति की है, तो इसी से प्रमाणित होता है कि प्रत्येक मनुष्य के लिए इस अवस्था को प्राप्त करना संभव है। यह केवल संभव ही नहीं, वरन् समय आने पर सभी इस अवस्था की प्राप्ति कर लेंगे। इस अवस्था को प्राप्त करना ही धर्म है। केवल प्रत्यक्ष अनुभव के द्वारा यथार्थ शिक्षा प्राप्त होती है। हम लोग भले ही सारे जीवन भर तर्क-विचार करते रहें, पर स्वयं प्रत्यक्ष अनुभव किए बिना हम सत्य का कण मात्र भी न समझ सकेंगे।

कुछ पुस्तकें पढ़ाकर तुम किसी मनुष्य से शल्य-चिकित्सक बनने की आशा नहीं कर सकते। तुम केवल एक नक्शा दिखाकर देश देखने का मेरा कौतूहल पूरा नहीं कर सकते। स्वयं वहाँ जाकर उस देश को प्रत्यक्ष देखने पर ही मेरा कौतूहल पूरा होगा। नक्शा केवल इतना कर सकता है कि वह देश के बारे में और भी अधिक अच्छी तरह से जानने की इच्छा उत्पन्न कर देगा। बस इसके अतिरिक्त उसका और कोई मूल्य नहीं। सिर्फ पुस्तकों पर निर्भर रहने से मानव मन अवनति की ओर जाता है। यह कहने की अपेक्षा और घोर ईशनिंदा क्या हो सकती है कि ईश्वरीय ज्ञान केवल इस ग्रंथ में या उस शास्त्र में आबद्ध है? मनुष्य इधर तो भगवान् को अनंत कहता है और उधर एक छोटे से ग्रंथ में उन्हें आबद्ध करके रखना चाहता है! क्या गर्व! ग्रंथ पर विश्वास नहीं किया, इसलिए लाखों आदमी मार डाले गए! एक ही ग्रंथ में सारा ईश्वरीय ज्ञान निबद्ध है, इस पर विश्वास न करने से सहस्रों लोग मौत के घाट उतार दिए गए! भले ही आज उस हत्या आदि का समय नहीं रहा, पर फिर भी अभी तक जगत् इस ग्रंथनिष्ठा में बुरी तरह से आबद्ध है!

उचित वैज्ञानिक उपाय से अतिचेतन अवस्था को प्राप्त करने के लिए मैं तुम्हें राजयोग के जो विविध साधन बतला रहा हूँ, उनके माध्यम से तुम्हें जाना पड़ेगा। प्रत्याहार और धारणा के बाद अब ध्यान के बारे में चर्चा करूँगा। जब मन को देह के भीतर या उसके बाहर किसी स्थान में कुछ समय तक स्थिर रखने के निमित्त प्रशिक्षित किया जाता है, तब उसको उस दिशा में अविच्छिन्न गति से प्रवाहित होने की शक्ति प्राप्त होती है। इस अवस्था का नाम है 'ध्यान'। जब ध्यान-शक्ति इतनी तीव्र हो जाती है कि मन अनुभूति के बाहरी भाग को छोड़कर केवल उसके अंतर्भाग या अर्थ की ही ओर एकाग्र हो जाता है, तब उस अवस्था को समाधि कहते हैं। धारणा, ध्यान और समाधि, इन तीनों को एक साथ मिलाकर संयम कहते हैं। अर्थात् यदि किसी का मन पहले किसी वस्तु में एकाग्र हो सकता है, फिर उस एकाग्रता की अवस्था में कुछ समय तक रह सकता है, और उसके बाद ऐसी दीर्घ एकाग्रता की अवस्था में वह अनुभूति के केवल आभ्यंतरिक भाग पर, जिसका ध्येय-वस्तु केवल

कार्य है, अपने आपको लगाए रख सकता है, तो सभी कुछ ऐसे शक्तिसंपन्न मन के वशीभूत हो जाता है।

जीव की जितने प्रकार की अवस्थाएँ हैं, उनमें यह ध्यानावस्था ही सर्वोच्च है। जब तक वासना रहती है, तब तक यथार्थ सुख नहीं आ सकता। केवल जब कोई व्यक्ति इस ध्यानावस्था से, साक्षीभाव से सारी वस्तुओं का परिशीलन कर सकता है, तभी उसे यथार्थ सुख और आनंद प्राप्त होता है। अन्य प्राणी इंद्रियों में सुख पाते हैं, मनुष्य बुद्धि में और देवमानव आध्यात्मिक ध्यान में। जो ऐसी ध्यानावस्था को प्राप्त हो चुके हैं, उनके पास यह जगत् सचमुच अत्यंत सुंदर रूप में प्रतीयमान होता है। ज़िसमें वासना नहीं है, जो सर्व विषयों से निर्लिप्त है, उसके पास प्रकृति के ये विभिन्न परिवर्तन एक महान् सौंदर्य और उदात्त भाव की छवि मात्र हैं। इन तत्त्वों को ध्यान में जान लेना आवश्यक है।

मान लो, मैंने एक शब्द सुना। पहले बाहर से एक कंपन आया, उसके बाद स्नायविक गति उस कंपन को मन के पास ले गई, फिर मन से एक प्रतिक्रिया हुई और उसके साथ-ही-साथ मुझे बाह्य वस्तु का ज्ञान हुआ। यह बाह्य-वस्तु ही आकाश-कंपन से लेकर मानसिक प्रतिक्रिया तक सब भिन्न-भिन्न परिवर्तनों का कारण है। योगशास्त्र में इन तीन को क्रमशः शब्द, अर्थ और ज्ञान कहते हैं। भौतिक विज्ञान और शरीर शास्त्र की भाषा में उन्हें आकाश-कंपन, स्नायु और मस्तिष्क में गति तथा मानसिक प्रतिक्रिया कहते हैं। ये तीनों प्रतिक्रियाएँ संपूर्ण अलग होने पर भी इस समय इस तरह मिली हुई हैं कि उनका भेद समझा नहीं जाता। हम यथार्थ में अभी उन तीनों में से किसी का भी अनुभव नहीं कर सकते; अभी तो उनके सम्मिलन के फलस्वरूप केवल बाह्य वस्तु का अनुभव करते हैं। प्रत्येक अनुभवक्रिया में ये तीन व्यापार होते हैं। हम भला उन्हें अलग क्यों न कर सकेंगे?

प्रारंभ में बताए गए योगांगों के अभ्यास से मन जब दृढ़ और संयत हो जाता है तथा सूक्ष्मतर अनुभव की शक्ति प्राप्त करता है, तब उसे ध्यान में लगाना चाहिए। पहले-पहल स्थूल वस्तु को लेकर ध्यान करना चाहिए। फिर क्रमशः सूक्ष्म से सूक्ष्मतर ध्यान में हमारा अधिकार होगा, और अंत में हम विषयशून्य अर्थात् निर्विकल्प ध्यान में सफल हो जाएँगे। मन को पहले अनुभूति के बाह्य कारण अर्थात् विषय का, फिर स्नायुओं में होनेवाली गति का और उसके बाद उसकी अपनी प्रतिक्रियाओं का अनुभव करने के लिए नियुक्त करना होगा। जब मन अनुभूति के बाह्य उपकरणों अर्थात् विषयों को पृथक् रूप से जान सकेगा, तब उसमें समस्त सूक्ष्म भौतिक पदार्थों, सारे सूक्ष्म शरीरों और सूक्ष्म रूपों को जानने की शक्ति आ जाएगी। जब वह

भीतर होनेवाली गतियों को दूसरे सभी विषयों से अलग करके, उनके अपने स्वरूप में जानने में समर्थ होगा, तब वह सारी चित्तवृत्तियों पर उनके भौतिक शक्ति के रूप में परिणत होने से पूर्व ही अधिकार चला सकेगा, फिर वे चित्तवृत्तियाँ चाहे स्वयं अपनी हों, चाहे दूसरों की।

और जब योगी केवल मानसिक प्रतिक्रिया का उसके अपने स्वरूप में अनुभव करने में समर्थ होंगे, तब वे सर्व पदार्थों का ज्ञान प्राप्त कर लेगे, क्योंकि इंद्रियगोचर प्रत्येक वस्तु, यहाँ तक कि प्रत्येक विचार भी, इस मानसिक प्रतिक्रिया का ही फल है। ऐसी अवस्था प्राप्त होने पर योगी अपने मन की मानो नींव तक का अनुभव कर लेते हैं, और तब मन उनके संपूर्ण वश में आ जाता है। योगियों के पास तब नाना प्रकार की अलौकिक शक्तियाँ (सिद्धियाँ) आने लगती हैं, पर यदि वे इन सब शक्तियों को प्राप्त करने के लिए लालायित हो उठें, तो उनकी भविष्य की उन्नति का रास्ता रुक जाता है। भोग के पीछे दौड़ने से इतना अनर्थ होता है! किंतु यदि वे इन सब अलौकिक शक्तियों को भी छोड़ सकें, तो वे मनरूप समुद्र में उठनेवाले वृत्तिप्रवाहों को पूर्णतया रोकने में समर्थ हो सकेंगे। और यही योग का चरम लक्ष्य है। तभी मन के नाना प्रकार के विक्षेप एवं नाना प्रकार की दैहिक गतियों से विचलित न होकर आत्मा की महिमा अपनी पूर्ण ज्योति से प्रकाशित होगी। तब योगी ज्ञानघन, अविनाशी और सर्वव्यापी रूप से अपने स्वरूप की उपलब्धि करेंगे, और जान लेंगे कि वे अनादि काल से ऐसे ही हैं।

इस समाधि में प्रत्येक मनुष्य का, यही नहीं, प्रत्येक प्राणी का अधिकार है। सबसे निम्नतर प्राणी से लेकर अत्यंत उन्नत देवता तक सभी, कभी-न-कभी, इस अवस्था को अवश्य प्राप्त करेंगे, और जब किसी को यह अवस्था प्राप्त हो जाएगी, तभी और सिर्फ तभी हम कहेंगे कि उसने यथार्थ धर्म की प्राप्ति की है। इससे पहले हम उसकी ओर जाने के लिए केवल संघर्ष करते हैं। जो धर्म नहीं मानता, उसमें और हममें अभी कोई विशेष अंतर नहीं, क्योंकि हमें आत्मसाक्षात्कार नहीं हुआ। इस आत्मसाक्षात्कार तक हमें पहुँचाने के बिना एकाग्रता का और क्या शुभ उद्देश्य है? इस समाधि को प्राप्त करने के प्रत्येक अंग पर गंभीरता से विचार किया गया है, उसे विशेष रूप से नियमित, श्रेणीबद्ध और वैतानिक प्रणाली में संबद्ध किया गया है। यदि साधना ठीक-ठीक हो और पूर्ण निष्ठा के साथ की जाए, तो वह अवश्य हमें अभीष्ट लक्ष्य पर पहुँचा देगी। और तब सारे दु:ख-कष्टों का अंत हो जाएगा, कर्म का बीज दग्ध हो जाएगा और आत्मा चिरकाल के लिए मुक्त हो जाएगी।

❑

अष्टम अध्याय

संक्षिप्त राजयोग

राजयोग का यह संक्षिप्त विवरण 'कूर्मपुराण' के एकादश अध्याय का मुक्त अनुवाद है—

योगाग्नि मनुष्य के पापपिंजर को दग्ध कर देती है। तब सत्त्वशुद्धि होती है और साक्षात् निर्वाण की प्राप्ति होती है। योग से ज्ञानलाभ होता है; ज्ञान फिर योगी की मुक्ति के पथ का सहायक है। जिनमें योग और ज्ञान, दोनों ही वर्तमान हैं, ईश्वर उनके प्रति प्रसन्न होता है। जो लोग प्रतिदिन एक बार, दो बार, तीन बार या सारे समय महायोग का अभ्यास करते हैं, उन्हें देवता समझना चाहिए। योग दो प्रकार के हैं; जैसे—अभावयोग और महायोग। जब शून्य तथा सब प्रकार के गुण से रहित रूप से अपना चिंतन किया जाता है, तब उसे 'अभावयोग' कहते हैं; और जिस योग के द्वारा आत्मा का आनंदपूर्ण, पवित्र और ब्रह्म के साथ अभिन्न रूप से चिंतन किया जाता है, उसे 'महायोग' कहते हैं। योगी इनमें से प्रत्येक के द्वारा ही आत्मसाक्षात्कार कर लेते हैं। हम दूसरे जिन योगों के बारे में शास्त्रों में पढ़ते या सुनते हैं, वे सब योग इस उत्तम महायोग, जिसमें योगी अपने तथा सारे जगत् को साक्षात् भगवत्स्वरूप देखते हैं—के साथ एक श्रेणी में शामिल नहीं हो सकते। यह सारे योगों में श्रेष्ठ है।

यम, नियम, आसन, प्राणायाम, प्रत्याहार, धारणा, ध्यान और समाधि, ये राजयोग के विभिन्न अंग या सोपान हैं। यम का अर्थ है—अहिंसा, सत्य, अस्तेय, ब्रह्मचर्य और अपरिग्रह। इस यम से चित्तशुद्धि होती है। शरीर, मन और वचन के द्वारा कभी किसी प्राणी की हिंसा न करना या उन्हें क्लेश न देना, यह 'अहिंसा' कहलाता है। अहिंसा से बढ़कर और कोई धर्म नहीं। मनुष्य के लिए जीव के प्रति यह अहिंसाभाव रखने से अधिक और कोई उच्चतर सुख नहीं है। सत्य के द्वारा हम

कर्मफल के भागी होते हैं; सत्य से सबकुछ मिलता है; सत्य में सबकुछ प्रतिष्ठित है। यथार्थ कथन को ही सत्य कहते हैं। चोरी से बलपूर्वक दूसरे की चीज को न लेने का नाम है 'अस्तेय'। तन-मन-वचन से सर्वदा सब अवस्थाओं में मैथुन का त्याग ही 'ब्रह्मचर्य' है। अत्यंत कष्ट के समय में भी किसी मनुष्य से कोई उपहार ग्रहण न करने को 'अपरिग्रह' कहते हैं। अपरिग्रह-साधना के पीछे यह कारण है कि किसी से कुछ लेने से हृदय अपवित्र हो जाता है, लेनेवाला हीन हो जाता है, वह अपनी स्वतंत्रता खो बैठता है और बद्ध एवं आसक्त हो जाता है।

निम्नलिखित साधन भी योग में सफलता के लिए सहायक हैं और वे हैं नियम अर्थात् नियमित अभ्यास और व्रतपरिपालन। तप, स्वाध्याय, संतोष, शौच और ईश्वरप्रणिधान—इन्हें 'नियम' कहते हैं। व्रत-उपवास या अन्य उपायों से देहसंयम करना शारीरिक तपस्या कहलाता है। वेदपाठ या दूसरे किसी मंत्रोच्चारण को सत्त्वशुद्धिकर स्वाध्याय कहते हैं। मंत्र जपने के लिए तीन प्रकार के नियम हैं—वाचिक, उपांशु और मानस। वाचिक से उपांशु जप श्रेष्ठ है और उपांशु से मानस जप। जो जप इतने ऊँचे स्वर में किया जाता है कि सभी सुन सकते हैं, उसे 'वाचिक जप' कहते हैं। जिस जप में ओठों का स्पंदन मात्र होता है, पर पास रहनेवाला कोई मनुष्य सुन नहीं सकता, उसे 'उपांशु' कहते हैं। और जिसमें किसी शब्द का उच्चारण नहीं होता, केवल मन-ही-मन जप किया जाता है और उसके साथ उस मंत्र का अर्थ स्मरण किया जाता है, उसे 'मानसिक जप' कहते हैं। यह मानसिक जप ही सबसे श्रेष्ठ है। ऋषियों ने कहा है—शौच दो प्रकार के हैं, बाह्य और आभ्यंतर। मिट्टी, जल या दूसरी वस्तुओं से शरीर को शुद्ध करना 'बाह्य शौच' कहलाता है, जैसे—स्नानादि। सत्य एवं अन्यान्य धर्मों के पालन के द्वारा मन की शुद्धि को 'आभ्यंतर शौच' कहते हैं। बाह्य और आभ्यंतर, दोनों ही शुद्धि आवश्यक हैं। केवल भीतर पवित्र रहकर बाहर अशुचि रहने से शौच पूरा नहीं हुआ। जब कभी दोनों प्रकार के शौच का अनुष्ठान करना संभव न हो, तब आभ्यंतर शौच का अवलंबन ही श्रेयस्कर है। पर ये दोनों शौच हुए बिना कोई भी योगी नहीं बन सकता। ईश्वर की स्तुति, स्मरण और पूजा-अर्चनारूप भक्ति का नाम ईश्वरप्रणिधान है।

यह तो यम और नियम के बारे में हुआ। उसके बाद है आसन। आसन के बारे में इतना ही समझ लेना चाहिए कि वक्षःस्थल, ग्रीवा और सिर को सीधे रखकर शरीर को स्वच्छंद रीति से रखना होगा। अब प्राणायाम के बारे में कहा जाएगा। 'प्राण' का अर्थ है—अपने शरीर के भीतर रहनेवाली जीवनीशक्ति, और 'आयाम' का अर्थ है—उसका संयम। प्राणायाम तीन प्रकार के हैं—अधम, मध्यम और उत्तम। वह तीन

भागों में विभक्त है, जैसे—पूरक, कुंभक और रेचक। जिस प्राणायाम में बारह सेकंड तक वायु का पूरण किया जाता है, उसे 'अधम प्राणायाम' कहते हैं। जिसमें चौबीस सेकंड तक वायु का पूरण किया जाता है, उसे 'मध्यम प्राणायाम' और जिसमें छत्तीस सेकंड तक वायु का पूरण किया जाता है, उसे 'उत्तम प्राणायाम' कहते हैं। अधम प्राणायाम से पसीना, मध्यम प्राणायाम से कंपन और उत्तम प्राणायाम से उच्छ्वास अर्थात् शरीर का हलकापन एवं चित्त की प्रसन्नता होती है। गायत्री वेद का पवित्रतम मंत्र है। उसका अर्थ है, 'हम इस जगत् के जन्मदाता परम देवता के तेज का ध्यान करते हैं, वे हमारी बुद्धि में ज्ञान का विकास कर दें।' इस मंत्र के आदि और अंत में प्रणव यानी ओंकार लगा हुआ है। एक प्राणायाम में गायत्री का तीन बार मन-ही-मन उच्चारण करना पड़ता है। प्रत्येक शास्त्र में कहा गया है कि प्राणायाम तीन अंशों में विभक्त है; जैसे रेचक अर्थात् थासत्याग, पूरक अर्थात् श्वासग्रहण और कुंभक अर्थात् श्वास की स्थिति या श्वासधारण। अनुभवशक्ति युक्त इंद्रियाँ लगातार बहिर्मुखी होकर काम कर रही हैं और बाहर की वस्तुओं के संपर्क में आ रही हैं। उनको अपने वश में लाने को प्रत्याहार कहते हैं। अपनी ओर खींचना या आहरण करना—यही प्रत्याहार शब्द का प्रकृत अर्थ है।

हृदय-कमल में या सिर के ठीक मध्यदेश में या शरीर के अन्य किसी स्थान में मन को धारण करने का नाम है 'धारणा'। मन को एक स्थान में संलग्न करके, फिर उस एकमात्र स्थान को अवलंबनस्वरूप मानकर एक विशिष्ट प्रकार के वृत्तिप्रवाह उठाए जाते हैं; दूसरे प्रकार के वृत्तिप्रवाहों से उनको बचाने का प्रयत्न करते करते वे प्रथमोक्त वृत्तिप्रवाह क्रमशः प्रबल आकार धारण कर लेते हैं और ये दूसरे वृत्तिप्रवाह कम होते-होते अंत में बिलकुल चले जाते हैं, फिर बाद में उन प्रथमोक्त वृत्तियों का भी नाश हो जाता है और केवल एक वृत्ति वर्तमान रह जाती है, इसे 'ध्यान' कहते हैं। और जब इस अवलंबन की भी कोई आवश्यकता नहीं रह जाती, संपूर्ण मन जब एक तरंग के रूप में परिणत हो जाता है; तब मन की इस एकरूपता का नाम है समाधि। तब किसी विशेष प्रदेश या चक्रविशेष का अवलंबन करके ध्यानप्रवाह उत्थापित नहीं होता, केवल ध्येय वस्तु का भाव (अर्थ) मात्र अवशिष्ट रहता है। यदि मन को किसी स्थान में बारह सेकंड धारण किया जाए, तो उससे एक धारणा होगी; यह धारणा द्वादशगुणित होने पर एक ध्यान, और यह ध्यान द्वादशगुणित होने पर एक समाधि होगी। सूखे पत्तों से ढकी हुई जमीन पर, चौराहे पर, अत्यंत कोलाहलपूर्ण या डरावने स्थान में, दीमक के ढेर के समीप अथवा जहाँ अग्नि या जल से किसी भय की आशंका हो, जहाँ जंगली जानवर हों, जो स्थान दुष्ट लोगों से भरा हो—ऐसे

स्थानों में योग की साधना करना उचित नहीं। यह बात विशेषकर भारत के बारे में लागू होती है। जब शरीर अत्यंत आलसी या बीमार मालूम होता है अथवा जब मन अत्यंत दु:खपूर्ण रहता हो, तब भी साधना नहीं करनी चाहिए! किसी गुप्त और निर्जन स्थान में जाकर साधना करो, जहाँ लोग तुम्हें बाधा पहुँचाने न आ सकें। अपवित्र जगह में बैठकर साधना मत करना, वरन् सुंदर दृश्यवाले स्थान में या अपने घर के एक सुंदर कमरे में बैठकर साधना करना। साधना में प्रवृत्त होने के पहले समस्त प्राचीन योगियों, अपने गुरुदेव तथा भगवान् को प्रणाम करना और फिर साधना में प्रवृत्त होना।

ध्यान के विषय में पहले ही बताया जा चुका है। अब ध्यान की कुछ प्रणालियाँ वर्णित की जाती हैं। सीधे बैठकर अपनी नाक के ऊपरी भाग पर दृष्टि रखो। तुम देखोगे कि उससे मन की स्थिरता में विशेष रूप से सहायता मिलती है। आँख के दो स्नायुओं को वश में लाने से प्रतिक्रिया के केंद्रस्थल को काफी हद तक वश में लाया जा सकता है, अत: उससे इच्छाशक्ति भी बहुत अधीन हो जाती है। अब ध्यान के कुछ प्रकार बताते हैं। सोचो, सिर के कुछ ऊपर एक कमल है—धर्म उसका मध्यभाग है, ज्ञान उसकी नाल है, योगी की अष्ट सिद्धियाँ उस कमल के आठ दलों के समान हैं और वैराग्य उसके अंदर की कर्णिका याना बीजकोश है। जो योगी अष्टसिद्धियाँ आने पर भी उनको छोड़ सकते हैं, वे ही मुक्ति प्राप्त करते हैं। इसीलिए अष्टसिद्धियों का बाहर के आठ दलों के रूप में तथा अंदर की कर्णिका का परवैराग्य अर्थात् अष्ट सिद्धियाँ आने पर भी उनके प्रति वैराग्य के रूप में वर्णन किया गया है। इस कमल के अंदर हिरण्मय, सर्वशक्तिमान, अस्पर्श, ओंकारवाव्य, अव्यक्त, किरणों से परिव्याप्त परम ज्योति का चिंतन करो। उस पर ध्यान करो।

और एक प्रकार के ध्यान का विषय बताया जाता है—सोचो कि तुम्हारे हृदय में एक आकाश है, और उस आकाश के अंदर अग्निशिखा के समान एक ज्योति उद्भासित हो रही है, उस ज्योतिशिखा का अपनी आत्मा के रूप में चिंतन करो, फिर उस ज्योति के अंदर और एक ज्योतिर्मय आकाश की भावना करो; वही तुम्हारी आत्मा की आत्मा है—परमात्मस्वरूप ईश्वर है। हृदय में उसका ध्यान करो। ब्रह्मचर्य, अहिंसा, महाशत्रु को भी क्षमा कर देना, सत्य, आस्तिक्य—ये सब विभिन्न व्रत हैं। यदि इन सब में तुम सिद्ध न रहो, तो भी दु:खित या भयभीत मत होना। प्रयत्न करो, धीरे-धीरे सब हो जाएगा। विषय की लालसा, भय और क्रोध छोड़कर जो भगवान् का शरणागत हुआ है, उनमें तन्मय हो गया है, जिसका हृदय पवित्र हो गया है, वह भगवान् के पास जो कुछ चाहता है, भगवान् उसी समय उसकी पूर्ति कर देते हैं।

अतः ज्ञान, भक्ति या वैराग्य के माध्यम से उनकी उपासना करो।

"जो किसी से घृणा नहीं करता, जो सबका मित्र है, जो सब के प्रति करुणासंपन्न है, जिसका अहंकार चला गया है, जो सदैव संतुष्ट है, जो सर्वदा योगयुक्त, यतात्मा और दृढ़ निश्चयवाला है, जिसका मन और बुद्धि मुझमें अर्पित हो गई है, वही मेरा प्रिय भक्त है। जिससे लोग उद्विग्न नहीं होते, जो लोगों से उद्विग्न नहीं होता, जिसने अतिरिक्त हर्ष, दुःख, भय और उद्वेग त्याग दिया है, ऐसा भक्त ही मेरा प्रिय है। जो किसी का भरोसा नहीं करता, जो शुचि और दक्ष है, सुख और दुःख में उदासीन है, जिसका दुःख चला गया है, जो निंदा और स्तुति में समभावापन्न है, मौनी है, जो कुछ पाता है, उसी में संतुष्ट रहता है, जिसके कोई निर्दिष्ट घर-बार नहीं, सारा जगत् ही जिसका घर है, जिसकी बुद्धि स्थिर है, ऐसा व्यक्ति ही मेरा प्रिय भक्त है।" ऐसे व्यक्ति ही योगी हो सकते हैं।

× × ×

नारद एक महान् देवर्षि थे। जैसे मनुष्यों में ऋषि या बड़े-बड़े योगी रहते हैं, वैसे ही देवताओं में भी बड़े-बड़े योगी हैं। नारद भी वैसे ही एक अच्छे और अत्यंत महान् योगी थे। वे सर्वत्र भ्रमण किया करते थे। एक दिन एक वन से गुजरते हुए उन्होंने देखा कि एक मनुष्य ध्यान में इतना मग्न है और इतने दिनों से एक ही आसन पर बैठा है कि उसके चारों ओर दीमक का ढेर लग गया है। उसने नारद से पूछा, "प्रभो, आप कहाँ जा रहे हैं?" नारदजी ने उत्तर दिया, "मैं बैकुंठ जा रहा हूँ।" तब उसने कहा, "अच्छा, आप भगवान् से पूछते हुए आएँ कि वे मुझ पर कब कृपा करेंगे, मैं कब मुक्ति प्राप्त करूँगा।" फिर कुछ दूर और जाने पर नारदजी ने एक दूसरे मनुष्य को देखा। वह कूद-फाँद रहा था, कभी नाचता था, तो कभी गाता था। उसने भी नारदजी से वही प्रश्न किया। उस व्यक्ति का कंठस्वर, चाल-ढाल आदि सभी उन्मत्त के समान थे। नारदजी ने उसे भी पहले के समान उत्तर दिया। वह बोला, "अच्छा, तो भगवान् से पूछते आएँ कि मैं कब मुक्त होऊँगा।" बैकुंठ से लौटते समय नारदजी ने दीमक के ढेर के अंदर रहनेवाले उस ध्यानस्थ योगी को देखा। उस योगी ने पूछा, "देवर्षे, क्या आपने मेरी बात पूछी थी?" नारदजी बोले, "हाँ, पूछी थी।" योगी ने पूछा, "तो उन्होंने क्या कहा?" नारदजी ने उत्तर दिया, " भगवान् ने कहा, 'मुझको पाने के लिए उसे और चार जन्म लगेंगे'।" तब तो वह योगी घोर विलाप करते हुए कहने लगा, "मैंने इतना ध्यान किया है कि मेरे चारों ओर दीमक का ढेर लग गया, फिर भी मुझे और चार जन्म लेने पड़ेंगे!" नारदजी तब दूसरे व्यक्ति के पास गए। उसने भी पूछा, "क्या आपने मेरी बात भगवान् से पूछी थी?"

नारदजी बोले, ''हाँ, भगवान् ने कहा है, ''उसके सामने जो इमली का पेड़ है, उसके जितने पत्ते हैं, उतनी बार उसको जन्म ग्रहण करना पड़ेगा।'' यह बात सुनकर वह व्यक्ति आनंद से नृत्य करने लगा और बोला, ''अहा! मैं इतने कम समय में मुक्ति प्राप्त करूँगा!'' तब एक देववाणी हुई—''मेरे बच्चे, तुम इसी क्षण मुक्ति प्राप्त करोगे।'' वह दूसरा व्यक्ति इतना अध्यवसाय-संपन्न था! इसीलिए उसे वह पुरस्कार मिला। वह इतने जन्म तक साधना करने के लिए तैयार था। कुछ भी उसे उद्योगशून्य न कर सका। परंतु वह प्रथमोक्त व्यक्ति चार जन्मों की ही बात सुनकर घबड़ा गया। जो व्यक्ति मुक्ति के लिए सैकड़ों युग तक बाट जोहने को तैयार था, उसके समान अध्यवसाय-संपन्न होने पर ही उच्चतम फल प्राप्त होता है।

❑

योगसूत्र पातंजल

(मूल संस्कृत सूत्र, सूत्रार्थ और व्याख्या सहित)

व्याख्याकार

स्वामी विवेकानंद

प्रस्तावना

योगसूत्रों के बारे में बताने से पहले मैं एक ऐसे प्रश्न की चर्चा करने का प्रयत्न करूँगा, जिस पर योगियों के सारे धार्मिक मत प्रतिष्ठित हैं। ऐसा मालूम पड़ता है कि संसार के सभी श्रेष्ठ मनीषी इस बात में एकमत हैं, और यह बात भौतिक प्रकृति के अनुसंधान से भी एक प्रकार से प्रमाणित हो ही गई है कि हम लोग अपने वर्तमान सविशेष (सापेक्ष) भाव के पीछे विद्यमान एक निर्विशेष (निरपेक्ष) भाव के परिणाम एवं व्यक्त रूप हैं, और हम फिर से उसी निर्विशेष भाव में लौटने के लिए लगातार अग्रसर हो रहे हैं। यदि यह बात स्वीकार कर ली जाए, तो प्रश्न यह उठता है कि वह निर्विशेष अवस्था श्रेष्ठतर है अथवा यह वर्तमान अवस्था? संसार में ऐसे लोगों की कमी नहीं, जो समझते हैं कि यह व्यक्त अवस्था ही मनुष्य की सबसे ऊँची अवस्था है। कई चिंतनशील मनीषियों का मत है कि हम एक निर्विशेष सत्ता के व्यक्त रूप हैं, और यह सविशेष अवस्था निर्विशेष अवस्था से श्रेष्ठ है। वे सोचते हैं कि निर्विशेष सत्ता में कोई गुण नहीं रह सकता, अतः वह अवश्य अचेतन है, जड़ है, प्राणशून्य है, और यह सोचकर वे धारणा कर लेते हैं कि केवल इस जीवन में ही सुखभोग संभव है, अतएव इस जीवन के सुख में ही हमें आसक्त रहना चाहिए। अब हम पहले देखें, इस जीवन-समस्या के और कौन-कौन से समाधान है, पहले उनके बारे में चर्चा की जाए। इस संबंध में एक प्राचीन सिद्धांत यह था कि मनुष्य मरने के बाद, जैसा पहले था, वैसा ही रहता है, केवल उसके सारे अशुभ चले जाते हैं, और उसका जो कुछ शुभ है, वही अनंत काल के लिए बच रहता है। यदि तर्कसंगत भाषा में इस सत्य को रखा जाए, तो वह ऐसा रूप लेता है कि यह संसार ही मनुष्य का चरम लक्ष्य है और इस संसार की ही कुछ उच्चावस्था को, जहाँ उसके सारे अशुभ निकल जाते हैं और केवल शुभ ही शुभ बच रहता है, स्वर्ग कहते हैं। यह बड़ी आसानी से समझा जा सकता है कि यह मत नितांत असंगत और बच्चों की बात

के समान है, क्योंकि ऐसा हो ही नहीं सकता। ऐसा कभी नहीं हो सकता कि शुभ है, पर अशुभ नहीं, अथवा अशुभ है, पर शुभ नहीं। जहाँ कुछ भी अशुभ नहीं है, सब शुभ ही शुभ है, ऐसे संसार में वास करने की कल्पना, भारतीय नैयायिकों के अनुसार दिवास्वप्न देखना है।

फिर एक और मतवाद आजकल के बहुत से संप्रदायों से सुना जाता है; वह यह कि मनुष्य लगातार उन्नति कर रहा है, चरम लक्ष्य तक पहुँचने का सतत संघर्ष कर रहा है, किंतु कभी भी वहाँ तक पहुँच न सकेगा। यह मत ऊपर से सुनने में तो बड़ा युक्तिसंगत मालूम होता है, पर यह भी वस्तुतः बिलकुल असंगत ही है, क्योंकि कोई भी गति एक सरल रेखा में नहीं होती। प्रत्येक गति वर्तुलाकार ही होती है। यदि तुम एक पत्थर लेकर आकाश में फेंको, उसके बाद यदि तुम्हारा जीवन काफी हो और पत्थर के मार्ग में कोई बाधा न आए, तो घूमकर वह ठीक तुम्हारे हाथ में वापस आ जाएगा। यदि एक सरल रेखा अनंत दूरी तक बढ़ाई जाए, तो वह अंत में एक वृत्त का रूप धारण कर लेगी। अतएव यह मत कि मनुष्य का भाग्य सदैव अनंत उन्नति की ओर है, उसका कहीं भी अंत नहीं, सर्वथा असंगत है। प्रसंग के थोड़ा बाहर होने पर भी मैं अब इस पूर्वोक्त मत के बारे में दो-एक बातें कहूँगा। नीतिशास्त्र कहता है, किसी के भी प्रति घृणा मत करो, सब को प्यार करो। नीतिशास्त्र के इस सत्य का स्पष्टीकरण पूर्वोक्त मत से हो जाता है। विद्युत्-शक्ति के बारे में आधुनिक मत यह है कि वह डाइनेमो से बाहर निकल, घूमकर फिर से उसी यंत्र में लौट आती है। प्रेम और घृणा के बारे में भी यही नियम लागू होता है। अतएव किसी से घृणा करनी उचित नहीं, क्योंकि यह शक्ति, यह घृणा, जो तुममें से बहिर्गत होगी, घूमकर कालांतर में फिर तुम्हारे ही पास वापस आ जाएगी। यदि तुम मनुष्यों को प्यार करो, तो वह प्यार घूम-फिरकर तुम्हारे पास ही लौट आएगा। यह अत्यंत निश्चित सत्य है कि मनुष्य के मन से घृणा का जो कुछ अंश बाहर निकलता है, वह अंत में उसी के पास अपनी पूरी शक्ति से लौट आता है। कोई भी इसकी गति रोक नहीं सकता। इस प्रकार प्रेम का प्रत्येक संवेग भी उसी के पास लौट आता है।

हम और भी अन्यान्य प्रत्यक्ष बातों पर आधारित बहुत सी युक्तियों से यह प्रमाणित कर सकते हैं कि यह अनंत उन्नति संबंधी मत ठहर नहीं सकता। हम तो यह प्रत्यक्ष देखते हैं कि सारी भौतिक वस्तुओं की एक ही अंतिम गति है, और वह है विनाश। हमारे ये सारे संघर्ष, सारी आशाएँ, भय और सुख—इन सबका आखिर परिणाम क्या है? मृत्यु ही हम सबकी चरम गति है। इससे अधिक निश्चित और कुछ भी नहीं। तब फिर यह सरल रेखा में गति कहाँ रही? यह अनंत उन्नति कहाँ

रही? यह तो केवल थोड़ी दूर जाना है और फिर से उस केंद्र में लौट आना है, जहाँ से गति शुरू होती है। देखो, नीहारिका (nebulae) से किस प्रकार सूर्य, चंद्रमा और तारे पैदा होते हैं, और फिर से उसी में समा जाते हैं। ऐसा ही सर्वत्र हो रहा है। पेड़-पौधे मिट्टी से ही सार ग्रहण करते हैं और सड़-गलकर फिर से मिट्टी में ही मिल जाते हैं। प्रत्येक साकार पदार्थ अपने चारों ओर वर्तमान परमाणुओं से पैदा होकर फिर से उन परमाणुओं में ही मिल जाता है। यह कभी हो नहीं सकता कि एक ही नियम अलग-अलग स्थानों में अलग-अलग रूप से कार्य करे। नियम सर्वत्र ही समान है। इससे अधिक निश्चित बात और कुछ नहीं हो सकती। यदि यही प्रकृति का नियम हो, तो वह अंतर्जगत् पर क्यों नहीं लागू होगा? मन भी अपने उत्पत्ति-स्थान में जाकर लय को प्राप्त करेगा। हम चाहें या न चाहें, हमें अपने उस आदिकारण में लौट ही जाना पड़ेगा; जिसे ईश्वर या निरपेक्ष सत्ता कहते हैं। हम ईश्वर से आए हैं, और पुनः ईश्वर में ही लौट जाएँगे। इस ईश्वर को फिर किसी भी नाम से क्यों न पुकारो—गॉड (God) कहो, निरपेक्ष सत्ता कहो, अथवा प्रकृति कहो—सब एक ही बात है। 'यतो वा इमानि भूतानि जायन्ते। येन जातानि जीवन्ति। यत् प्रयन्त्यभिसंविशन्ति।' अर्थात् 'जिनसे सब प्राणी पैदा हुए हैं, जिनमें उत्पन्न हुए समस्त प्राणी स्थित हैं और जिनमें सब फिर से लौट जाएँगे।' यह एक निश्चित तथ्य है। प्रकृति सर्वत्र एक ही नियम से कार्य करती है। एक लोक में जो नियम कार्य करता है, दूसरे लाखों लोकों में भी वह नियम कार्य करेगा। ग्रहों में जो व्यापार देखने में आता है, इस पृथ्वी, मनुष्य और सभी में भी वही व्यापार चल रहा है। एक बड़ी लहर लाखों छोटी-छोटी लहरों से बनी होती है। उसी प्रकार सारे जगत् का जीवन लाखों छोटे-छोटे जीवनों की एक समष्टि मात्र है, और इन सब लाखों छोटे-छोटे जीवों की मृत्यु ही समस्त जगत् की मृत्यु है।

अब प्रश्न उठता है कि भगवान् में वापस जाना उच्चतर अवस्था है या निम्नतर? योगमतावलंबी दार्शनिक गण इस बात के उत्तर में दृढ़तापूर्वक कहते हैं, "हाँ, वह उच्चतर अवस्था है।" वे कहते हैं कि मनुष्य की वर्तमान अवस्था एक अवनत अवस्था है। इस धरती पर ऐसा कोई धर्म नहीं, जो कहता हो कि मनुष्य पहले की अपेक्षा आज अधिक उन्नत है। इसका भाव यह है कि मनुष्य प्रारंभ में शुद्ध और पूर्ण रहता है, फिर उसकी अवनति होने लगती है और एक अवस्था ऐसी आ जाती है, जिसके नीचे वह और भ्रष्ट नहीं हो सकता। तब वह पुनः अपना वृत्त पूरा करने के लिए ऊपर उठने लगता है। उसे वृत्त की पूर्ति करनी ही पड़ती है। वह कितने भी नीचे क्यों न चला जाए, अंत में उसे वृत्त का ऊपरी मोड़ लेना ही पड़ता है—अपने

आदिकारण भगवान् में वापस जाना ही पड़ता है। मनुष्य पहले भगवान् से आता है, मध्य में वह मनुष्य के रूप में रहता है और अंत में पुनः भगवान् के पास वापस चला जाता है। यह हुई द्वैतवाद की भाषा। अद्वैतवाद की भाषा में यह भाव व्यक्त करने पर कहना पड़ेगा कि मनुष्य भगवान् है, और घूमकर फिर उन्हीं में लौट जाता है। यदि हमारी वर्तमान अवस्था ही उच्चतर अवस्था हो, तो संसार में इतने दुःख-कष्ट, इतनी सब भयावह घटनाएँ क्यों भरी पड़ी हैं? यदि यही उच्चतर अवस्था हो, तो इसका अवसान क्यों होता है? जिसमें भ्रष्ट और पतन होता हो, वह कभी भी सबसे ऊँची अवस्था नहीं हो सकती। यह जगत् इतने पैशाचिक भावों से क्यों भरा हो—वह इतना अतृप्तिकर क्यों हो? इसके पक्ष में बहुत हुआ, तो इतना ही कहा जा सकता है कि इसमें से होकर हम एक उच्चतर रास्ते में जा रहे हैं; पुनः उन्नत अवस्था प्राप्त करने के लिए हमें इसमें से होकर गुजरना पड़ रहा है। जमीन में बीज बो दो, वह सड़कर—विश्लिष्ट होकर कुछ समय बाद—मिट्टी के साथ बिलकुल मिल जाएगा, फिर उसी विश्लिष्ट अवस्था से एक महाकाय वृक्ष उत्पन्न होगा। इस महाकाय वृक्ष के उत्पन्न होने के लिए प्रत्येक बीज को सड़ना पड़ेगा। उसी प्रकार ब्रह्मभावापन्न होने के लिए, ब्रह्मस्वरूप हो जाने के लिए प्रत्येक जीवात्मा को इस अवनति की अवस्था में से होकर जाना पड़ेगा। अतएव यह स्पष्ट है कि हम जितनी जल्दी इस 'मानव' संज्ञक अवस्थाविशेष का अतिक्रमण कर उसके ऊपर चले जाएँ, उतना ही हमारा कल्याण है। तो क्या आत्महत्या करके हमें इस अवस्था के बाहर होना होगा? नहीं, कभी नहीं। वरन् उससे तो उलटा ही फल होगा। शरीर को व्यर्थ में कष्ट देना अथवा संसार को वृथा कोसना इस संसार से तरने का उपाय नहीं है। उसके लिए तो हमें इस नैराश्य के पंकिल सरोवर में से होकर जाना पड़ेगा; और जितनी जल्दी हम उसे पार कर जाएँ, उतना ही मंगल है। पर यह सदैव स्मरण रखना चाहिए कि मनुष्य-अवस्था ही सबसे ऊँची अवस्था नहीं है।

यहाँ इस बात को समझना सचमुच कठिन है कि जिस निर्विशेष अवस्था को सबसे ऊँची अवस्था कहा जाता है, वह जैसा कि बहुत से लोग शंका करते हैं, पत्थर या अर्धजंतु-अर्धवृक्ष जैसे किसी जीवविशेष की अवस्था नहीं है। जो लोग ऐसा सोचते हैं, उनके मत से संसार भर के सारे अस्तित्व केवल दो भागों में विभक्त हैं—एक तो वह, जो पत्थर आदि के समान जड़ की अवस्था है, और दूसरा वह, जो विचार की अवस्था है। किंतु हम उनसे पूछते हैं कि सारे अस्तित्व को इन दो ही भागों में सीमित कर देने का उन्हें क्या अधिकार है? क्या विचार से अनंत गुनी अधिक ऊँची और कोई अवस्था नहीं है? आलोक का कंपन अत्यंत मृदु होने पर वह

हमें दृष्टिगोचर नहीं होता। जब वह कंपन अपेक्षाकृत कुछ तीव्र होता है, तब वह हमारी दृष्टि का विषय हो जाता है—तब हमारी आँखों के सामने वह आलोक के रूप में दीख पड़ता है। पर जब वह और भी तीव्र हो जाता है, तब हम पुनः उसे नहीं देख पाते। वह हमें अंधकार के समान ही प्रतीत होता है। तो क्या यह बाद का अंधकार उस पहले अंधकार के समान है? नहीं, कभी नहीं, उन दोनों में तो दो ध्रुवों का—जमीन- आसमान का—अंतर है। क्या पत्थर की विचारशून्यता और भगवान् की विचारशून्यता दोनों एक हैं? बिलकुल नहीं। भगवान् सोचते नहीं—वे तर्क करते नहीं। वे भला करेंगे भी क्यों? उनके लिए क्या कुछ अज्ञात है, जो वे तर्क करेंगे? पत्थर तर्क करता नहीं, और ईश्वर तर्क करता नहीं—बस यही अंतर है। ये दार्शनिकगण सोचते हैं कि विचार के परे जाना अत्यंत भयानक बात है। वे विचार के परे कुछ भी नहीं पाते।

युक्ति-तर्क के परे अस्तित्व की अनेक उच्चतर अवस्थाएँ हैं। वास्तव में धर्मजीवन की पहली अवस्था तो बुद्धि की सीमा लाँघने पर शुरू होती है। जब तुम विचार, बुद्धि, युक्ति—इन सब के परे चले जाते हो, तभी तुमने भगवत्प्राप्ति के पथ में पहला कदम रखा है। वही जीवन का सच्चा प्रारंभ है। जिसे हम साधारणतः जीवन कहते हैं, वह तो असल जीवन की भ्रूण-अवस्था मात्र है।

अब प्रश्न हो सकता है कि विचार और युक्ति-तर्क के अतीत की अवस्था ही सबसे ऊँची अवस्था है, इसका क्या प्रमाण? पहले तो संसार के श्रेष्ठ महापुरुषगण—कोरी लंबी-चौड़ी हाँकनेवालों की अपेक्षा कहीं श्रेष्ठ महापुरुषगण, जिन्होंने अपनी शक्ति के बल से संपूर्ण जगत् को हिला दिया था, जिनके हृदय में स्वार्थ का लेशमात्र न था, जगत् के सामने घोषणा कर गए हैं कि हमारा यह जीवन उस सर्वातीत अनंतस्वरूप में पहुँचने के लिए रास्ते में केवल एक क्षुद्र अवस्था है। दूसरे, उन्होंने केवल मुख से ऐसा कहा हो, सो नहीं, वरन् उन्होंने सभी को वहाँ जाने का रास्ता बतला दिया है, अपनी साधन-प्रणाली सभी को समझा दी है, जिससे सब लोग उनका पदानुसरण कर आगे बढ़ सकें। तीसरे, पहले जो व्याख्या दी गई है, उसको छोड़ जीवन-समस्या की ओर किसी प्रकार से संतोषजनक व्याख्या नहीं दी जा सकती। यदि मान लिया जाए कि इसकी अपेक्षा उच्चतर अवस्था और कोई नहीं है, तो भला हम लोग चिरकाल इस वृत्त के माध्यम से क्यों जा रहे हैं? किस युक्ति के आधार पर इस दृश्यमान जगत् की व्याख्या की जाए? यदि हममें इससे अधिक दूर जाने की शक्ति न रहे, यदि हमारे लिए इसकी अपेक्षा कुछ अधिक चाहने को न रहे, तब तो यह पंचेंद्रियग्राह्य जगत् ही हमारे ज्ञान की चरम सीमा रह जाएगा। इसी को

अज्ञेयवाद कहते हैं। किंतु प्रश्न यह है कि इन इंद्रियों की गवाही में विश्वास करने के लिए भला हमारे पास कौन सी युक्ति है? मैं तो उन्हीं को यथार्थ अज्ञेयवादी कहूँगा, जो रास्ते में चुप खड़े रहकर मर सकते हैं। यदि युक्ति ही हमारा सर्वस्व हो, तो वह तो हमें इस शून्यवाद को लेकर संसार में स्थिर होकर कहीं रहने न देगी। यदि कोई धन और नाम-यश की स्पृहा को छोड़ शेष सभी विषयों के संबंध में अज्ञेयवादी हो, तो वह केवल पाखंडी है। कांट (Kant) ने निःसंदिग्ध रूप से प्रमाणित किया है कि हम युक्ति-तर्करूपी दुर्भेद्य दीवार का अतिक्रमण कर उसके उस पार नहीं जा सकते। किंतु भारत में तो समस्त विचारधाराओं की पहली बात है—युक्ति के उस पार चले जाना। योगीगण अत्यंत साहस के साथ इस राज्य की खोज में प्रवृत्त होते हैं, और अंत में ऐसी एक अवस्था को प्राप्त करने में सफल होते हैं, जो समस्त युक्ति-तर्क के परे है और जिसमें ही केवल हमारी वर्तमान परिदृश्यमान अवस्था का स्पष्टीकरण मिलता है। यही लाभ है उसके अध्ययन से, जो हमें जगत् के अतीत तक ले जाता है। 'त्वं हि नः पिता, योऽस्माकमविद्यायाः परं पारं तारयसि।' अर्थात् 'तुम हमारे पिता हो, तुम हमें अज्ञान के उस पार ले जाओगे।' यही धर्मविज्ञान है, और कुछ भी नहीं।

❑

प्रथम अध्ययाय

समाधिपाद

अथ योगानुशासनम्॥ 1॥

सूत्रार्थ—अथ योग की व्याख्या करते हैं।

योगश्चित्तवृत्तिनिरोध:॥ 2॥

सूत्रार्थ—चित्त को विभिन्न वृत्तियों अर्थात् आकारों में परिणत होने से रोकना ही योग है।

व्याख्या—यहाँ बहुत सी बातें समझाने की आवश्यकता है। पहले हमें यह समझ लेना होगा कि यह चित्त और ये वृत्तियाँ क्या हैं? मेरी ये आँखें हैं। आँखें वास्तव में नहीं देखतीं। यदि मस्तिष्क में स्थित दर्शनेंद्रिय या दर्शनशक्ति को नष्ट कर दो, तो भले ही तुम्हारी आँखें रहें, आँखों की पुतलियाँ भी साबूत रहें और आँख के ऊपर जिस छवि के पड़ने से दर्शन होता है, वह भी रहे, फिर भी आँखें देख न सकेंगी। अत: आँख दर्शन का गौण यंत्र मात्र हुई। वह वास्तव में दर्शनेंद्रिय नहीं है। दर्शनेंद्रिय तो मस्तिष्क के अंतर्गत स्नायुकेंद्र में अवस्थित है। अतएव हमने देखा कि दर्शनक्रिया के लिए केवल दो आँखें ही पर्याप्त नहीं हैं। कभी-कभी मनुष्य आँखें खुली रखकर सो जाता है। वस्तु का चित्र आँखों पर बना हुआ है, दर्शनेंद्रिय भी है, पर और एक तीसरी वस्तु की आवश्यकता है और वह है मन। मन को इंद्रिय के साथ संयुक्त रहना चाहिए। अत: दर्शनक्रिया के लिए चक्षुरूप बहिर्यंत्र, मस्तिष्क में स्थित स्नायुकेंद्र और मन—ये तीन चीजें चाहिए। कभी-कभी ऐसा होता है कि रास्ते से गाड़ियाँ दौड़ती हुई निकल जाती हैं, पर तुम उन्हें सुन नहीं पाते। क्यों? इसलिए कि तुम्हारा मन श्रवणेंद्रिय के साथ संयुक्त नहीं रहता। अतएव प्रत्येक अनुभव-क्रिया के लिए पहले तो बाहर का यंत्र, उसके बाद इंद्रिय और तृतीयत:, इन दोनों के साथ मन

का योग चाहिए। मन विषय के अभिघात से उत्पन्न हुई संवेदना को और भी अंदर ले जाकर निश्चयात्मिका बुद्धि के सामने पेश करता है। तब बुद्धि से प्रतिक्रिया होती है। इस प्रतिक्रिया के साथ अहंभाव जाग उठता है। फिर क्रिया और प्रतिक्रिया का यह मिश्रण पुरुष अर्थात् यथार्थ आत्मा के सामने लाया जाता है। तब वह पुरुष इस मिश्रण को एक (ससीम) वस्तु के रूप में अनुभव करता है। पाँचों इंद्रिय, मन, निश्चयात्मिका बुद्धि और अहंकार को मिलाकर 'अंतःकरण' कहते हैं। ये सब मन के उपादानस्वरूप चित्त के भीतर होनेवाली भिन्न-भिन्न प्रक्रियाएँ हैं। चित्त में उठनेवाली विचारतरंगों को वृत्ति (भँवर) कहते हैं।

अब प्रश्न है कि यह विचार है क्या चीज? गुरुत्वाकर्षण या विकर्षण-शक्ति के समान विचार भी एक शक्ति है। प्रकृति के अक्षय शक्ति-भंडार से चित्त नामक करण कुछ शक्ति को ग्रहण कर लेता है, अपने में आत्मसात् कर लेता है और उसे विचार के रूप में बाहर भेजता है। यह शक्ति हमें खाद्यान्न के जरिए प्राप्त होती है और इस खाद्यान्न से शरीर गति आदि की शक्ति प्राप्त करता है। दूसरी अर्थात् सूक्ष्मतर शक्तियों को वह विचार के रूप में बाहर भेजता है। अतएव मन चेतन नहीं है; फिर भी वह चेतन सा प्रतीत होता है। क्यों? इसलिए कि चेतन आत्मा उसके पीछे है। तुम ही एकमात्र चेतन पुरुष हो, मन तो केवल एक करण अर्थात यंत्र मात्र है, जिसके द्वारा तुम बाह्य जगत् की उपलब्धि करते हो। इस पुस्तक की ही बात लो; बाहर इसका पुस्तकरूपी अस्तित्व नहीं है। बाहर वस्तुतः जो है, वह तो अज्ञात और अज्ञेय है। वह केवल संकेत देनेवाला कारण मात्र है। जैसे पानी में एक पत्थर फेंकने पर पानी प्रवाहाकार में बँटकर उस पत्थर पर प्रतिघात करता है, ठीक वैसे ही वह अज्ञात वस्तु जाकर मन में आघात प्रदान करती है, और मन से पुस्तक के रूप में एक प्रतिक्रिया होती है। यथार्थ बहिर्जगत् तो संकेत देनेवाला कारण मात्र है, जिससे मानसिक प्रतिक्रिया होती है। एक पुस्तक का रूप, हाथी का रूप या मनुष्य का रूप बाहर कोई अस्तित्व नहीं रखता; हम जो कुछ जानते हैं, वह बाहर के संकेत से होनेवाली हमारी मानसिक प्रतिक्रिया मात्र है।

जॉन स्टुअर्ट मिल ने कहा है, "संवेदना की नित्य संभाव्यता का नाम जड़ पदार्थ है।" बाहर जो है, वह है केवल इस प्रतिक्रिया को उत्पन्न करनेवाला संकेत मात्र। उदाहरणार्थ, मोती की एक सीप को लो। तुम लोग जानते हो, मोती किस तरह पैदा होता है। कोई पराश्रयी कीटाणु सीप में घुस जाता है और उसमें क्षोभ उत्पन्न करने लगता है। इससे वह सीप उस कीटाणु के चारों ओर 'एनामेल' के समान एक प्रकार का लेप-सा डालने लगती है। बस उसी से मोती तैयार होता है। यह सारा

अनुभवात्मक जगत् मानो हमारे अपने उस लेप के समान है, और यथार्थ जगत् मानो केंद्र के रूप में कीटाणु है। सामान्य मनुष्य उसे कभी समझ न सकेगा, क्योंकि जब कभी वह उसे समझने की कोशिश करता है, त्योंही वह बाहर मानो अपना लेप डालने लगता है, और बस अपने उस लेप को ही देखता है। अब हम समझे कि वृत्ति का सच्चा अर्थ क्या है। मनुष्य का जो असल स्वरूप है, वह मन के अतीत है। मन तो उसके हाथों एक यंत्रस्वरूप है। उसी का चैतन्य इस मन के माध्यम से अनुस्रवित हो रहा है। जब तुम इस मन के पीछे द्रष्टा रूप में स्थित हो जाते हो, तभी वह चैतन्यमय होता है। जब मनुष्य इस मन को बिलकुल त्याग देता है, तो उस मन का संपूर्ण नाश हो जाता है, उसका अस्तित्व ही नहीं रह जाता। अब समझ में आया कि चित्त का क्या तात्पर्य है। वह मन का उपादानस्वरूप है, और वृत्तियाँ उस पर उठनेवाली लहरें और तरंगें हैं। ज्यों ही बाहर के कुछ कारण उस पर कार्य करने लगते हैं, त्यों ही वह तरंगरूप धारण कर लेता है। हम जिसे जगत् कहते हैं, वह तो इन वृत्तियों की समष्टि मात्र है।

हम लोग सरोवर की तली को नहीं देख सकते, क्योंकि उसकी तह छोटी-छोटी लहरों से व्याप्त रहती है। उस तली की झलक मिलना तभी संभव है, जब ये सारी लहरें शांत हो जाएँ और पानी स्थिर हो जाए। यदि पानी गँदला हो, या सारे समय उसमें हलचल होती रहे, तो वह तली कभी दिखाई न देगी। पर यदि पानी निर्मल हो और उसमें एक भी लहर न रहे, तब हम उस तली को अवश्य देख सकेंगे। यह चित्त मानो उस सरोवर के समान है और हमारा असल स्वरूप मानो उसकी तली है; प्रवृत्तियाँ उस पर उठनेवाली लहरें हैं। फिर वह भी देखा जाता है कि यह मन तीन प्रकार की अवस्थाओं में रहता है। एक है तम की, अर्थात् अंधकारमय अवस्था, जैसा कि हम पशुओं और अत्यंत मूर्खों में पाते हैं। ऐसे मन की प्रवृत्ति केवल औरों को क्षति पहुँचाने में ही होती है; मन की इस अवस्था में और दूसरा कोई विचार ही नहीं सूझता। दूसरा है—रज अर्थात् मन की क्रियाशील अवस्था, जिसमें केवल प्रभुत्व और भोग की इच्छा रहती है। उस समय यही भाव रहता है कि मैं शक्तिमान होऊँगा और दूसरों पर प्रभुत्व स्थापित करूँगा। तीसरा है—सत्त्व अर्थात् मन की गंभीर और शांत अवस्था, जिसमें समस्त तरंगें शांत हो जाती हैं और मानस-सरोवर का जल निर्मल हो जाता है। यह कोई जड़ावस्था नहीं है, प्रत्युत यह तो तीव्र क्रियाशील अवस्था है। शांत होना शक्ति की महत्तम अभिव्यक्ति है। क्रियाशील होना तो सहज है। बस लगाम ढीली कर दो, तो घोड़े स्वयं तुम्हें भगा ले जाएँगे। यह तो कोई भी कर सकता है; पर शक्तिमान पुरुष तो वह है, जो इन तेज घोड़ों को थाम

सके। किसमें अधिक शक्ति लगती है—लगाम ढीली कर देने में अथवा उसे थामे रखने में? शांत मनुष्य और मंद बुद्धिवाले मनुष्य एक समान नहीं हैं। सत्य को कहीं मंद बुद्धि या आलस्य न समझ बैठना। शांत मनुष्य वह है, जो मन की इन लहरों को अपने वश में लाने में समर्थ हुआ है। क्रियाशीलता निम्नतर शक्ति की अभिव्यक्ति है और शांत भाव उच्चतर शक्ति की।

यह चित्त अपनी स्वाभाविक पवित्र अवस्था को फिर से प्राप्त करने के लिए सतत चेष्टा कर रहा है, किंतु इंद्रियाँ उसे बाहर खींचे रखती हैं। उसका दमन करना, उसकी इस बाहर जाने की प्रवृत्ति को रोकना और उसे लौटाकर उस चैतन्यघन पुरुष के पास ले जानेवाले रास्ते पर लाना—यही योग का पहला सोपान है; क्योंकि केवल इसी उपाय से चित्त अपने यथार्थ रास्ते पर आ सकता है।

यद्यपि उच्चतम से लेकर निम्नतम तक सभी प्राणियों में यह चित्त विद्यमान है, तथापि केवल मनुष्य-शरीर में ही हम उसे बुद्धिरूप में विकसित देख पाते हैं। जब तक यह चित्त बुद्धि का रूप धारण नहीं कर लेता, तब तक उसके लिए इन सब विभिन्न सोपानों में से होते हुए लौटकर आत्मा को मुक्त करना संभव नहीं। यद्यपि गाय या कुत्ते के भी मन है, पर उनके लिए पद्मोमुक्ति असंभव है; क्योंकि उनका चित्त अभी बुद्धि का रूप धारण नहीं कर सकता।

यह चित्त अवस्थाभेद से बहुत से रूप धारण करता है, जैसे—क्षिप्त, मूढ़, विक्षिप्त, एकाग्र और निरुद्ध। क्षिप्त में मन चारों ओर बिखर जाता है और कर्मवासना प्रबल रहती है। इस अवस्था में मन की प्रवृत्ति केवल सुख और दुःख, इन दो भावों में ही प्रकाशित होने की होती है। मूढ़ अवस्था तमोगुणात्मक है और इसमें मन की प्रवृत्ति केवल औरों का अनिष्ट करने में होती है। विक्षिप्त (क्षिप्त से विशिष्ट) अवस्था वह है, जब मन अपने केंद्र की ओर जाने का प्रयत्न करता है। यहाँ पर टीकाकार कहते हैं कि विक्षिप्त अवस्था देवताओं के लिए स्वाभाविक है और क्षिप्त तथा मूढ़ावस्था असुरों के लिए। एकाग्र अवस्था तभी होती है, जब मन निरुद्ध होने के लिए प्रयत्न करता है और निरुद्ध अवस्था ही हमें समाधि में ले जाती है।

तदा द्रष्टुः स्वरूपेऽवस्थानम्॥ 3॥

सूत्रार्थ—उस समय (अर्थात् इस निरोध की अवस्था में) द्रष्टा (पुरुष) अपने (अपरिवर्तनशील) स्वरूप में अवस्थित रहता है।

व्याख्या—लहरें ज्योंही शांत हो जाती हैं और पानी स्थिर हो जाता है, त्योंही हम सरोवर की तली को देख पाते हैं। मन के बारे में भी ठीक ऐसा ही समझो। जब

यह शांत हो जाता है, तब हम देख पाते हैं कि अपना असल स्वरूप क्या है, फिर हम उन तरंगों के साथ अपने आपको एकरूप नहीं कर लेते, वरन् अपने स्वरूप में अवस्थित रहते हैं।

वृत्तिसारूप्यमितरत्र ॥ 4 ॥

सूत्रार्थ—(इस निरोध की अवस्था को छोड़कर) दूसरे समय में द्रष्टा वृत्ति के साथ एकरूप होकर रहता है।

व्याख्या—उदाहरणार्थ, मान लो, किसी ने मेरी निंदा की। बस वह मेरे मन में एक वृत्ति उठा देता है और मैं उसके साथ अपने आपको एकरूप कर देता हूँ। इसका परिणाम होता है—दुःख।

वृत्तयः पञ्चतय्यः क्लिष्टाक्लिष्टाः ॥ 5 ॥

सूत्रार्थ—वृत्तियों पाँच प्रकार की हैं—(कुछ) क्लेशयुक्त और (कुछ) क्लेशशून्य।

प्रमाणविपर्ययविकल्पनिद्रास्मृतयः ॥ 6 ॥

सूत्रार्थ—(वे हैं) प्रमाण, विपर्यय, विकल्प, निद्रा और स्मृति—अर्थात् सत्यज्ञान, भ्रमज्ञान, शब्दभ्रम, निद्रा और स्मृति।

प्रत्यक्षानुमानागमाः प्रमाणानि ॥ 7 ॥

सूत्रार्थ—प्रत्यक्ष अर्थात् साक्षात् अनुभव, अनुमान और आगम अर्थात् विश्वस्त लोगों के वाक्य (ये तीन) प्रमाण हैं।

व्याख्या—जब हमारी दो अनुभूतियाँ आपस में विरोधी नहीं होतीं, तब उसे हम प्रमाण कहते हैं। मान लो, मैंने कुछ सुना, यदि वह पहले अनुभव की हुई किसी बात का खंडन करे, तो मेरे भीतर उसके विरुद्ध तर्क-वितर्क होने लगते हैं और मैं उस पर विश्वास नहीं करता। प्रमाण के फिर तीन प्रकार हैं। साक्षात् अनुभव या प्रत्यक्ष—यह एक प्रकार का प्रमाण है। यदि हम किसी प्रकार आँख और कान के भ्रम में न पड़े हों, तो हम जो कुछ देखते या अनुभव करते हैं, उसे प्रत्यक्ष कहा जाएगा। मैं इस दुनिया को देखता हूँ बस, यह उसके अस्तित्व का पर्याप्त प्रमाण है। दूसरा है अनुमान—लक्षण से लक्ष्य वस्तु पर आना। तुमने कोई संकेत देखा और उससे तुम उस लक्ष्य वस्तु पर आ गए, जिसका कि वह संकेत है। तीसरा है

आप्तवाक्य—योगियों अर्थात् सत्यद्रष्टा ऋषियों की प्रत्यक्ष अनुभूति। हम सभी ज्ञान की प्राप्ति के लिए सतत संघर्ष कर रहे हैं; पर तुम्हें और मुझे उसके लिए कठोर संघर्ष करना पड़ता है; दीर्घकाल तक विचाररूप क्लांतिकर रास्ते से होकर अग्रसर होना पड़ता है; किंतु विशुद्ध-सत्त्व योगी इन सब के पार चले गए हैं। उनके मनश्चक्षु के सामने भूत, भविष्य और वर्तमान सब एक हो गए हैं, उनके लिए वे सब मानो एक पाठ्यपुस्तक के समान हैं। हम लोगों को ज्ञानलाभ के लिए जिस क्लांतिकर प्रणाली में से होकर जाना पड़ता है, उनके लिए उसकी फिर और आवश्यकता नहीं रह जाती। उनका वाक्य ही प्रमाण है, क्योंकि वे अपने भीतर ही सारे ज्ञान की उपलब्धि करते हैं। ऐसे व्यक्ति ही पवित्र शास्त्रग्रंथों के प्रणेता हैं, और इसीलिए शास्त्र प्रमाण हैं। यदि वर्तमान समय में ऐसे मनुष्य कोई हों, तो उनकी बात भी अवश्य प्रमाण होगी।

दूसरे, दार्शनिकों ने इस आप्त के बारे में बहुत से तर्क-वितर्क किए हैं। उनका प्रश्न है कि आप्तवाक्य को सत्य क्यों माना जाए? इसका उत्तर यह है कि वह उनकी प्रत्यक्ष अनुभूति है। यदि वह पहले किए हुए अनुभव की विरोधी न हो, तो मैं जो कुछ देखता हूँ, वह प्रमाण है और तुम भी जो कुछ देखते हो, वह प्रमाण है। ठीक इसी तरह इंद्रियों के भी अतीत एक ज्ञान है; और जब कभी यह ज्ञान युक्ति और मनुष्य की पूर्व-अनुभूति का खंडन नहीं करता, तब वह भी प्रमाण है। यदि कोई पागल इस कमरे में घुस आए और कहने लगे, 'मैं चारों ओर देवदूत देख रहा हूँ', तो वह प्रमाण न कहा जाएगा। पहले तो वह ज्ञान सत्य होना चाहिए। दूसरे, वह पहले के किसी ज्ञान का खंडन न करे। और तीसरे, वह उस मनुष्य के चरित्र पर आधारित हो। मैंने बहुतों को यह कहते सुना है कि मनुष्य का चरित्र उतने महत्त्व का नहीं है, जितना कि उसके शब्द; वह क्या कहता है, बस उसी को पहले सुनो। अन्य विषयों के संबंध में यह बात भले ही सत्य हो, पर धर्म के संबंध में तो यह संभव नहीं। एक व्यक्ति दुष्ट स्वभाववाला होता हुआ भी ज्योतिष के बारे में कुछ आविष्कार कर सकता है, पर धर्म के बारे में बात अलग है; क्योंकि कोई भी अपवित्र मनुष्य धर्म के यथार्थ सत्य को किसी काल में प्राप्त नहीं कर सकता।

अतएव, सबसे पहले हमें देखना होगा कि जो व्यक्ति अपने आपको आप्त कहकर ढिंढोरा पीटता है, वह पूर्णतया निस्स्वार्थ और पवित्र है अथवा नहीं। दूसरे, उसने अतींद्रिय ज्ञान की प्राप्ति की है या नहीं। तीसरे, वह जो कुछ कहता है, वह मनुष्यजाति के किसी पूर्वज्ञान या पूर्व-अनुभव का खंडन तो नहीं करता। आविष्कृत कोई भी नया सत्य पूर्वकालीन किसी सत्य का खंडन नहीं करता, वरन् वह तो

पूर्वसत्य के साथ पूरी तरह मेल खाता है। और चौथे, दूसरों के लिए उस सत्य की प्राप्ति करना संभव होना चाहिए। यदि कोई मनुष्य कहे कि मुझे एक दर्शन हुआ है और साथ ही यह भी बोले कि उसे मैं ही देख सकता हूँ वह और किसी के वश की वह बात नहीं, तो मैं उसकी बात पर विश्वास नहीं करता। प्रत्येक मनुष्य स्वयं प्रत्यक्ष उपलब्धि करके यह देख सके कि वह सत्य है या नहीं। फिर जो व्यक्ति अपना ज्ञान बेचता फिरता है, वह आप्त नहीं है। ये सब शर्तें अवश्य पूरी होनी चाहिए। तुम्हें पहले देखना होगा कि वह व्यक्ति पवित्र और निस्स्वार्थ है, उसमें धन-संपत्ति या नाम-यश की तृष्णा नहीं है। दूसरे, उसके जीवन से यह प्रकट होना चाहिए कि वह अतिचेतन भूमि पर पहुँच गया है। तीसरे, उसे हम लोगों को ऐसा कुछ देना चाहिए, जो हम इंद्रियों से न पा सकते हों और जो संसार के कल्याण के लिए हो। साथ ही वह किसी दूसरे सत्य का खंडन न करे; यदि वह दूसरे वैज्ञानिक सत्यों का खंडन करता हो, तो उसे तुरंत त्याग दो। उतर चौथे, वह व्यक्ति किसी सत्य की ठेकेदारी न करे, अर्थात् वह ऐसा न कहे कि इस सत्य में मेरा ही अधिकार है, किसी दूसरे का नहीं। वह अपने जीवन में उसी को कार्यरूप में परिणत करके दिखाए, जो दूसरों के लिए भी प्राप्त करना संभव हो। अतएव, प्रमाण तीन प्रकार के हुए, प्रत्यक्ष अर्थात् इंद्रियों द्वारा विषयों की अनुभूति, अनुमान और आप्त वाक्य। मैं इस 'आप्त' शब्द का अंग्रेजी में अनुवाद नहीं कर सकता। इसे प्रेरणाप्राप्त (inspired) शब्द द्वारा व्यक्त नहीं किया जा सकता, क्योंकि यह प्रेरणा बाहर से आती है, और यहाँ जिस ज्ञान की बात हो रही है, वह भीतर से आता है। इसका शाब्दिक अर्थ है—"जिन्होंने पाया है।"

विपर्ययो मिथ्याज्ञानमतद्रूपप्रतिष्ठम्॥ 8॥

सूत्रार्थ—विपर्यय का अर्थ है मिथ्याज्ञान, जो उस वस्तु के यथार्थ स्वरूप में प्रतिष्ठित नहीं है।

व्याख्या—दूसरे प्रकार की वृत्ति है—एक वस्तु में किसी दूसरी वस्तु को भ्रांति, जैसे शुक्ति में रजत का धूम, इसे विपर्यय कहते हैं।

शब्दज्ञानानुपाती वस्तुशून्यो विकल्पः॥ 9॥

स्वार्थ—यदि किसी शब्द से सूचित वस्तु का अस्तित्व न रहे, तो उस शब्द से जो एक प्रकार का ज्ञान उठता है, उसे विकल्प अर्थात् शब्दजातभ्रम कहते हैं।

व्याख्या—विकल्प नामक और एक प्रकार की वृत्ति है। कोई बात हम सुनते

हैं, और उसके अर्थ पर शांत भाव से विचार न कर झट से एक सिद्धांत गढ़ लेते हैं। यह चित्त की कमजोरी का लक्षण है। अब संयमवाद अच्छी तरह समझ में आ सकेगा। मनुष्य जितना कमजोर होता है, उसकी संयम की शक्ति उतनी ही कम रहती है। तुम अपने आपको सदा इस संयम की कसौटी पर कसो। जब तुम में क्रोध या दु:खित होने का भाव आए, तो उस समय विचार करके देखना कि यह कैसे हो रहा है; यह कैसे है कि कोई खबर तुम्हारे पास आते ही तुम्हारे मन को वृत्तियों में परिणत किए दे रही है।

अभावप्रत्ययालम्बना वृत्तिर्निद्रा॥ 10॥

सूत्रार्थ—जो वृत्ति शून्यभाब का अवलंबन करके रहती है, उसे निद्रा कहते हैं।

व्याख्या—और एक प्रकार की वृत्ति का नाम है निद्रा (स्वप्न और सुषुप्ति)। हम जब जाग उठते हैं, तब हम जान पाते हैं कि हम सो रहे थे। केवल अनुभूत विषय की ही स्मृति हो सकती है। हम जिसका अनुभव नहीं करते, उस विषय की हमें कोई स्मृति नहीं आ सकती। हर एक प्रतिक्रिया मानो चित्तरूपी सरोवर की एक तरंग है। अब यह निद्रा में मन की किसी प्रकार की वृत्ति न रहती, तो उस अवस्था में हमें भावात्मक या अभावात्मक कोई भी अनुभूति न होती। अत: हम उसका स्मरण भी नहीं कर पाते। हम जो निद्रावस्था का स्मरण कर सकते हैं, उसी से यह प्रमाणित हो जाता है कि निद्रावस्था में मन मैं एक प्रकार की तरंग थी। स्मृति भी एक प्रकार की वृत्ति है।

अनुभूतविषयासम्प्रमोष स्मृति:॥ 11॥

सूत्रार्थ—अनुभव किए हुए विषयों का मन से लोप न होना (और संस्कारवश उनका ज्ञान के स्तर पर आ उठना) स्मृति कहलाता है।

व्याख्या—ऊपर जिन चार प्रकार की वृत्तियों के बारे में कहा गया है, उनमें से प्रत्येक से स्मृति आ सकती है। मान लो, तुमने एक शब्द सुना। यह शब्द चित्तरूपी सरोवर में फेंके गए एक पत्थर के समान है; उससे एक छोटी सी लहर पैदा हो जाती है और यह लहर फिर बहुत सी छोटी-छोटी लहरों को उत्पन्न करती है। यही स्मृति है। निद्रा में भी यह घटना होती रहती है। जब निद्रा नामक लहरविशेष चित्त के अंदर स्मृतिरूप लहरें उत्पन्न कर देती हैं, तब उसे स्वप्न कहते हैं। जाग्रत् अवस्था में जिसे स्मृति कहते हैं, निद्राकाल में उसी प्रकार की वृत्ति को स्वप्न कहते हैं।

अभ्यासवैराग्याभ्यां तन्निरोधः॥ 12 ॥

सूत्रार्थ—अभ्यास और वैराग्य से उन (वृत्तियों) का निरोध होता है।

व्याख्या—इस वैराग्य को प्राप्त करने के लिए यह विशेष रूप से आवश्यक है कि मन निर्मल, सत् और विवेकशील हो। अभ्यास करने की क्या आवश्यकता है? प्रत्येक कार्य से मानो चित्तरूपी सरोवर के ऊपर एक तरंग खेल जाती है। यह कंपन कुछ समय बाद नष्ट हो जाता है। फिर क्या शेष रहता है? केवल संस्कारसमूह। मन में ऐसे बहुत से संस्कार पड़ने पर वे इकट्ठे होकर आदत के रूप में परिणत हो जाते हैं। ऐसा कहा जाता है, "आदत ही द्वितीय स्वभाव है।" केवल द्वितीय स्वभाव नहीं, वरन् वह 'प्रथम' स्वभाव ही है—मनुष्य का समस्त स्वभाव इस आदत पर निर्भर रहता है। हमारा अभी जो स्वभाव है, वह पूर्व-अभ्यास का फल है। यह जान सकने से कि सबकुछ अभ्यास का ही फल है, मन में शांति आती है; क्योंकि यदि हमारा वर्तमान स्वभाव केवल अभ्यासवश हुआ हो, हम चाहें—तो किसी भी समय उस अभ्यास को नष्ट भी कर सकते हैं। हमारे मन में जो विचारधाराएँ बह जाती हैं, उनमें से प्रत्येक अपना एक एक चिह्न या संस्कार छोड़ जाती है। हमारा चरित्र इन सब संस्कारों की समष्टिस्वरूप है। जब कोई विशेष वृत्तिप्रवाह प्रबल होता है, तब मनुष्य उसी प्रकार का हो जाता है। जब अच्छा भाव प्रबल होता है, तब मनुष्य अच्छा हो जाता है। यदि बुरा भाव प्रबल हो, तो मनुष्य बुरा हो जाता है। यदि आनंद का भाव प्रबल हो, तो मनुष्य सुखी होता है। बुरी आदतों का एकमात्र प्रतिकार है—उनकी विपरीत आदतें। हमारे चित्त में जितनी बुरी आदतें संस्कारबद्ध हो गई हैं, उन्हें अच्छी आदतों द्वारा नष्ट करना होगा। केवल सत्कार्य करते रहो, सर्वदा पवित्र चिंतन करो; असत् संस्कार रोकने का बस यही एक उपाय है। ऐसा कभी मत कहो कि अमुक के उद्धार की कोई आशा नहीं है। क्यों? इसलिए कि वह व्यक्ति केवल एक विशिष्ट प्रकार के चरित्र का, कुछ आदतों की समष्टि का द्योतक मात्र है, और ये आदतें नई और अच्छी आदतों से दूर की जा सकती हैं। चरित्र बस पुनः-पुनः अभ्यास की समष्टि मात्र है और इस प्रकार का पुनः-पुनः अभ्यास ही चरित्र का सुधार कर सकता है।

तत्र स्थितौ यत्नोऽऽभ्यासः॥ 13 ॥

सूत्रार्थ—उन (वृत्तियों) को पूर्णतया वश में रखने के लिए जो सतत प्रयत्न है, उसे अभ्यास कहते हैं।

व्याख्या—अभ्यास किसे कहते हैं? मन को दमन करने की चेष्टा अर्थात्

प्रवाहरूप में उसकी बाहर जाने की प्रवृत्ति को रोकने की चेष्टा ही अभ्यास है।

स तु दीर्घकालनैरन्तर्यसत्कारासेवितो दृढभूमिः॥ 14॥

सूत्रार्थ—दीर्घकाल तक परम श्रद्धा के साथ (उस परमपद की प्राप्ति के लिए) सतत चेष्टा करने से वह (अभ्यास) दृढ़भूमि (अर्थात् दृढ़ अवस्थावाला) हो जाता है।

व्याख्या—यह संयम एक दिन में नहीं आता, इसके लिए तो दीर्घकाल तक निरंतर अभ्यास करना पड़ता है।

दृष्टानुश्रविकविषयवतृष्णस्य वशीकारसंज्ञा वैराग्यम्॥ 15॥

सूत्रार्थ—देखे और सुने हुए विषयों के प्रति तृष्णा का सर्वथा त्याग कर देनेवाले में जो एक अपूर्व भाव आता है, जिससे वह समस्त विषय-वासनाओं का दमन करने में समर्थ होता है, उसे वैराग्य या अनासक्ति कहते हैं।

व्याख्या—दो प्रेरक शक्तियाँ हमारे सारे कार्यों की नियामक हैं। एक है हमारा अपना अनुभव और दूसरी है, दूसरों का अनुभव। ये दो शक्तियाँ हमारे मानस-सरोवर में नाना प्रकार की तरंगें पैदा करती रहती हैं। इन दोनों शक्तियों के विरुद्ध लड़ाई ठानने और मन को वश में रखने के लिए हमें वैराग्यरूपी शक्ति की सहायता लेनी पड़ती है। इन दोनों का त्याग ही हमारा अभीष्ट है। मान लो, मैं एक सड़क से जा रहा हूँ। एक मनुष्य आता है और मेरी घड़ी छीन लेता है। यह मेरा निजी अनुभव हुआ। यह मैं स्वयं देखता हूँ। वह तुरंत मेरे चित्त में एक तरंग उत्पन्न कर देता है, जो क्रोध का आकार ले लेती है। अब मुझे चाहिए कि मैं उस भाव को न आने दूँ। यदि मैं उसे न रोक सकूँ, तो फिर मुझमें है ही क्या? कुछ भी नहीं। यदि मैं रोक सका, तभी समझा जाएगा कि मुझमें वैराग्य है। फिर संसारी लोगों का अनुभव हमें सिखाता है कि विषय-भोग ही जीवन का चरम लक्ष्य हैं। ये सब हमारे लिए भयानक प्रलोभन हैं। उन सब के प्रति पूर्णतया उदासीन हो जाना और उन सबसे प्रभावित होकर मन को तरु वृत्ति के आकार में परिणत न होने देना ही वैराग्य है। स्वयं अपने अनुभव किए हुए और दूसरों के अनुभव किए हुए विषयों से हममें जो दो प्रकार की कार्यप्रवृत्तियाँ उत्पन्न होती हैं, उन्हें दबाना और इस प्रकार चित्त को उनके वश में नहीं आने देना ही वैराग्य कहलाता है। वे सब मेरे अधीन रहें, मैं उनके अधीन न होऊँ, इस प्रकार के मनोबल को वैराग्य कहते हैं, और यह वैराग्य ही मुक्ति का एकमात्र उपाय है।

तत्परं पुरुषख्यातेर्गुणवैतृष्ण्यम्॥ 16॥

सूत्रार्थ—जो (वैराग्य) पुरुष के (असल स्वरूप के) ज्ञान से आता है और जो गुणों का भी सर्वथा त्याग कर देता है, वह परवैराग्य है।

व्याख्या—वैराग्य को शक्ति का उच्चतम विकास तो तब होता है, जब वह गुणों के प्रति हमारी आसक्ति को भी दूर हटा देता है। पहले हमें समझ लेना होगा कि यह पुरुष या आत्मा क्या है, ये गुण क्या हैं। योगशास्त्र के मत से, यह सारी प्रकृति त्रिगुणात्मिका है। ये गुण हैं—तम, रज और सत्त्व। ये तीनों गुण बाह्य जगत् के क्रमशः तम (अंधकार) या जड़ता, आकर्षण या विकर्षण और उन दोनों का सामंजस्य, इन तीन प्रकारों में प्रकाशित होते हैं। प्रकृति की सारी वस्तुएँ, यह सारा-का-सारा प्रपंच ही इन तीनों शक्तियों के विभिन्न मेल से उत्पन्न हुआ है। सांख्य मतवालों ने प्रकृति को विविध तत्त्वों में विभक्त किया है; मनुष्य की आत्मा इन सबके परे, प्रकृति के भी परे हैं; पर स्वयंप्रकाश, शुद्ध और पूर्णस्वरूप है। प्रकृति में हम जो कुछ चैतन्य का प्रकाश देख पाते हैं, वह सभी प्रकृति में आत्मा का प्रतिबिंब मात्र है। प्रकृति स्वयं जड़ है। यह स्मरण रखना चाहिए कि मन भी प्रकृति शब्द के अंतर्भूत है, यह प्रकृति के भीतर की वस्तु है। हमारे जो कुछ विचार हैं, वे सबके सब प्रकृति के ही अंतर्गत हैं। विचार से लेकर सबसे स्थूलतम जड़ पदार्थ तक सभी प्रकृति के अंतर्गत हैं, प्रकृति की विभिन्न अभिव्यक्ति मात्र हैं। इस प्रकृति ने मनुष्य की आत्मा को आवृत्त कर रखा है, और जब वह अपने इस आवरण को हटा लेती है, तब आत्मा आवरण-मुक्त हो अपनी महिमा में प्रकाशित हो जाती है। पंद्रहवें सूत्र में जिस वैराग्य की बात बतलाई गई है, जिसके द्वारा समस्त विषयों को अर्थात् प्रकृति को वश में लाया जाता है, वह आत्मा के प्रकाशित होने में सबसे बड़ा सहायक है। अगले सूत्र में समाधि या पूर्ण एकाग्रता के लक्षण का वर्णन किया गया है। यह समाधि ही योगी का चरम लक्ष्य है।

वितर्कविचारानन्दास्मितानुगमात् सम्प्रज्ञातः॥ 17॥

सूत्रार्थ—वितर्क, विचार, आनंद और अस्मिता—इन चारों के संबंध से युक्त (जो समाधि है, वह) संप्रज्ञात या सम्यक् ज्ञानपूर्वक समाधि कहलाती है।

व्याख्या—समाधि दो प्रकार की है। एक है संप्रज्ञात और दूसरी असंप्रज्ञात। इस संप्रज्ञात समाधि में प्रकृति को वश में करने की समस्त शक्तियाँ आती हैं। संप्रज्ञात समाधि के चार प्रकार हैं। इसके प्रथम प्रकार को सवितर्क समाधि कहते हैं। सब समाधियों में ही मन को अन्य सब विषयों से हटाकर विशिष्ट विषय के ध्यान

में पुनः-पुनः नियुक्त करना पड़ता है। इस तरह के विचार या ध्यान के विषय दो प्रकार के हैं। एक तो चौबीस जड़ तत्त्व और दूसरा, चेतन पुरुष। योग का यह अंश संपूर्णतया सांख्यदर्शन पर आधारित है। इस सांख्यदर्शन के बारे में मैं तुमसे पहले ही कह चुका हूँ। तुम्हें शायद याद होगा कि मन, बुद्धि और अहंकार की एक साधारण आधारभूमि है, जिसे चित्त कहते हैं। चित्त से ही उनकी उत्पत्ति हुई है। यह चित्त प्रकृति की विभिन्न शक्तियों को लेकर उन्हें विचार के रूप में परिणत करता है। फिर यह भी अवश्य स्वीकार करना होगा कि शक्ति और जड़ पदार्थ दोनों का कारणस्वरूप एक और वस्तु है, जहाँ पर वे दोनों एक हैं। यह अव्यक्त कहलाता है—वह सृष्टि के पूर्व प्रकृति की अनभिव्यक्त अवस्था है। उसमें एक कल्प के बाद सारी प्रकृति लौट आती है, फिर दूसरे कल्प में उससे पुनः सब प्रादुर्भूत होते हैं। इन सब के अतीत चैतन्यघन पुरुष विद्यमान हैं। ज्ञान ही वास्तविक शक्ति है। किसी वस्तु का ज्ञान प्राप्त होने पर ही हम उस पर अपना अधिकार चलाने में समर्थ होते हैं। इसी प्रकार जब हमारा मन इन सब विभिन्न तत्त्वों पर ध्यान करने लगता है, तो उन पर अधिकार प्राप्त करता जाता है। जिस प्रकार की समाधि में बाह्य स्थूल भूत ही ध्यान के विषय होते हैं, उसे सवितर्क कहते हैं। वितर्क का अर्थ है प्रश्न, और सवितर्क का अर्थ है प्रश्न के साथ—मानो उन स्थूल घृतों से पूछना, जिससे वे अपने अंतर्गत सत्य और अपनी सारी शक्ति अपने ऊपर ध्यान करनेवाले पुरुष को दे दें, इसी को सवितर्क कहते हैं। किंतु सिद्धियाँ प्राप्त करने से ही मुक्ति नहीं मिल जाती। वे तो भोग के लिए साधन मात्र हैं। पर यहाँ, इस जीवन में यथार्थ भोगसुख है ही नहीं। संसार में यही सबसे पुराना उपदेश है कि यहाँ भोगसुख का अन्वेषण वृथा है; पर मनुष्य के लिए उसे समझना अत्यंत कठिन है। किंतु जब वह सचमुच यह पाठ सीख लेता है, तब इस जगत्-प्रपंच से अतीत होकर मुक्त हो जाता है। जिन्हें साधारणतः सिद्धियाँ कहते हैं, उनको प्राप्त करने का अर्थ है दुनियादारी तथा संसार के जंजाल को और भी बढ़ाना—अंत में दुःख को और भी तीव्र करना। यह सत्य है कि विज्ञान की दृष्टि को अपनाते हुए पतंजलि ने इस योगशास्त्र की संभावना को स्वीकार किया है, पर साथ ही वे इन सब सिद्धियों के प्रलोभन से हमें सावधान करते रहने में भी कभी नहीं चूके। फिर उसी ध्यान में जब उन भूतों को देश और काल से अलग करके उनके स्वरूप का चिंतन किया जाता है, तब उस समाधि को निर्वितर्क समाधि कहते हैं। जब और एक कदम आगे बढ़कर तन्मात्राओं को ध्यान का विषय बनाया जाता है और उन्हें देश-काल के अंतर्गत समझकर उन पर ध्यान किया जाता है, तब उसे सविचार समाधि कहते हैं। फिर जब इसी समाधि में देश-काल के अतीत जाकर उन

सूक्ष्म भूतों के स्वरूप का चिंतन किया जाता है, तब उसे निर्विचार समाधि कहते हैं। इसके बाद का कदम वह है, जिसमें सूक्ष्म और स्थूल, दोनों प्रकार के भूतों के स्वरूप का चिंतन छोड़कर अंतःकरण को ध्यान का विषय बनाया जाता है। जब अंतःकरण को रज और तम, इन दोनों गुणों से रहित सोचा जाता है, तब उसे आनंद समाधि कहते हैं। जब स्वयं मन ध्यान का विषय होता है, जब ध्यान बिलकुल परिपक्व और एकाग्र होता जाता है, जब स्थूल और सूक्ष्म भूतों की समस्त भावनाएँ त्याग दी जाती हैं, और जब अन्य सब विषयों से पृथक् होकर अहंकार की केवल सत्त्वावस्था ही शेष रहती है, तब उसे अस्मिता समाधि कहते हैं। जिस मनुष्य ने इस अवस्था की प्राप्ति कर ली है, उसे वेदों में 'विदेह' कहा गया है। ऐसा व्यक्ति स्वयं का स्थूल देह से रहित रूप में चिंतन कर सकता है, पर तो भी उसे स्वयं को एक सूक्ष्म शरीरधारी के रूप में सोचना ही पड़ता है। जो लोग इस अवस्था में रहते हुए, उस परमध्येय की प्राप्ति बिना किए, प्रकृति में लीन हो जाते हैं, उन्हें प्रकृतिलय कहते हैं; पर जो लोग वहाँ पर भी नहीं रुकते हैं, वे ही चरम लक्ष्य—मुक्ति—प्राप्त करते हैं।

विरामप्रत्ययाभ्यासपूर्वः संस्कारशेषोऽन्यः॥ 18॥

सूत्रार्थ—दूसरे प्रकार की समाधि में समस्त मानसिक क्रियाओं के विराम का सतत अभ्यास किया जाता है, (उसमें व्युत्थान-प्रत्ययहीन) संस्कार मात्र ही शेष रहता है।

व्याख्या—यही वह पूर्ण अतिचेतन असंप्रज्ञात समाधि है, जो हमें मुक्त कर देती है। पहले जिस समाधि की बात कही गई है, वह हमें मुक्ति नहीं दे सकती, आत्मा को मुक्त नहीं कर सकती। भले ही कोई मनुष्य समस्त शक्तियाँ प्राप्त कर ले, पर तो भी उसका पतन हो सकता है। जब तक आत्मा प्रकृति के परे नहीं चली जाती, तब तक पतन का भय बना ही रहता है। यद्यपि इसकी साधनप्रणाली बहुत सरल मालूम होती है, पर इसे प्राप्त करना अत्यंत कठिन है। यह साधनप्रणाली ऐसी है कि इसमें स्वयं मन पर ध्यान करना पड़ता है, और जब कभी कोई विचार उठता है तो तत्क्षण उसे दबा देना पड़ता है; मन के अंदर किसी प्रकार के विचार को स्थान न देकर उसे संपूर्णतया शून्य कर देना पड़ता है। जब हम सचमुच यह करने में समर्थ हो जाएँगे, तो बस उसी क्षण हम मुक्त हो जाएँगे। जो लोग पूर्वसाधना या पूर्व तैयारियाँ किए बिना ही मन को शून्य करने का प्रयत्न करते हैं, उनका मन अज्ञानात्मक तमोगुण से आवृत्त हो जाता है, और वह उनके मन को आलसी एवं अकर्मण्य कर देता है, यद्यपि वे सोचते हैं कि वे मन को शून्य कर रहे हैं। इसके साधन में सचमुच

समर्थ होना उच्चतम शक्ति की अभिव्यक्ति है—मन को शून्य करने में समर्थ होना, यानी संयम की चरमावस्था प्राप्त कर लेना है। जब इस असंप्रज्ञात या अतिचेतन अवस्था की प्राप्ति हो जाती है, तब यह समाधि निर्बीज हो जाती है। समाधि के निर्बीज होने का तात्पर्य क्या है? संप्रज्ञात समाधि में चित्तवृत्तियों का केवल दमन भर होता है, पर तब भी वे संस्कार या बीजाकार में विद्यमान रहती हैं। अवसर पाते ही वे पुनः तरंगाकार में प्रकट हो जाती हैं। पर जब संस्कारों को भी निर्मूल कर दिया जाता है, जब मन को भी लगभग नष्ट कर दिया जाता है, तब समाधि निर्बीज हो जाती है; तब मन में ऐसा कोई संस्कार-बीज नहीं रह जाता, जिससे यह जीवनलता फिर से लहलहा सके, जिससे यह अविराम जन्म-मृत्यु का चक्र और भी घूम सके।

तुम लोग पूछ सकते हो कि वह फिर ऐसी कौन सी अवस्था है, जहाँ मन नहीं, जिसमें कोई ज्ञान नहीं? जिसे हम ज्ञान कहते हैं, वह तो उस अतिचेतन अवस्था की तुलना में एक निम्नतर अवस्था मात्र है। यह हमेशा स्मरण रखना चाहिए कि किसी विषय की सर्वोच्च और सर्वनिम्न अवस्थाएँ प्रायः एक ही प्रकार की मालूम होती हैं। ईथर (आकाश तत्त्व) का कंपन निम्नतम होने से उसे अंधकार कहते हैं, मध्य कोटि का होने से आलोक और फिर उसका उच्चतम कंपन भी अंधकार के समान दिखता है। इसी प्रकार, अज्ञान सबसे निम्नावस्था है और ज्ञान मध्यावस्था। इस ज्ञान के भी परे एक उच्च अवस्था है। पर अज्ञानावस्था और ज्ञानातीत अवस्था, दोनों देखने में एक ही समान हैं। हम जिसे ज्ञान कहते हैं, वह एक उत्पन्न द्रव्य है, एक मिश्र पदार्थ है, वह यथार्थ सत्य नहीं है।

प्रश्न उठ उठता है, इस उच्चतर समाधि के लगातार अभ्यास का फल क्या होगा? इस अभ्यास के पहले अस्थिरता और जड़त्व की ओर हमारे मन की जो गति थी, इस अभ्यास से वह तो नष्ट होगी ही, साथ ही सत्वृत्ति का भी नाश हो जाएगा। बिना साफ किए हुए सोने में, मल निकालने के लिए कोई रासायनिक वस्तु मिलाने पर जो कुछ होता है, यहाँ भी ठीक वैसा ही होता है। जब खान से निकाली हुई अपरिष्कृत धातु को गलाया जाता है, तब जो रासायनिक पदार्थ उसके साथ मिलाए जाते हैं, वे भी उसके मैल के साथ गल जाते हैं। इसी प्रकार, पूर्वोक्त समाधि के सतत अभ्यास से जो संयमशक्ति प्राप्त होती है, उससे पहले की असत्-प्रवृत्तियाँ नष्ट हो जाती हैं और अंत में सत्-प्रवृत्तियाँ भी। इस तरह सत् और असत् दोनों प्रकार की प्रवृत्तियों के निरोध से आत्मा सब प्रकार के बंधनों से विमुक्त हो जाती है और अपनी महिमा में सर्वव्यापी, सर्वशक्तिमान एवं सर्वज्ञ रूप से अवस्थित रहती है। तब मनुष्य जान पाता है कि न कभी उसका जन्म था, न मृत्यु; न उसे कभी इहलोक की जरूरत

थी, न परलोक की। तब वह जान पाता है कि न वह कहीं से आया था, न कही गया; वह तो प्रकृति थी, जो यहाँ-वहाँ आवागमन कर रही थी, और प्रकृति की यह हलचल ही आत्मा में प्रतिबिंबित हो रही थी। काँच से प्रतिबिंबित होकर प्रकाश दीवाल पर पड़ता है और हिलता-डुलता है। दीवाल मूर्ख के समान शायद सोचती हो कि मैं ही हिल-डुल रही हूँ। ठीक ऐसा ही हम सब के बारे में भी है; चित्त ही लगातार इधर-उधर जा रहा है, अपने को नाना रूपों में परिणत कर रहा है, पर हम लोग सोचते हैं कि हमीं ये विभिन्न रूप धारण कर रहे हैं। असंप्रज्ञात समाधि के अभ्यास से यह सारा अज्ञान दूर हो जाएगा।

जब वह मुक्त आत्मा कोई आदेश देगी—भिखारी की भाँति प्रार्थना करेगी या माँगेगी नहीं, वरन् आदेश देगी—तब वह जो कुछ चाहेगी, सब तुरंत पूर्ण हो जाएगा; वह जो कुछ इच्छा करेगी, वही करने में समर्थ होगी। सांख्यदर्शन के मतानुसार ईश्वर का अस्तित्व नहीं है। यह दर्शन कहता है कि जगत् का कोई ईश्वर नहीं हो सकता, क्योंकि यदि वह हो तो अवश्य वह एक आत्मा ही होना चाहिए, और आत्मा या तो बद्ध होगी या मुक्त। जो आत्मा प्रकृति के अधीन है, प्रकृति ने जिस पर अपना आधिपत्य जमा लिया है, वह भला कैसे सृष्टि कर सकेगी? वह तो स्वयं एक दास है। और दूसरी ओर, यदि आत्मा मुक्त हो, तो वह क्यों इस जगत्-प्रपंच की रचना करेगी, क्यों इस पूरे संसार की क्रिया आदि का संचालन करेगी? उसकी तो कोई अभिलाषा नहीं रह सकती, अतः उसके सृष्टि या जगत्-शासन आदि करने का कोई प्रयोजन नहीं रह जाता।

द्वितीयतः यह सांख्यदर्शन कहता है कि ईश्वर का अस्तित्व स्वीकार करने की कोई आवश्यकता नहीं है, प्रकृति को मानने से ही जब सभी का स्पष्टीकरण हो जाता है, तो फिर किसी ईश्वर को लाने की आवश्यकता क्या? कपिल मुनि कहते हैं कि बहुत से व्यक्ति ऐसे हैं, जो सिद्धावस्था के नजदीक जाकर भी विभूति-लाभ की वासना पूर्णतया छोड़ने में समर्थ न होने के कारण योगभ्रष्ट हो जाते हैं। उनका मन कुछ काल तक प्रकृति में लीन होकर रहता है; जब वे पुनः पैदा होते हैं, तब प्रकृति के मालिक होकर आते हैं। यदि इन्हें ईश्वर कहो, तो ऐसे ईश्वर अवश्य हैं। हम सभी एक समय ऐसा ईश्वरत्व प्राप्त करेंगे।

सांख्यदर्शन के मतानुसार, वेद में जिस ईश्वर की बात कही गई है, वह ऐसी ही एक मुक्तात्मा का वर्णन मात्र है। इसके अतिरिक्त जगत् का अन्य कोई नित्यमुक्त, आनंदमय सृष्टिकर्ता नहीं है। दूसरी ओर, योगीगण कहते हैं, ''नहीं, ईश्वर है; अन्य सभी आत्माओं से, सभी पुरुषों से अलग एक विशेष पुरुष है; वह समग्र सृष्टि का

नित्य प्रभु है, वह नित्यमुक्त है और सभी गुरुओं का गुरुस्वरूप है।'' सांख्यमत वाले जिन्हें प्रकृतिलय कहते हैं, योगीगण उनका भी अस्तित्व स्वीकार करते हैं। वे कहते हैं कि ये योगभ्रष्ट योगी हैं। कुछ समय तक के लिए उनकी चरम लक्ष्य की ओर की गति में बाधा होती है, और उस समय वे जगत् के अंशविशेष के अधिपतिरूप से अवस्थान करते हैं।

भवप्रत्ययो विदेहप्रकृतिलयानाम्॥ 19॥

सूत्रार्थ—(यह समाधि यदि परवैराग्य के साथ अनुष्ठित न हो, तो) वही देवताओं और प्रकृतिलीनों की पुनरुत्पत्ति का कारण है।

व्याख्या—भारतीय धर्म-प्रणालियों में देवता कुछ उच्च पदविशेषों का प्रतिनिधित्व करते हैं। भिन्न-भिन्न जीवात्मा एक के बाद एक इन पदों की पूर्ति करते हैं। पर इनमें से कोई भी पूर्ण नहीं है।

श्रद्धावीर्यस्मृतिसमाधिप्रज्ञापूर्वक इतरेषाम्॥ 20॥

सूत्रार्थ—दूसरों को श्रद्धा अर्थात् विश्वास, वीर्य अर्थात् मन का तेज, स्थति, समाधि अर्थात् एकाग्रता और प्रज्ञा अर्थात् सत्य वस्तु के विवेक से (यह समाधि) प्राप्त होती है।

व्याख्या—जो लोग देवतापद या किसी कल्प के शासनकर्ता होने की भी कल्पना नहीं करते, उन्हीं की बात कही जा रही है। वे मुक्ति प्राप्त करते हैं।

तीव्रसंवेगानामसन्न॥ 21॥

सूत्रार्थ—जिनकी साधना की गति तीव्र है, उनके लिए (यह योग) शीघ्र (सिद्ध) हो जाता है।

मृदुमध्याधिमात्रत्वात् ततोऽपि विशेषः॥ 22॥

सूत्रार्थ—साधना की हलकी, मध्यम और उच्च मात्रा के अनुसार योगियों की सिद्धि में भी भेद हो जाता है।

ईश्वरप्रणिधानाद्वा॥ 23॥

सूत्रार्थ—अथवा ईश्वर के प्रति भक्ति से भी (समाधि सिद्ध होती है।)।

क्लेशकर्मविपाकाशयैरपरामृष्टः पुरुषविशेष ईश्वरः॥ 24॥

सूत्रार्थ—दु:ख, कर्म, कर्मफल और वासना के संबंध से रहित पुरुष विशेष ईश्वर (परम नियंता) है।

व्याख्या—हमें यहाँ फिर से स्मरण करना होगा कि पातंजल योगदर्शन सांख्यदर्शन पर आधारित है। इनमें भेद केवल इतना है कि सांख्यदर्शन में ईश्वर का स्थान नहीं है, जब कि योगीगण ईश्वर का अस्तित्व स्वीकार करते हैं। ईश्वर को मानने पर भी योगीगण ईश्वर-संबंधी सृष्टिकर्तृत्व आदि विविध भावों की कोई बात नहीं उठाते। योगियों के ईश्वर से जगत् के सृष्टिकर्ता ईश्वर का बोध नहीं होता। वेद के मतानुसार ईश्वर जगत्-स्रष्टा है। चूँकि जगत् में सामंजस्य देखा जाता है, अत: जगत् अवश्य एक इच्छाशक्ति की ही अभिव्यक्ति होगा।

योगीगण ईश्वर का अस्तित्व स्थापित करने के लिए एक नए प्रकार की युक्ति काम में लाते हैं। वे कहते हैं—

तत्र निरतिशयं सर्वज्ञत्वबीजम्॥ 25॥

सूत्रार्थ—औरों में जिस सर्वज्ञत्य का बीज मात्र रहता है, वहीं उनमें निरतिशय अर्थात् अनंत भाव धारण करता है।

व्याख्या—मन को सदैव अति बृहत् और अति क्षुद्र, इन दो चरम भावों के भीतर ही घूमना पड़ता है। तुम एक ससीम देश की बात भले ही सोचो, पर वही भावना तुम्हारे भीतर असीम देश का भाव भी जगा देगी। यदि आँखें बंद करके तुम एक छोटे से देश के बारे में सोचो तो देखोगे, इस छोटे से देशरूप वृत्त के साथ ही उसके चारों ओर अमर्यादित विस्तारवाला एक दूसरा वृत्त भी है। काल के बारे में भी ठीक यही बात है। मान लो, तुम एक सेकंड समय के बारे में सोच रहे हो। तो उसके साथ ही साथ तुमको अनंत काल की भी बात सोचनी पड़ेगी। ज्ञान के बारे में भी ठीक ऐसा ही समझना चाहिए। मनुष्य में ज्ञान का केवल बीजभाव है; पर इस क्षुद्र ज्ञान की बात मन में लाने के साथ ही अनंत ज्ञान के बारे में भी सोचना पड़ेगा। इस प्रकार हमारे मन की गठन से ही यह बिलकुल स्पष्ट है कि एक अनंत ज्ञान है। इस अनंत ज्ञान को ही योगीगण ईश्वर कहते हैं।

स पूर्वेषामपि गुरु: कालेनानवच्छेदात्॥ 26॥

सूत्रार्थ—वह प्राचीन गुरुगणों का भी गुरु है, क्योंकि वह काल से सीमित नहीं है।

व्याख्या—यह सत्य है कि समस्त ज्ञान हमारे भीतर ही निहित है, पर उसे एक

दूसरे ज्ञान के द्वारा जाग्रत् करना पड़ता है। यद्यपि जानने की शक्ति हमारे अंदर ही विद्यमान है, फिर भी हमें उसे जगाना पड़ता है। योगियों के मतानुसार, ज्ञान को इस प्रकार जगाना अर्थात् ज्ञान का उन्मेष एक-दूसरे ज्ञान के सहारे ही हो सकता है। अचेतन जड़ पदार्थ ज्ञान का विकास कभी नहीं करा सकता, केवल ज्ञान की शक्ति से ही ज्ञान का विकास होता है। हमारे अंदर जो ज्ञान है, उसको जगाने के लिए हमारे पास सदैव ज्ञानी पुरुषों का होना आवश्यक है। यही कारण है कि इन गुरुओं की आवश्यकता सदा ही बनी रही है। जगत् कभी भी इन आचार्यों से रहित नहीं हुआ। उनकी सहायता के बिना कोई भी ज्ञान नहीं आ सकता। ईश्वर सारे गुरुओं का भी गुरु है, क्योंकि ये सब गुरु कितने ही उन्नत क्यों न रहे हों, वे देवता या स्वर्गदूत ही क्यों न रहे हों, पर वे सब के सब बद्ध थे और काल से सीमित थे; किंतु ईश्वर काल से आबद्ध नहीं है।

योगियों के दो विशेष सिद्धांत हैं। एक तो यह कि सांत वस्तु की भावना करते ही मन बाध्य होकर अनंत की भी बात सोचेगा, और यदि उस मानसिक अनुभूति का एक भाग सत्य हो, तो उसका दूसरा भाग भी अवश्य ही सत्य होगा। क्यों? इसलिए कि जब दोनों उस एक ही मन की अनुभूतियाँ हैं, तो दोनों अनुभूतियों का मूल्य समान ही होगा। मनुष्य का ज्ञान अल्प है अर्थात् मनुष्य अल्पज्ञ है—इसी से जाना जाता है कि ईश्वर का ज्ञान अनंत है, ईश्वर 'अनंत ज्ञानसंपन्न' है। यदि हम इन दोनों अनुभूतियों में से एक को ग्रहण करें, तो दूसरे को भी क्यों न ग्रहण करेंगे? युक्ति तो कहती है—या तो दोनों को मान लो या फिर दोनों को ही छोड़ दो। यदि मैं विश्वास करूँ कि मनुष्य अल्प ज्ञानसंपन्न है, तो मुझे यह भी अवश्य मानना पड़ेगा कि इसके पीछे कोई असीम ज्ञानसंपन्न पुरुष है।

दूसरा सिद्धांत यह है कि गुरु बिना 'कोई भी ज्ञान नहीं हो सकता। आजकल के दार्शनिकों का जो कथन है कि मनुष्य का ज्ञान उसके स्वयं के भीतर से उत्पन्न होता है, यह सच है; सारा (ज्ञान मनुष्य के भीतर ही विद्यमान है, पर उस ज्ञान के विकास के लिए कुछ अनुकूल परिस्थितियों की आवश्यकता होती है। हम गुरु बिना कोई ज्ञान प्राप्त नहीं कर सकते। अब बात यह है कि यदि मनुष्य, देवता अथवा कोई स्वर्गदूत हमारे गुरु हों, तो वे भी तो ससीम हैं; फिर उनसे पहले उनके 'गुरु कौन थे?' हमें मजबूर होकर यह चरम सिद्धांत स्थिर करना ही होगा कि एक ऐसे गुरु हैं, जो काल के द्वारा सीमाबद्ध या अवच्छिन्न नहीं हैं। उन्हीं अनंत ज्ञानसंपन्न गुरु को, जिनका आदि भी नहीं और अंत भी नहीं, ईश्वर कहते हैं।

तस्य वाचकः प्रणवः ॥ 27 ॥

सूत्रार्थ—प्रणव अर्थात् ओंकार उसका वाचक (प्रकाशक) है।

व्याख्या—तुम्हारे मन में जो भी भाव उठता है, उसका एक प्रतिरूप शब्द भी रहता है; इस शब्द और भाव को अलग नहीं किया जा सकता। एक ही वस्तु के बाहरी भाग को शब्द और अंतर्भाग को विचार या भाव कहते हैं। कोई भी व्यक्ति विश्लेषण के बल से विचार को शब्द से अलग नहीं कर सकता। बहुतों का मत है—कुछ लोग एक साथ बैठकर यह स्थिर करने लगे कि किस भाव के लिए कौन से शब्द का प्रयोग किया जाए, और इस प्रकार भाषा की उत्पत्ति हो गई। किंतु यह प्रमाणित हो चुका है कि यह मत भ्रमात्मक है। जब से मनुष्य विद्यमान है, तब से शब्द और भाषाएँ रही हैं। अब प्रश्न यह है कि एक भाव और एक शब्द में परस्पर क्या संबंध है। यद्यपि हम देखते हैं कि एक भाव के साथ एक शब्द का रहना अनिवार्य है, तथापि ऐसा नहीं कि एक भाव और एक शब्द में परस्पर क्या संबंध है। यद्यपि हम देखते हैं कि एक भाव के साथ एक शब्द का रहना अनिवार्य है, तथापि ऐसा नहीं कि एक भाव एक ही शब्द द्वारा प्रकाशित हो। बीस विभिन्न देशों में भाव एक ही होने पर भी भाषाएँ बिलकुल भिन्न-भिन्न हो सकती हैं। प्रत्येक भाव को प्रकट करने के लिए एक न एक शब्द की आवश्यकता अवश्य होगी, किंतु इन शब्दों का एक ही ध्वनि विशिष्ट होना कोई आवश्यक नहीं। विभिन्न देशों में भिन्न-भिन्न ध्वनि विशिष्ट शब्दों का व्यवहार होगा। इसीलिए टीकाकार ने कहा है "यद्यपि भाव और शब्द का परस्पर संबंध स्वाभाविक है तथापि एक ध्वनि और एक भाव के बीच एक नितांत अलंघनीय संबंध ही रहे, ऐसी कोई बात नहीं।" यद्यपि ये सब ध्वनियाँ भिन्न-भिन्न होती हैं, तो भी ध्वनि और भाव का परस्पर संबंध स्वाभाविक है। यदि वाच्य और वाचक के बीच यथार्थ संबंध रहे, तभी यह कहा जा सकता है कि भाव और ध्वनि के बीच परस्पर संबंध है। यदि ऐसा न हो, तो वह वाचक शब्द कभी सर्वसाधारण के उपयोग में नहीं आ सकता।

वाचक वाव्यपदार्थ का प्रकाशक होता है। यदि वह वाच्य वस्तु पहले से अस्तित्व में रहे, और हम यदि पुनः-पुनः परीक्षा द्वारा यह देखें कि उस वाचक शब्द ने उस वस्तु को अनेक बार सूचित किया है, तो हम निश्चित रूप से यह मान सकते हैं कि उस वाच्य और वाचक के बीच एक यथार्थ संबंध है। यदि वे वाच्य पदार्थ न भी रहें, तो भी हजारों मनुष्य उनके वाचकों के द्वारा ही उनका ज्ञान प्राप्त करेंगे। पर हों, वाच्य और वाचक के बीच एक स्वाभाविक संबंध रहना अनिवार्य है। ऐसा होने

पर, ज्योंही उस वाचक शब्द का उच्चारण किया जाएगा, त्योंही वह उस वाच्यपदार्थ की बात मन में ला देगा। सूत्रकार कहते हैं, ओंकार ईश्वर का वाचक है। सूत्रकार ने विशेष रूप से 'ॐ' शब्द का ही उल्लेख क्यों किया है? 'ईश्वर' भाव को व्यक्त करने के लिए तो सैकड़ों शब्द हैं। एक भाव के साथ हजारों शब्दों का संबंध रहता है। 'ईश्वर'—इस भाव का सैकड़ों शब्दों के साथ संबंध है और उनमें से प्रत्येक ही तो ईश्वर का वाचक है। फिर उन्होंने 'ॐ' को ही क्यों चुना? हाँ, ठीक है; पर वैसा होने पर भी उन शब्दों में से एक सामान्य शब्द चुन लेना चाहिए। उन सारे वाचकों का एक सामान्य आधार निकालना होगा, और जो वाचक शब्द सबका सामान्य वाचक होगा, वही सर्वश्रेष्ठ समझा जाएगा, और वास्तव में वही उसका यथार्थ वाचक होगा।

किसी ध्वनि के लिए हम कंठनली और तालु का ध्वनि के आधाररूप में व्यवहार करते हैं। क्या ऐसी कोई भौतिक ध्वनि है, जिसकी कि अन्य सब ध्वनियों अभिव्यक्ति हैं, जो स्वभावत: ही दूसरी सब ध्वनियों को समझा सकती है? हाँ, 'ओम्' (अउम्) ही वह ध्वनि है; वही सारी ध्वनियों की भित्तिस्वरूप है। उसका प्रथम अक्षर 'अ' सभी ध्वनियों का मूल है, वह सारी ध्वनियों की कुंजी के समान है, वह जिह्वा या तालु के किसी अंश को स्पर्श किए बिना ही उच्चारित होता है। 'म्' ध्वनि-शृंखला की अंतिम ध्वनि है, उसका उच्चारण करने में दोनों ओठों को बंद करना पड़ता है। और 'उ' ध्वनि जिह्वा के मूल से लेकर मुख की मध्यवर्ती ध्वनि के आधार की अंतिम सीमा तक मानो ढुलकता आता है। इस प्रकार 'ॐ' शब्द के द्वारा ध्वनि-उत्पादन की संपूर्ण क्रिया प्रकट हो जाती है। अतएव वही स्वाभाविक वाचक ध्वनि है, वही सब विभिन्न ध्वनियों की जननीस्वरूप है। जितने प्रकार के शब्द उच्चारित हो सकते हैं—हमारी ताकत में जितने प्रकार के शब्द के उच्चारण की संभावना है, 'ओम्' उन सभी का सूचक है।

यह सब तात्त्विक चर्चा छोड़ देने पर भी हम देखते हैं कि भारतवर्ष में जितने सारे विभिन्न धर्मभाव हैं, यह ओंकार उन सबका केंद्रस्वरूप है, वेद के सब विभिन्न धर्मभाव इस ओंकार का ही अवलंबन किए हुए हैं। अब प्रश्न यह है कि इसके साथ अमेरिका, इंग्लैंड और अन्यान्य देशों का क्या संबंध है। उत्तर यह है कि सब देशों में इस ओंकार का व्यवहार हो सकता है। कारण—भारत में धर्म के विकास की प्रत्येक अवस्था में, उसके प्रत्येक सोपान में ओंकार को अपनाया गया है, उसका आश्रय लिया गया है और वह ईश्वर-संबंधी सारे विभिन्न भावों को व्यक्त करने के लिए व्यवहृत हुआ है। अद्वैतवादी, द्वैतवादी, द्वैताद्वैतवादी, भेदवादी, यहाँ तक कि नास्तिकों

ने भी अपने उच्चतम आदर्श को प्रकट करने के लिए इस ओंकार का अवलंबन किया था। मानवजाति के अधिकांश के लिए यह ओंकार उनकी अपनी धार्मिक स्पृहा का एक प्रतीक बन गया है। अंग्रेजी गॉड (God) शब्द को लो। यह जिस भाव को प्रकट करता है, वह कोई अधिक दूर तक नहीं जा सकता। यदि तुम उसके अतिरिक्त अन्य कोई भाव उस शब्द से व्यक्त करने की इच्छा करो, तो तुम्हें उसमें विशेषण लगाना पड़ेगा; जैसे—सगुण (personal), निर्गुण (impersonal), निर्विशेष (absolute) आदि-आदि। अन्य दूसरी भाषाओं में ईश्वरवाचक जो सब शब्द हैं, उनके बारे में भी यही बात होती है, उनमें बहुत कम भाव प्रकट करने की शक्ति है; किंतु 'ॐ' शब्द में ये सभी प्रकार के भाव विद्यमान हैं। अतएव सर्वसाधारण को उसको ग्रहण करना चाहिए।

तज्जपस्तदर्थभावनम् ॥ 28 ॥

सूत्रार्थ—इस (ओंकार) का जप और उसके अर्थ का ध्यान (समाधिलाभ का उपाय है)।

व्याख्या—जप अर्थात् बारंबार उच्चारण की आवश्यकता क्या है? हम संस्कार विषयक मतवाद को न भूले होंगे। हमें स्मरण होगा कि समस्त संस्कारों की समष्टि हमारे मन में विद्यमान है। ये संस्कार क्रमशः सूक्ष्म से सूक्ष्मतर होकर अव्यक्त भाव धारण करते हैं। पर वे बिलकुल लुप्त नहीं हो जाते, वे मन के अंदर ही रहते हैं, और ज्यो ही उन्हें यथोचित उद्दीपना मिलती है, बस त्यों ही वे चित्तरूपी सरोवर की सतह पर उठ आते हैं। परमाणु-कंपन कभी बंद नहीं होता। जब यह सारा संसार नाश को प्राप्त होता है, तब सब बड़े-बड़े कंपन या प्रवाह लुप्त हो जाते हैं; सूर्य, चंद्रमा, तारे, पृथ्वी, सभी लय को प्राप्त हो जाते हैं; पर कंपन परमाणुओं में बच रहते हैं। इन बड़े-बड़े ब्रह्मांडों में जो कार्य होता है, प्रत्येक परमाणु वही कार्य करता है। ठीक ऐसा ही चित्त के बारे में भी है। चित्त में होनेवाले सब कंपन अदृश्य अवश्य हो जाते हैं, फिर भी परमाणु के कंपन के समान उनकी सूक्ष्म गति अक्षुण्ण बनी रहती है, और ज्यों ही उन्हें कोई संवेग मिलता है, बस त्यों ही वे पुनः बाहर आ जाते हैं। अब हम समझ सकेंगे कि जप अर्थात् बारंबार उच्चारण का तात्पर्य क्या है। हम लोगों के अंदर जो आध्यात्मिक संस्कार है, उन्हें विशेष रूप से उद्दीप्त करने में यह प्रधान सहायक है। क्षणमिह सज्जनसंगतिरेका। भवति भवार्णवतरणे नौका।'' अर्थात् साधुओं का एक क्षण का भी सत्संग भवसागर पार होने के लिए नौकास्वरूप है। सत्संग की ऐसी जबरदस्त शक्ति है। बाह्य सत्संग की जैसी शक्ति बतलाई गई है, वैसी ही

आंतरिक सत्संग की भी है। इस ओंकार का बारंबार जप करना और उसके अर्थ का मनन करना ही आंतरिक सत्संग है। जप करो और उसके साथ उस 'शब्द' के अर्थ का ध्यान करो। ऐसा करने से देखोगे, हृदय में ज्ञानालोक आएगा और आत्मा प्रकाशित हो जाएगी।

'ॐ' शब्द पर मनन तो करोगे ही, पर साथ ही उसके अर्थ पर भी मनन करो। कुसंग छोड़ दो; क्योंकि पुराने घाव के चिह्न अभी भी तुममें बने हुए हैं; उन पर कुसंग की गरमी लगने भर की देर है कि बस वे फिर से ताजा हो उठेंगे। ठीक इसी प्रकार हम लोगों में जो उत्तम संस्कार हैं, वे भले ही अभी अव्यक्त हों, पर सत्संग से वे फिर से जाग्रत् हो जाएँगे—व्यक्त भाव धारण कर लेंगे। संसार में सत्संग से पवित्र और कुछ भी नहीं है, क्योंकि सत्संग से ही शुभ संस्कार चित्तरूपी सरोवर की तली से ऊपरी सतह पर उठ आने के लिए उन्मुख होते हैं।

ततः प्रत्यक्चेतनाधिगमोऽप्यन्तरायाभावश्च ॥ 29 ॥

सूत्रार्थ—उससे अंतर्दृष्टि प्राप्त होती है और (योग के) विघ्नों का नाश होता है।

व्याख्या—इस ओंकार के जप और चिंतन का पहला फल यह देखोगे कि क्रमशः अंतर्दृष्टि विकसित होने लगेगी और योग के मानसिक एवं शारीरिक विघ्नसमूह दूर होते जाएँगे। योग के ये विघ्न क्या हैं?

व्याधिस्त्यानसंशयप्रमादालस्याविरतिभ्रान्तिदर्शनालब्ध-
भूमिकत्वानवस्थितत्वानि चित्तविक्षेपास्तेऽन्तरायाः ॥ 30 ॥

सूत्रार्थ—रोग, मानसिक जड़ता, संदेह, उद्यमशून्यता, आलस्य, विषयतृष्णा, मिथ्या अनुभव, एकाग्रता न पाना, और उसे पाने पर भी उससे च्युत हो जाना—ये जो चित्त के विक्षेप हैं, वे ही विघ्न हैं।

व्याख्या—व्याधि : इस जीवनसमुद्र के उस पार जाने के लिए यह शरीर ही एकमात्र नाव है। इसे स्वस्थ रखने के लिए विशेष यत्न करना चाहिए। जिसका शरीर अस्वस्थ है, वह योगी नहीं हो सकता। मानसिक जड़ता आने पर हमारी योग विषयक सारी रुचि खो जाती है और इस रुचि के अभाव में, साधना करने के लिए न तो दृढ़ संकल्प होगा, न शक्ति ही मिलेगी। इस विषय में हमारा विचारजनित विश्वास कितना भी बलशाली क्यों न रहे, पर जब तक दूरदर्शन, दूरश्रवण आदि अलौकिक अनुभूतियाँ नहीं होतीं, तब तक इस विद्या की सत्यता के बारे में बहुत से

संशय उपस्थित होंगे। जब इन सबका थोड़ा-थोड़ा आभास होने लगता है, तब साधक साधन-मार्ग में और भी अध्यवसायशील होता जाता है। अनवस्थितत्त्व साधन करते करते देखोगे कि कुछ दिन या कुछ सप्ताह तो मन अनायास ही एकाग्र और स्थिर हो जाता है; उस समय ऐसा मालूम होगा कि तुम साधन-मार्ग में बहुत शीघ्र उन्नति कर रहे हो। किंतु अचानक एक दिन देखोगे कि तुम्हारा यह उन्नति-स्त्रोत बंद हो गया है, मानो जहाज दलदल में फँस गया हो। पर उससे कहीं हताश मत हो जाना, अध्यवसाय मत खो बैठना। लगे रहो। इस प्रकार उत्थान और पतन में से होते हुए ही उन्नति होती है।

दु:खदौर्मनस्याङ्गक्मेजयत्वश्वासप्रश्वासा विक्षेपसहभुव:॥ 31॥

सूत्रार्थ—दु:ख, मन खराब होना, शरीर हिलना, अनियमित श्वास-प्रश्वास—ये सब (चित्त के) विक्षेपों के साथ-साथ उत्पन्न होते हैं।

व्याख्या—जब कभी एकाग्रता का अभ्यास किया जाता है, तभी मन और शरीर पूर्ण स्थिरभाव धारण करते हैं। जब साधना ठीक तरीके से नहीं होती, अथवा जब चित्त पर्याप्त संयत नहीं रहता, तभी ये सब विषय आ उपस्थित होते हैं। ओंकार के जप और ईश्वर के प्रति आत्मसमर्पण से मन दृढ़ होता है तथा नया बल प्राप्त होता है। साधनमार्ग में ऐसी स्नायविक चंचलता प्राय: सभी को आती है। उधर तनिक भी ध्यान न दे साधना करते रहो। साधना से ही वे सब चले जाएँगे, और तब आसन स्थिर हो जाएगा।

तत्प्रतिषेधार्थमेकतत्त्वाभ्यास:॥ 32॥

सूत्रार्थ—उनको दूर करने के लिए एक तत्त्व का अभ्यास (करना चाहिए)।

व्याख्या—कुछ समय तक के लिए मन को किसी विशिष्ट विषय के आकार में परिणत करने की चेष्टा करने से पूर्वोक्त विषय दूर हो जाते हैं। यह उपदेश अत्यंत साधारण रूप से दिया गया है। अगले सूत्रों में यही उपदेश विस्तृत रूप से समझाया जाएगा और विशिष्ट ध्येय-विषयों के संबंध में इस साधारण उपदेश का प्रयोग बतलाया जाएगा। एक ही प्रकार का अभ्यास सबके लिए उपयोगी नहीं हो सकता, इसीलिए विभिन्न उपायों की बात कही गई है। प्रत्येक मनुष्य स्वयं यथार्थ अनुभव द्वारा अपने लिए जो उपाय सहायक है, उसे चुन सकता है।

मैत्रीकरुणामुदितोपेक्षाणां सुखदु:खपुण्यापुण्यविषयाणां
भावनातश्चित्तप्रसादनम्॥ 33॥

सूत्रार्थ—सुख, दु:ख, पुण्य और पाप—इन भावों के प्रति क्रमश: मित्रता, दया, आनंद और उपेक्षा का भाव धारण कर सकने से चित्त प्रसन्न होता है।

व्याख्या—हममें ये चार प्रकार के भाव रहने ही चाहिए। यह आवश्यक है कि हम सब के प्रति मैत्रीभाव रखें, दीन-दुखियों के प्रति दयावान हों, लोगों को सत्कर्म करते देख सुखी हों, और दुष्ट मनुष्य के प्रति उपेक्षा दिखाएँ। इसी प्रकार, जो भी विषय हमारे सामने आते हैं, उन सब के प्रति भी हमारे ये ही भाव रहने चाहिए। यदि कोई विषय सुखकर हो, तो उसके प्रति मित्रता अर्थात् अनुकूल भाव धारण करना चाहिए। इसी तरह, यदि हमारी भावना का विषय दु:खकर हो, तो हमारे अंत:करण को उसके प्रति करुणापूर्ण होना चाहिए। यदि वह कोई शुभ विषय हो, तो हमें आनंदित होना चाहिए तथा अशुभ विषय होने पर उसके प्रति उदासीन रहना ही श्रेयस्कर है। इन सब विभिन्न विषयों के प्रति मन के इस प्रकार विभिन्न भाव धारण करने से मन शांत हो जाएगा। मन की इस प्रकार के विभिन्न भावों को धारणा करने की असमर्थता ही हमारे दैनिक जीवन की अधिकांश गड़बड़ी एवं अशांति का कारण है। मान लो, किसी ने मेरे प्रति कोई अनुचित व्यवहार किया। तो मैं तुरंत उसका प्रतिकार करने को उद्यत हो जाता हूँ। और इस प्रकार बदला लेने की भावना ही यह दिखाती है कि हम चित्त को दबाए रखने में असमर्थ हो रहे हैं। वह उस वस्तु की ओर तरंगाकार में प्रवाहित होता है, और बस हम अपनी मन की शक्ति खो बैठते हैं। हमारे मन में घृणा अथवा दूसरों का अनिष्ट करने की प्रवृत्ति के रूप में जो प्रतिक्रिया होती है, वह मन की शक्ति का अपचय मात्र है। दूसरी ओर, यदि किसी अशुभ विचार या घृणाप्रसूत कार्य अथवा किसी प्रकार की प्रतिक्रिया की भावना का दमन किया जाए, तो उससे शुभकरी शक्ति उत्पन्न होकर हमारे ही उपकार के लिए संचित रहती है। यह बात नहीं कि इस प्रकार के संयम से हमारी कोई क्षति होती हो, वरन् उससे तो हमारा आशातीत उपकार ही होता है। जब कभी हम घृणा अथवा क्रोध की वृत्ति को संयत करते हैं, तभी वह हमारे अनुकूल शुभ शक्ति के रूप में संचित होकर उच्चतर शक्ति में परिणत हो जाती है।

प्रच्छर्दनविधारणाभ्वां वा प्राणस्य॥ 34॥

सूत्रार्थ—अथवा प्राणवायु को बाहर निकालने और धारण करने से भी (चित्त स्थिर होता है)।

व्याख्या—यहाँ पर 'प्राण' शब्द का व्यवहार हुआ है। प्राण ठीक श्वास नहीं है। समग्र जगत् में जो ऊर्जाशक्ति व्याप्त हुई है, उसी का नाम है प्राण। संसार में तुम

जो कुछ दखते हो, जो कुछ हिलता-डुलता या कार्य करता है, जिसमें भी जीवन है, वह सब इस प्राण की ही अभिव्यक्ति है। जगत् में जितनी भी शक्तियाँ विद्यमान हैं, उनकी समष्टि को प्राण कहते हैं। कल्प-आरंभ के पूर्व यह प्राण एक प्रकार से बिलकुल गतिहीन अवस्था में रहता है, और कल्प के शुरू होने पर वह फिर से व्यक्त होना प्रारंभ करता है। यह प्राण ही गति के रूप में—मनुष्यों अथवा अन्य प्राणियों में स्नायविक गति के रूप में—प्रकाशित होता है। फिर यही विचार तथा अन्य शक्तियों के रूप में भी प्रकाशित होता है। यह सारा जगत् इस प्राण एवं आकाश की समष्टि है। मनुष्यदेह के बारे में भी ठीक यही बात है। जो कुछ तुम देखते हो या अनुभव करते हो, वे सारे पदार्थ आकाश से उत्पन्न हुए हैं और प्राण से सारी विभिन्न शक्तियाँ। इस प्राण को बाहर निकालने और धारण करने का नाम ही प्राणायाम है। योगदर्शन के जनक पतंजलि ने इस प्राणायाम के बारे में कोई विशेष विधान नहीं किया है, परंतु उनके बाद दूसरे योगियों ने इस प्राणायाम के संबंध में अनेक तत्त्वों का आविष्कार करके उसकी एक महान् विद्या तैयार कर दी। पतंजलि के मतानुसार यह प्राणायाम चित्तवृत्ति-निरोध के विभिन्न उपायों में से केवल एक उपाय है, परंतु उन्होंने इस पर कोई विशेष जोर नहीं दिया है। उनका अभिप्राय इतना ही रहा है कि श्वास को बाहर निकालकर फिर से अंदर खींच लो और कुछ देर तक उसे धारण किए रखो, उससे मन अपेक्षाकृत कुछ स्थिर हो जाएगा। किंतु बाद में इसी से प्राणायाम नामक एक विशेष विद्या की उत्पत्ति हो गई।

अब हम देखेंगे कि ये सब परवर्ती योगी उसके बारे में क्या कहते हैं। इस संबंध में मैंने पहले ही कुछ कहा है, यहाँ पर उसकी कुछ पुनरावृत्ति करने से वह मन में पक्का बैठ जाएगा। पहले तो, यह ध्यान रखना होगा कि यह प्राण ठीक श्वास-प्रश्वास नहीं है; वरन् जिस शक्ति के बल से श्वास-प्रश्वास की गति होती है, जो वस्तुत: श्वास-प्रश्वास की भी जीवनीशक्ति है, वही प्राण है। फिर यह 'प्राण' शब्द सब इंद्रियों के लिए भी व्यवहार में लाया जाता है; वे सब की सब प्राण कहलाती हैं; मन को भी प्राण कहा जाता है। अतएव हम देखते हैं कि प्राण का अर्थ है शक्ति। तो भी इसे हम शक्ति नाम नहीं दे सकते, क्योंकि शक्ति तो इस प्राण की अभिव्यक्ति मात्र है। यह प्राण ही शक्ति तथा नाना प्रकार की गति के रूप में प्रकाशित होता है। चित्त यंत्रस्वरूप होकर चारों ओर से प्राण को भीतर खींचता है और उससे शरीर-रक्षा करनेवाली विभिन्न जीवनी-शक्तियाँ तथा विचार, इच्छा एवं अन्यान्य सब शक्तियाँ उत्पन्न करता है। पूर्वोक्त प्राणायाम क्रिया से हम शरीर की समस्त भिन्न-भिन्न गतियों को तथा शरीर के अंतर्गत समरस भिन्न-भिन्न स्नायविक शक्तिप्रवाहों

को वश में ला सकते हैं। पहले हम उनको पहचानने लगते हैं, उनका साक्षात् अनुभव करने लगते हैं, और फिर धीरे-धीरे उन पर अधिकार प्राप्त करते जाते हैं—उनको वशीभूत करने में सफल होते जाते हैं।

पतंजलि के बाद के इन योगियों के मतानुसार मनुष्यदेह में तीन मुख्य प्राणप्रवाह अर्थात् नाड़ियाँ हैं। वे एक को इड़ा, दूसरे को पिंगला और तीसरे को सुषुम्ना कहते हैं। उनके मतानुसार, पिंगला मेरुदंड के दाहिनी ओर विद्यमान है, इड़ा बाईं ओर, और उस मेरुदंड के मध्य में से होते हुए सुषुम्ना नाम की एक खोखली नली है। उनके मतानुसार इड़ा और पिंगला, ये दो नाड़ियाँ प्रत्येक मनुष्य में कार्य करती हैं, उनके सहारे ही हमारा जीवन चलता है। सुषुम्ना का कार्य सभी में होना संभव अवश्य है, किंतु असल मैं योगी के शरीर में ही वह कार्यशील रहती है। तुम्हें याद रखना चाहिए कि योगी योगसाधना के बल से अपने शरीर को परिवर्तित कर लेते हैं—तुम जितनी ही साधना करोगे, तुम्हारा शरीर उतना ही परिवर्तित होता जाएगा। साधना के पूर्व तुम्हारा शरीर जैसा था, बाद में वैसा नहीं रह जाएगा। यह बात कोई अयौक्तिक नहीं है; युक्ति के द्वारा इसको समझाया जा सकता है। हम जो कुछ नए विचार सोचते हैं, वे मानो हमारे मस्तिष्क में एक नया मार्ग तैयार कर देते हैं। इससे हम समझ सकते हैं कि मनुष्य-स्वभाव इतना प्रबल रूढ़िवादी या गतानुगतिक क्यों है। मनुष्य-स्वभाव ही ऐसा है कि वह पहले चले हुए रास्ते में ही चलना पसंद करता है, क्योंकि वह सरल होता है।

यदि दृष्टांत के रूप में हम सोचें कि मन एक सुई के समान है और मस्तिष्क उसके सामने एक कोमल पिंड, तो हम देखेंगे कि हमारा प्रत्येक विचार मस्तिष्क के अंदर मानो एक रास्ता, एक लीक तैयार कर देता है; और यदि मस्तिष्क के अंदर का धूसर पदार्थ उस रास्ते के चारों ओर एक सीमा खड़ी न कर दे, तो वह रास्ता बंद हो जाएगा। यदि वह धूसर रंगवाला पदार्थ न रहता, तो हमारी स्मृति ही संभव न होती; क्योंकि स्मृति का अर्थ है—मानो इन पुराने रास्तों पर से होकर जाना, जो विचार एक बार उठ चुके हैं, उनका मानो पदानुगमन करना। तुम लोंगो ने शायद गौर किया होगा, जब कोई व्यक्ति सब लोगों के परिचित कुछ विषयों को लेकर उन्हीं को घुमा-फिराकर कुछ बोलता है, तो तुम सब अनायास ही उसकी बात समझ लेते हो। इसका कारण बस इतना ही है कि इस विचार की लीकें या प्रणालियाँ हर एक के मस्तिष्क में विद्यमान हैं, और उन पर से होकर केवल बारंबार आना-जाना मात्र आवश्यक होता है। परंतु जब कभी कोई नया विषय हमारे सामने आता है, तब मस्तिष्क में एक नए मार्ग के निर्माण की आवश्यकता होती है; इसीलिए वह विषय

उतनी सरलता से समझ में नहीं आता।

यही कारण है कि मस्तिष्क (मनुष्य नहीं, मस्तिष्क ही) बिना जाने ही किसी नए प्रकार के भाव द्वारा परिचालित होने से इनकार करता है। वह मानो बलपूर्वक इस नए प्रकार के भाव की गति को रोकने का प्रयत्न करता है। प्राण नए-नए मार्ग बनाने का प्रयत्न कर रहा है, और मस्तिष्क उसे करने नहीं देता। बस यही मनुष्य की रूढ़िवादिता का रहस्य है। मस्तिष्क में ये मार्ग जितने थोड़े परिमाण में होंगे और प्राणरूप सुई उसके भीतर जितनी कम लीकें तैयार करेगी, मस्तिष्क उतना ही रूढ़िवादी होगा, वह उतना ही नए प्रकार के विचार और भाव के विरुद्ध लड़ाई ठानेगा। मनुष्य जितना ही चिंतनशील होता है, उसके मस्तिष्क के भीतर के मार्ग उतने ही अधिक जटिल होते हैं, और उतनी ही सुगमता से वह नए-नए भाव ग्रहण कर सकता है तथा उन्हें समझ सकता है। प्रत्येक नवीन भाव के संबंध में ऐसा ही समझना चाहिए।

मस्तिष्क में एक नवीन भाव आते ही उसके भीतर एक नया मार्ग तैयार हो जाता है। यही कारण है कि योगाभ्यास के समय हमारे सामने पहले इतनी शारीरिक बाधाएँ आती हैं; (क्योंकि योग संपूर्णतया नवीन प्रकार के विचारों एवं भावों की समष्टि है।) इसीलिए हम देखते हैं कि धर्म का वह अंश, जो प्राकृतिक, जागतिक भाव को लेकर व्यस्त रहता है, सर्वसाधारण के लिए बहुत मान्य होता है, और उसका दूसरा अंश अर्थात् दर्शन या मनोविज्ञान, जो केवल मनुष्य के आभ्यंतरिक प्रकृति को लेकर संलग्न रहता है, वह प्रायश: लोगों द्वारा उपेक्षित होता है। हमें अपने इस जगत् की व्याख्या स्मरण रखनी चाहिए। हमारा यह जगत् क्या है? वह तो हमारे ज्ञान के स्तर पर प्रक्षिप्त अनंत सत्ता मात्र है। अनंत का केवल कुछ अंश हमारे ज्ञान के भीतर प्रक्षिप्त हुआ है, जिसे हम अपना जगत् कहते हैं।

अतएव हमने देखा कि जगत् के अतीत एक अनंत सत्ता विद्यमान है। और धर्म को इन दोनों को लेकर व्यस्त रहना पड़ता है। अर्थात् यह क्षुद्र पिंड, जिसे हम अपना जगत् कहते हैं, और जगत् के अतीत अनंत सत्ता, ये दोनों ही धर्म के विषय हैं। जो धर्म इन दोनों में से केवल एक को लेकर रहता है, वह अपूर्ण है। धर्म को इन दोनों को ही अपना विषय बनाना चाहिए। अनंत का जो भाग हम अपने इस ज्ञान के भीतर से अनुभव करते हैं, जो मानो देश-काल-निमित्त रूप चक्र के भीतर आ पड़ा है, उसको धर्म के जिस अंश ने अपना विषय बनाया है, वह अंश अनायास हमें बोधगम्य हो जाता है, क्योंकि हम तो पहले से ही उसी के अंदर हैं और लगभग स्मरणातीत काल से ही जगत्-संबंधी भाव से हम परिचित हैं। पर धर्म का वह अंश,

जो सीमाहीन अनंत को लेकर संलग्न रहता है, वह हमारे लिए सर्वथा नवीन है; इसीलिए उसके चिंतन से मस्तिष्क में नई लीक तैयार होती रहती है, जिससे सारा शरीर-मन ही मानो उलट-पलट जाता है। यही कारण है कि साधना करते समय साधारण मनुष्य पहले-पहल अपने मार्ग से विच्युत हो जाता है। इन विघ्न-बाधाओं को यथासंभव कम करने के लिए ही पतंजलि ने इन सब उपायों का आविष्कार किया है, ताकि हम उनमें से ऐसी किसी एक साधन-प्रणाली को चुनकर अपना लें, जो हमारे लिए सर्वथा उपयोगी हो।

विषयवती वा प्रवृत्तिरुत्पन्ना मनसः स्थितिनिबन्धिनी ॥ 35 ॥

सूत्रार्थ—जिन सब समाधियों में अलौकिक इंद्रियविषयों की अनुभूति होती है, वे मन की स्थिति का कारण होती हैं।

व्याख्या—यह बात धारणा अर्थात् एकाग्रता से अपने आप आती रहती है; योगी कहते हैं कि यदि नासिका के अग्रभाग में मन को एकाग्र किया जाए, तो कुछ दिनों में ही अद्‌भुत सुगंधि का अनुभव होने लगता है। इसी प्रकार जिह्वामूल में मन को एकाग्र करने पर सुंदर शब्द सुनाई देता है। जिव्हाग्र में ऐसा करने पर दिव्य रसास्वादन होता है। जिह्वा के बीच में संयम करने पर प्रतीत होता है कि मैंने मानो किसी एक वस्तु का स्पर्श किया। तालु में संयम करने पर दिव्य रूप दीख पड़ते हैं। यदि कोई अस्थिर चित्त व्यक्ति इस योग के कुछ साधनों का अवलंबन करना चाहे और फिर भी उनकी सचाई में संदिग्धचित्त हो, तो कुछ दिन साधना करने के बाद, ये सब अनुभूतियों होने पर, फिर उसे संदेह नहीं रहेगा। तब फिर वह अध्यवसाय के साथ साधना करता रहेगा।

विशोका वा ज्योतिष्मती ॥ 36 ॥

सूत्रार्थ—अथवा शोक से रहित ज्योतिष्मान पदार्थ के (ध्यान) से भी (समाधि होती है)।

व्याख्या—यह और एक प्रकार की समाधि है। ऐसा ध्यान करो कि हृदय में मानो एक कमल है; उसकी पँखुड़ियाँ अधोमुखी हैं और उसके भीतर से सुषुम्ना गई है। उसके बाद करो, फिर रेचक करते समय सोचो कि वह कमल पँखुड़ियों सहित ऊर्ध्वमुखी हो गया है और कमल के भीतर एक महाज्योति विद्यमान है। उस ज्योति का ध्यान करो।

वीतरागविषयं वा चित्तम् ॥ 37 ॥

सूत्रार्थ—अथवा जिस हृदय ने इंद्रियविषयों के प्रति समस्त आसक्ति छोड़ दी है (उसके ध्यान से भी चित्त स्थिर होता है)।

व्याख्या—किन्हीं महापुरुष या साधु को लो, जो पूर्ण रूप से अनासक्त हों और जिन पर तुम्हारी अत्यंत श्रद्धा हो। उनके हृदय के बारे में चिंतन करो। उनका अंत:करण सब विषयों में अनासक्त हो गया है, अत: उनके अंत:करण के बारे में चिंतन करने पर तुम्हारा अंत:करण शांत हो जाएगा। यदि यह न कर सको, तो और एक उपाय है—

स्वप्ननिद्राज्ञानालम्बनं वा ॥ 38 ॥

सूत्रार्थ—अथवा स्वप्नावस्था में कभी-कभी जो अपूर्व ज्ञानलाभ होता है, उसका तथा सुषुप्ति अवस्था में प्राप्त सात्त्विक सुख का ध्यान करने से भी (चित्त प्रशांत होता है)।

व्याख्या—कभी-कभी मनुष्य ऐसा स्वप्न देखता है कि उसके पास देवता आकर बातचीत कर रहे हैं; वह मानो एक प्रकार से भावावेश में चूर हो गया है; वायु में एक अपूर्व संगीत की ध्वनि बहती हुई चली आ रही है और वह उसे सुन रहा है। उस स्वप्नावस्था में वह आनंद में मस्त रहता है। जब वह जागता है, तब स्वप्न की वे घटनाएँ उसके मन पर एक गहरी छाप छोड़ जाती हैं। उस स्वप्न को सत्य मानकर उसका ध्यान करो। यदि तुम इसमें भी समर्थ न होओ, तो जो कोई पवित्र वस्तु तुम्हें अच्छी लगे, उसी का ध्यान करो।

यथाभिमतध्यानाद्वा ॥ 39 ॥

सूत्रार्थ—अथवा जिसे जो कोई चीज अच्छी लगे, उसी के ध्यान से (समाधि प्राप्त होती है)।

व्याख्या—इससे यह न समझ लेना चाहिए कि किसी बुरी वस्तु का भी ध्यान करने से बनेगा। जो कोई भली वस्तु तुम्हें अच्छी लगे, जो स्थान तुम्हें पसंद हो, जो दृश्य या जो भाव तुम्हें बहुत अच्छा लगता हो, जिससे तुम्हारा चित्त एकाग्र हो जाता हो, उसी का चिंतन करो।

परमाणुपरममहत्त्वान्तोऽस्य वशीकार: ॥ 40 ॥

सूत्रार्थ—इस प्रकार ध्यान करते-करते परमाणु से लेकर परम बृहत् पदार्थ तक सभी में योगी के मन की गति अव्याहत हो जाती है।

व्याख्या—मन इस अभ्यास के द्वारा अत्यंत सूक्ष्म से लेकर बृहत्तम वस्तु तक सभी पर सुगमता से ध्यान कर सकता है। ऐसा होने पर ये मनोवृत्ति प्रवाह भी धीरे-धीरे क्षीण होने लगते हैं।

क्षीणवृत्तेरभिजातस्येव मणेर्ग्रहीतृग्रहणग्राह्येषु तत्स्थतदञ्जनता समापत्तिः॥ 41 ॥

सूत्रार्थ—जिन योगी की चित्तवृत्तियाँ इस प्रकार क्षीण हो चुकी हैं (वश में आ चुकी हैं), उनका चित्त उस समयग्रहीता (आत्मा), ग्रहण (अंतःकरण और इंद्रियाँ) और ग्राह्य (पंचभूत और विषयों) में उसी प्रकार एकाग्रता और एकीभाव को प्राप्त होता है, जिस प्रकार शुद्ध स्फटिक (भिन्न-भिन्न रंगवाली वस्तुओं के सामने भिन्न-भिन्न रंग धारण करता है।)

व्याख्या—इस प्रकार लगातार ध्यान करते-करते कौन सा फल प्राप्त होता है? हमें यह स्मरण होगा कि पूर्वोक्त एक सूत्र में पतंजलि ने विभिन्न प्रकार की समाधियों का वर्णन किया है। पहली समाधि है स्थूल विषय को लेकर, और दूसरी है सूक्ष्म विषय को लेकर। आगे चलकर क्रमशः और भी सूक्ष्मतर वस्तुएँ हमारी समाधि का विषय होती जाती हैं, यह भी पहले कहा जा चुका है। इन सब समाधियों के अभ्यास का फल यह है कि हम जितनी सुगमता से स्थूल विषयों का ध्यान कर सकते हैं, उतनी ही सुगमता से सूक्ष्म विषयों का भी। इस अवस्था में योगी तीन वस्तुएँ देखते हैं—ग्रहीता, ग्राह्य और ग्रहण, अर्थात् आत्मा, विषय और मन। हमें ध्यान के लिए तीन प्रकार के विषय दिए गए हैं। पहला है स्थूल, जैसे—शरीर या भौतिक पदार्थ; दूसरा है सूक्ष्म, जैसे—मन या चित्त; और तीसरा है गुणविशिष्ट पुरुष अर्थात् अस्मिता या अहंकार। यहाँ आत्मा का अर्थ उसके यथार्थ स्वरूप से नहीं है। अभ्यास के द्वारा योगी इन सब ध्यानों में दृढ़प्रतिष्ठ हो जाते हैं। तब उन्हें ऐसी एकाग्रता-शक्ति प्राप्त हो जाती है कि ज्योंही वे ध्यान करने बैठते हैं, त्योंही अन्य सभी वस्तुओं को मन से हटा सकते हैं। वे जिस विषय का ध्यान करते हैं, उस विषय के साथ एक हो जाते हैं। जब वे ध्यान करते हैं, तब वे मानो स्फटिक के एक टुकड़े के समान हो जाते हैं। यह स्फटिक यदि फूल के पास रहे, तो वह फूल के साथ मानो एकरूप हो जाता है। यदि वह फूल लाल हो, तो स्फटिक भी लाल दिखाई देता है, और यदि फूल नीले रंग का हो, तो स्फटिक भी नीला दिखाई देता है।

तत्र शब्दार्थज्ञानविकल्पैः संकीर्णा सवितर्का समापत्तिः॥ 42 ॥

सूत्रार्थ—शब्द, अर्थ और उससे उत्पन्न ज्ञान जब मिश्रित होकर रहते हैं, तब वह सवितर्क अर्थात् वितर्कयुक्त समाधि (कहलाती) है।

व्याख्या—यहाँ शब्द का अर्थ कंपन। अर्थ का मतलब है—वह स्नायविक शक्तिप्रवाह, जो उसे भीतर ले जाता है। और ज्ञान का अर्थ है प्रतिक्रिया। हमने अब तक जितने प्रकार की समाधि की बात सुनी है, पतंजलि उन सभी को 'सवितर्क' कहते हैं। इसके बाद वे हमें क्रमशः और भी उच्चतर समाधियों की शिक्षा देंगे। इन सवितर्क समाधियों में हम विषयी और विषय, इन दोनों को संपूर्ण रूप से पृथक् रखते हैं। यह पार्थक्य या भेद शब्द, उसके अर्थ और तत्प्रसूत ज्ञान के मिश्रण से उत्पन्न होता है। पहले तो है बाह्य कंपन—शब्द; जब वह इंद्रिय-प्रवाह द्वारा भीतर प्रवाहित होता है, तब उसे अर्थ कहते हैं। उसके बाद चित्त में एक प्रतिक्रिया-प्रवाह आता है; उसे ज्ञान कहा जाता है। जिसे हम बाह्य वस्तु की अनुभूति कहते हैं, वह वस्तुतः इन तीनों की समष्टि मात्र है। हमने अब तक जितने प्रकार की समाधियों की बात सुनी है, उन सब में यह समष्टि ही हमारे ध्यान का विषय होती है। इसके बाद जिस समाधि के बारे में कहा जाएगा, वह अपेक्षाकृत श्रेष्ठ है।

स्मृतिपरिशुद्धौ स्वरूपशून्येवार्थमात्रनिर्भासा निर्वितर्का॥ 43 ॥

सूत्रार्थ—जब स्थिति शुद्ध हो जाती है, अर्थात् स्थिति में जय और किसी प्रकार के गुण का संपर्क नहीं रह जाता, जब वह केवल ध्येय वस्तु का अर्थ मात्र प्रकाशित करती है, तब उसे निर्वितर्क अर्थात् वितर्कशून्य समाधि कहते हैं।

व्याख्या—पहले जिस शब्द, अर्थ और ज्ञान की बात कही गई है, उन तीनों का एक साथ अभ्यास करते करते एक समय ऐसा आता है, जब वे और अधिक मिश्रित नहीं होते; तब हम अनायास ही इन विविध भावों का अतिक्रमण कर सकते हैं। अब पहले हम यही समझने की विशेष चेष्टा करेंगे कि ये तीन क्या हैं। प्रथम चित्त को लो। यह हमेशा याद रखना कि चित्त अर्थात् मनस्तत्त्व की उपमा सरोवर से दी गई है और स्पंदन, शब्द आ ध्वनि सरोवर के सतह पर आए हुए कंपन के समान है। तुम्हारे अपने भीतर ही यह स्थिर सरोवर विद्यमान है। मान लो, मैंने 'गाय' शब्द का उच्चारण किया। ज्योंही वह तुम्हारे कान में प्रवेश करता है; त्योंही तुम्हारे चित्तरूपी सरोवर में एक कंपन उठा देता है। यह कंपन ही 'गाय' शब्द से सूचित भाव या अर्थ है। तुम जो सोचते हो कि मैं एक गाय को जानता हूँ, वह केवल तुम्हारे मन के भीतर रहनेवाली एक तरंग मात्र है। वह बाह्य एवं आभ्यंतर ध्वनि-स्पंदन की प्रतिक्रिया के रूप में उत्पन्न होती है। उस ध्वनि के साथ वह तरंग भी नष्ट हो जाती

है; ध्वनिजनित क्षोभ के बिना तरंग रह ही नहीं सकती।

तुम पूछ सकते हो कि जब हम गाय के बारे में केवल सोचते हैं, पर बाहर से कोई ध्वनि कानों में नहीं पहुँचती, तब भला ध्वनि कहाँ रहती है? उत्तर यह है कि तब वह ध्वनि तुम स्वयं करते हो। तब तुम अपने मन-ही-मन 'गाय' शब्द का धीरे-धीरे उच्चारण करते रहते हो, और बस, उसी से तुम्हारे भीतर एक तरंग आ जाती है। ध्वनि के इस संवेग कि बिना कोई तरंग नहीं आ सकती; और जब यह संवेग बाहर से नहीं आता, तब भीतर से ही आता है। ध्वनि के साथ ही लहर का भी नाश हो जाता है। तब फिर बच क्या रहता है? तब उस प्रतिक्रिया का परिणाम भर बच रहता है। वही ज्ञान है। हमारे मन के अंदर ये तीनों इतने दृढ़संबद्ध हैं कि हम उन्हें अलग नहीं कर सकते। ज्योंही ध्वनि आती है, त्योंही इंद्रियाँ स्पंदित हो उठती हैं और प्रतिक्रिया के रूप में एक तरंग उठ जाती है। ये तीनों क्रियाएँ एक के बाद एक इतनी शीघ्रता से होती हैं कि उनमें एक को दूसरे से अलग करना अत्यंत कठिन है। यहाँ जिस समाधि की बात कही गई है, उसका दीर्घ काल तक अभ्यास करने पर स्मृति—समस्त संस्कारों की आधारभूत—शुद्ध हो जाती है, और तब हम उनमें से एक-दूसरे को अलग कर सकते हैं। इसी को निर्वितर्क समाधि कहते हैं।

एतयैव सविचारा निर्विचारा च सूक्ष्मविषया व्याख्याता ॥ 44 ॥

सूत्रार्थ—पूर्वोक्त दो सूत्रों में सवितर्क और निर्वितर्क जिन दो समाधियों की बात कही गई है, उन्हीं के द्वारा सूक्ष्मतर विषयवाली सविचार और निर्विचार समाधियों की भी व्याख्या कर दी गई है।

व्याख्या—यहाँ पहले के ही समान समझना चाहिए। भेद केवल इतना है कि पूर्वोक्त दोनों समाधियों के विषय स्थूल हैं और यहाँ वे विषय सूक्ष्म हैं।

सूक्ष्मविषयत्वं चालिङ्गपर्यवसानम् ॥ 45 ॥

सूत्रार्थ—सूक्ष्म विषयों की अवधि प्रधान पर्यंत है।

व्याख्या—पंच महाभूत और उनसे उत्पन्न समस्त वस्तुओं को स्थूल कहते हैं। सूक्ष्म वस्तु तन्मात्रा से शुरू होती है। इंद्रिय, मन, अहंकार, महत्त्व (जो समस्त अभिव्यक्ति का कारण है), सत्त्व, रज और तम की साम्यावस्थारूप प्रधान, प्रकृति या अव्यक्त—ये सभी सूक्ष्म वस्तु के अंतर्गत हैं। केवल पुरुष (अर्थात् आत्मा) ही इसके भीतर नहीं आता।

ता एव सबीजः समाधिः ॥ 46 ॥

सूत्रार्थ—ये सभी सबीज समाधि हैं।

व्याख्या—इन सब समाधियों में पूर्वकर्मों का बीज नष्ट नहीं होता; अत: उनसे मुक्ति प्राप्त नहीं होती। तो फिर उनसे होता क्या है? यह आगे के सूत्र में बतलाया गया है।

निर्विचारवैशारद्येऽध्यात्मप्रसाद: ॥ 47 ॥

सूत्रार्थ—निर्विचार समाधि की निर्मलता होने पर चित्त की स्थिति दृढ़ हो जाती है।

ऋतम्भरा तत्र प्रज्ञा ॥ 48 ॥

सूत्रार्थ—उसमें जिस ज्ञान की प्राप्ति होती है, उसे ऋतंभर यानी सत्यपूर्ण ज्ञान कहते हैं।

व्याख्या—अगले सूत्र में इसकी व्याख्या होगी।

श्रुतानुमानप्रज्ञाभ्यामन्यविषया विशेषार्थत्वात् ॥ 49 ॥

सूत्रार्थ—जो ज्ञान विश्वस्त मनुष्यों के वाक्य और अनुमान से प्राप्त होता है, वह सामान्य वस्तु विषयक होता है। जो विषय आगम और अनुमान से उत्पन्न ज्ञान के गोचर नहीं हैं, वे पूर्वोक्त समाधि द्वारा प्रकाशित होते हैं।

व्याख्या—तात्पर्य यह है कि हमें सामान्य वस्तुओं का ज्ञान प्रत्यक्ष अनुभव, उस पर आधारित अनुमान और विश्वस्त मनुष्यों के वाक्यों से होता है। 'विश्वस्त मनुष्यों' से योगियों का तात्पर्य है 'ऋषि', और ऋषि का अर्थ है वेदों में लिपिबद्ध मंत्रों के द्रष्टा। उनके मतानुसार शास्त्रों का प्रामाण्य केवल यह है कि वे विश्वस्त मनुष्यों के वचन हैं। शास्त्र विश्वस्त मनुष्यों के वचन होने पर भी, वे कहते हैं कि केवल शास्त्र हमें आत्मानुभूति कराने में कभी समर्थ नहीं है। हम भले ही सारे वेदों को पढ़ डालें, पर तो भी हो सकता है कि हमें किसी तत्त्व की अनुभूति न हो। पर जब हम उनमें वर्णित उपदेशों को अपने जीवन में उतारते हैं, उनके अनुसार कार्य करते हैं, तब हम ऐसी एक अवस्था में पहुँच जाते हैं, जिसमें शास्त्रोक्त बातों की प्रत्यक्ष उपलब्धि होती है। जहाँ तर्क, प्रत्यक्ष या अनुमान किसी की भी पहुँच नहीं है, वहाँ आप्तवाक्य की भी कोई उपयोगिता नहीं है। यही इस सूत्र का तात्पर्य है।

प्रत्यक्ष उपलब्धि ही यथार्थ धर्म है, वही धर्म का सार है, और शेष सब—उदाहरणार्थ, धर्म-संबंधी भाषण सुनना, धार्मिक ग्रंथों का पाठ करना, या विचार

करना उस उपलब्धि के लिए प्रारंभिक तैयारियाँ मात्र हैं। वह यथार्थ धर्म नहीं है। केवल किसी मत के साथ बौद्धिक सहमति अथवा असहमति धर्म नहीं है। योगियों का मूलभाव यह है कि जैसे इंद्रियों के विषयों के साथ हम लोगों का साक्षात् संबंध होता है, उसी प्रकार धर्म भी प्रत्यक्ष किया जा सकता है; और इतना ही नहीं, बल्कि वह तो और भी तीव्रतर रूप से उपलब्ध हो सकता है। ईश्वर, आत्मा आदि जो सब धर्म के प्रतिपाद्य सत्य हैं, वे बहिरिंद्रियों से प्रत्यक्ष नहीं हो सकते। मैं आँखों से ईश्वर को नहीं देख सकता या हाथ से उनका स्पर्श नहीं कर सकता। हम यह भी जानते हैं कि युक्ति-तर्क हमें इंद्रियों के परे नहीं ले जा सकता; वह तो हमें सर्वथा एक अनिश्चित स्थल में छोड़ आता है। हम भले ही जीवन भर विचार करते रहें, जैसा कि दुनिया हजारों वर्षों से करती आ रही है, पर आखिर उसका फल क्या होता है? यही कि धर्म के सत्यों को प्रमाणित या अप्रमाणित करने में हम अपने को असमर्थ पाते हैं। हम जिसका इंद्रियों से प्रत्यक्षतः अनुभव करते हैं, उसी के आधार पर हम तर्क, विचार आदि किया करते हैं। अतः यह स्पष्ट है कि तर्क को इंद्रिय-प्रत्यक्ष की इस चारदीवारी के भीतर ही चक्कर काटना पड़ता है; वह उसके परे कभी नहीं जा सकता। अतएव आत्मानुभूति का समस्त क्षेत्र इंद्रिय-प्रत्यक्ष के परे है। योगी कहते हैं कि मनुष्य इंद्रिय-प्रत्यक्ष के परे और तर्क के परे भी जा सकता है। मनुष्य में अपनी बुद्धि को भी लाँघ जाने की शक्ति, सामर्थ्य है, और यह शक्ति प्रत्येक प्राणी में, प्रत्येक जंतु में निहित है। योग के अभ्यास से यह शक्ति जाग्रत् हो जाती है और तब मनुष्य युक्ति-तर्क की साधारण सीमा को पार करता है और तर्क के अगम्य विषयों का साक्षात्कार करता है।

तज्जः संस्कारोऽन्यसंस्कारप्रतिबन्धी ॥ 50 ॥

सूत्रार्थ—यह समाधिजात संस्कार दूसरे सब संस्कारों का प्रतिबंधी होता है, अर्थात् दूसरे संस्कारों को फिर आने नहीं देता।

व्याख्या—हमने पहले के सूत्र में देखा है कि उस अतिचेतन भूमि पर जाने का एकमात्र उपाय है—एकाग्रता। हमने यह भी देखा है कि पूर्व संस्कार ही उस प्रकार की एकाग्रता पाने में हमारे प्रतिबंधक हैं। तुम सभी ने गौर किया होगा कि ज्यों ही तुम लोग मन को एकाग्र करने का प्रयत्न करते हो, त्यों ही तुम्हारे अंदर नाना प्रकार के विचार भटकने लगते हैं। ज्यों ही ईश्वरचिंतन करने की चेष्टा करते हो, ठीक उसी समय ये सब संस्कार जाग उठते हैं। दूसरे समय वे उतने कार्यशील नहीं रहते; किंतु ज्यों ही तुम उन्हें भगाने की कोशिश करते हो, वे अवश्य ही आ जाते हैं और तुम्हारे

मन को बिलकुल आच्छादित कर देने का भरसक प्रयत्न करते हैं। इसका कारण क्या है? इस एकाग्रता के अभ्यास के समय ही वे इतने प्रबल क्यों हो उठते हैं? इसका कारण यही है कि तुम उनको दबाने की चेष्टा कर रहे हो। और वे अपने सारे बल से प्रतिक्रिया करते हैं। अन्य समय वे इस प्रकार अपनी ताकत नहीं लगाते। इन सब पूर्व संस्कारों की संख्या भी कितनी अगणित है। चित्त के किसी स्थान में वे चुपचाप बैठे रहते हैं और बाघ के समान झपटकर आक्रमण करने के लिए मानो हमेशा घात में रहते हैं! उन सब को रोकना होगा, ताकि हम जिस भाव को मन में रखना चाहें, वही आए और दूसरे सब भाव चले जाएँ। पर ऐसा न होकर वे सब तो उसी समय आने के लिए संघर्ष करते हैं। मन की एकाग्रता में बाधा देनेवाली ये ही संस्कारों की विविध शक्तियाँ हैं। अतएव जिस समाधि की बात अभी कही गई है, उसका अभ्यास सबसे उत्तम है; क्योंकि वह उन संस्कारों को रोकने में समर्थ है। इस समाधि के अभ्यास से जो संस्कार उत्पन्न होगा, वह इतना शक्तिमान होगा कि वह अन्य सब संस्कारों का कार्य रोककर उन्हें वशीभूत करके रखेगा।

तस्यापि निरोधे सर्वनिरोधान्निर्बीजः समाधिः॥ 51 ॥

सूत्रार्थ—उसका भी (अर्थात् जो संस्कार अन्य सभी संस्कारों को रोक देता है) निरोध हो जाने पर, सबका निरोध हो जाने के कारण निर्बीज समाधि (हो जाती है)।

व्याख्या—तुम लोगों को यह अवश्य स्मरण है कि आत्मसाक्षात्कार ही हमारे जीवन का चरम लक्ष्य है। हम लोग आत्मसाक्षात्कार नहीं कर पाते, क्योंकि इस आत्मा का प्रकृति, मन और शरीर के साथ तादात्म्य हो गया है। अज्ञानी मनुष्य अपने शरीर को ही आत्मा समझता है। उसकी अपेक्षा कुछ उन्नत मनुष्य मन को ही आत्मा समझता है। किंतु दोनों ही भूल में हैं। अच्छा, आत्मा इन सब उपाधियों के साथ कैसे एकाकार हो जाती है? चित्त में ये नाना प्रकार की लहरें (वृत्तियाँ) उठकर आत्मा को आच्छादित कर लेती हैं, और हम इन लहरों में से आत्मा का कुछ प्रतिबिंब मात्र देख पाते हैं। यही कारण है कि जब क्रोधवृत्तिरूप लहर उठती है, तो हम आत्मा को क्रोधयुक्त देखते हैं। कहते हैं कि हम क्रुद्ध हुए हैं। जब चित्त में प्रेम की लहर उठती है, तो उस लहर में अपने को प्रतिबिंबित देखकर हम सोचते हैं कि हम प्यार कर रहे हैं। जब दुर्बलतारूप वृत्ति उठती है और आत्मा उसमें प्रतिबिंबित हो जाती है, तो हम सोचते हैं कि हम कमजोर हैं। ये सब पूर्व संस्कार जब आत्मा के स्वरूप को आच्छादित कर लेते हैं, तभी इस प्रकार के विभिन्न भाव उदित होते रहते हैं।

चित्तरूपी सरोवर में जब तक एक भी लहर रहेगी, तब तक आत्मा का यथार्थ स्वरूप दिखाई नहीं देगा। जब तक समस्त लहरें बिलकुल शांत नहीं हो जातीं, तब तक आत्मा का यथार्थ स्वरूप कभी प्रकाशित नहीं होगा। इसीलिए पतंजलि ने पहले यह समझाया है कि ये तरंगरूप वृत्तियाँ क्या हैं और बाद में उनको दमन करने का सर्वश्रेष्ठ उपाय सिखलाया है।

तीसरी बात यह सिखलाई है कि जैसे एक बृहत् अग्निराशि छोटे-छोटे अग्निकणों को निगल लेती है, उसी प्रकार एक लहर को इतनी प्रबल बनाना होगा, जिससे अन्य सब लहरें बिलकुल लुप्त हो जाएँ। जब केवल एक ही लहर बच रहेगी, तब उसका भी निरोध कर देना सहज हो जाएगा। और जब वह भी चली जाती है, तब उस समाधि को निर्बीज समाधि कहते हैं। तब और कुछ भी नहीं बच रहता और आत्मा अपने स्वरूप में, अपनी महिमा में प्रकाशित हो जाती है। तभी हम जान पाते हैं कि आत्मा यौगिक पदार्थ नहीं है, संसार में एकमात्र वही नित्य अयौगिक पदार्थ है; अतएव उसका जन्म भी नहीं है और मृत्यु भी नहीं, वह अमर है, अविनश्वर है, नित्य चैतन्यघन सत्तास्वरूप है।

❑

द्वितीय अध्याय

साधनपाद

तप:स्वाध्यायेश्वरप्रणिधानानि क्रियायोग:॥ 1 ॥

सूत्रार्थ—तपस्या, अध्यात्म शास्त्रों के पठन-पाठन और ईश्वर में समस्त कर्मफलों के समर्पण को क्रियायोग कहते हैं।

व्याख्या—पिछले अध्याय में जिन सब समाधियों की बात कही गई है, उन्हें प्राप्त करना अत्यंत कठिन है। इसलिए हमें धीरे-धीरे विभिन्न सोपानों में से होते हुए उन सब समाधियों को प्राप्त करने का प्रयत्न करना होगा। इसके पहले सोपान को क्रियायोग कहते हैं। इसका शब्दार्थ है—कर्म के सहारे योग की ओर बढ़ना। हमारी देह मानो एक रथ है, इंद्रियाँ घोड़े हैं, मन लगाम है, बुद्धि सारथि है और आत्मा रथी है। यह गृहस्वामी, यह राजा, यह मनुष्य की आत्मा रथ में सवार है। यदि घोड़े बड़े तेज हों और लगाम खिंची न रहे, यदि बुद्धिरूपी सारथी उन घोड़ों को संयत करना न जाने, तो रथ की दुर्दशा हो जाएगी। पर यदि इंद्रियरूपी घोड़े अच्छी तरह से संयत रहें और मनरूपी लगाम बुद्धिरूपी सारथी के हाथों अच्छी तरह थमी रहे, तो वह रथ ठीक अपने गंतव्य स्थान पर पहुँच जाता है।

अब यह समझ में आ जाएगा कि इस तपस्या शब्द का अर्थ क्या है। तपस्या शब्द का अर्थ है—इस शरीर और इंद्रियों को चलाते समय लगाम अच्छी तरह थामे रहना, उन्हें अपनी इच्छानुसार काम न करने देकर अपने वश में किए रहना। उसके बाद है स्वाध्याय या पठन-अध्ययन। यहाँ पठन का तात्पर्य क्या है? नाटक, उपन्यास या कहानी की पुस्तक का पठन नही, वरन् उन ग्रंथों का पठन, जो यह शिक्षा देते हैं कि आत्मा की मुक्ति कैसे होती है। फिर स्वाध्याय से तर्क या वाद-विवाद की पुस्तक का पठन नहीं समझना चाहिए। जो योगी हैं, वे तो वाद-विवाद करके तृप्त

हो चुके रहते हैं; वाद-विवाद में उनकी कोई रुचि नहीं रह जाती। वे पठन-अध्ययन करते हैं, केवल अपनी धारणाओं को दृढ़ करने के लिए। शास्त्रीय ज्ञान दो प्रकार के हैं। एक है वाद (जो तर्क-युक्ति और विचारात्मक है), और दूसरा है सिद्धांत (मीमांसात्मक)। अज्ञानावस्था में मनुष्य प्रथमोक्त प्रकार के शास्त्रीय ज्ञान के अनुशीलन में प्रवृत्त होता है; वह तर्कयुद्ध के समान है—प्रत्येक वस्तु के सब पहलू देखकर विचार करना; इस विचार का अंत होने पर वह किसी एक मीमांसा या सिद्धांत पर पहुँचता है। किंतु केवल सिद्धांत पर पहुँचने से ही नहीं हो जाता।

इस सिद्धांत के बारे में मन की धारणा को दृढ़ करना होगा। शास्त्र तो अनंत हैं और समय अल्प है; अत: ज्ञानप्राप्ति का रहस्य है—सब वस्तुओं का सारभाग ग्रहण करना। उस सारभाग को ग्रहण करो और उसे अपने जीवन में उतारने का प्रयत्न करो। भारत में एक पुरानी किंवदंती है कि यदि तुम किसी राजहंस के सामने एक कटोरा भर पानी मिला हुआ दूध रख दो, तो वह दूध दूध पी लेगा और पानी छोड़ देगा। उसी प्रकार ज्ञान का जो अंश आवश्यक है, उसे लेकर असार भाग को हमें फेंक देना चाहिए। पहले-पहल बुद्धि की कसरत आवश्यक होती है। अंधे के समान कुछ भी ले लेने से काम नहीं बनता। पर जो योगी हैं, वे इस युक्ति-तर्क की अवस्था को पार करके एक ऐसे सिद्धांत पर पहुँच चुके हैं, जो पर्वत के समान अचल-अटल है। इसके बाद उनका सारा प्रयत्न सिद्धांत के दृढ़ करने में होता है। वे कहते हैं, वाद-विवाद मत करो; यदि कोई तुम्हें वाद-विवाद करने को बाध्य करे, तो चुप रहो। किसी वाद-विवाद का जवाब न देकर शांतभाव से वहाँ से चले जाओ; क्योंकि वाद-विवाद द्वारा मन केवल चंचल ही होता है। वाद-विवाद की आवश्यकता थी केवल बुद्धि को तेज करने के लिए; जब वह संपन्न हो चुका, तब और उसे बेकार चंचल करने की क्या जरूरत?

बुद्धि तो एक दुर्बल यंत्र मात्र है, वह हमें केवल इंद्रियों के घेरे में रहनेवाला ज्ञान दे सकती है। पर योगी इंद्रियों के परे जाना चाहते हैं, अतएव उनके लिए बुद्धि चलाने की कोई और आवश्यकता नहीं रह जाती। उन्हें इस विषय में पक्का विश्वास हो चुका है, अतएव वे वाद-विवाद नहीं करते, चुपचाप रहते हैं; क्योंकि वाद-विवाद करने से मन समता से च्युत हो जाता है, चित्त में एक हलचल मच जाती है; और चित्त की ऐसी हलचल उनके लिए एक विघ्न ही है। यह सब वाद-विवाद, युक्ति-तर्क केवल प्रारंभिक अवस्था के लिए है। इस युक्ति-तर्क के अतीत और भी उच्चतर तत्त्वसमूह हैं। सारे जीवन केवल विद्यालय के बच्चों के समान वाद-विवाद या तर्क-वितर्क समिति लेकर ही रहना पर्याप्त नहीं है। ईश्वर में कर्मफल अर्पित

करने का तात्पर्य है—कर्म के लिए स्वयं कोई प्रशंसा या निंदा न लेकर इन दोनों को ही ईश्वर को समर्पित कर देना और शांति से रहना।

समाधिभावनार्थः क्लेशतनूकरणार्थश्च ॥ 2 ॥

सूत्रार्थ—समाधि की सिद्धि के लिए और क्लेशजनक विघ्नों को क्षीण करने के लिए (इस क्रियायोग की आवश्यकता है)।

व्याख्या—हममें से अनेकों ने मन को लाड़-प्यार के लड़के के समान कर डाला है। वह जो कुछ चाहता है, उसे वही दे दिया करते हैं। इसीलिए क्रियायोग का सतत अभ्यास आवश्यक है, जिससे मन को संयत करके अपने वश में लाया जा सके। इस संयम के अभाव में ही योग के सारे विघ्न उपस्थित होते हैं और उनसे फिर क्लेश की उत्पत्ति होती है। उन्हें दूर करने का उपाय है—क्रियायोग द्वारा मन को वशीभूत कर लेना, उसे अपना कार्य न करने देना।

अविद्यास्मितारागद्वेषाभिनिवेशाः क्लेशाः ॥ 3 ॥

सूत्रार्थ—अविद्या, अस्मिता (अहंकार), राग, द्वेष और अभिनिवेश (जीवन के प्रति ममता)—(ये पाँचों) क्लेश हैं।

व्याख्या—ये ही पंचक्लेश हैं, ये पाँच बंधनों के समान हमें इस संसार में बाँध रखते हैं। इनमें से अविद्या ही कारण है और शेष चार क्लेश इसके कार्य हैं। यह अविद्या ही हमारे दुःख का एकमात्र कारण है। भला और किसकी शक्ति है, जो हमें इस प्रकार दुःख में रख सके? आत्मा तो नित्य आनंदस्वरूप है। उसे अज्ञान-भ्रम—माया के सिवा और कौन दुःखी कर सकता है? आत्मा के ये समस्त दुःख केवल भ्रम मात्र हैं।

अविद्या क्षेत्रमुत्तरेषां प्रसुप्ततनुविच्छिन्नोदाराणाम् ॥ 4 ॥

सूत्रार्थ—अविद्या ही उन शेष चार का उत्पादक क्षेत्रस्वरूप है। वे कभी लीनभाव से, कभी सूक्ष्मभाव से, कभी अन्य वृत्ति के द्वारा विच्छिन्न अर्थात् अभिभूत होकर और कभी प्रकाशित होकर रहते हैं।

व्याख्या—अविद्या ही अस्मिता, राग, द्वेष और अभिनिवेश का कारण है। ये संस्कार-समूह विभिन्न मनुष्यों के मन में विभिन्न अवस्थाओं में रहते हैं। कभी-कभी वे प्रसुप्त रूप में रहते हैं। तुम लोग अनेक समय 'शिशु के समान भोला'—यह वाक्य सुनते हो; परंतु संभव है, इस शिशु के भीतर ही देवता या असुर का भाव

विद्यमान हो, जो धीरे-धीरे समय पाकर प्रकाशित होगा। योगी में पूर्व कर्मों के फलस्वरूप ये संस्कार सूक्ष्म भाव से रहते हैं। इसका तात्पर्य यह है कि वे अत्यंत सूक्ष्म अवस्था में रहते हैं और योगी उन्हें दबाकर रख सकते हैं। उनमें उन संस्कारों को प्रकाशित न होने देने की शक्ति रहती है। कभी-कभी कुछ प्रबल संस्कार अन्य कुछ संस्कारों को कुछ समय तक के लिए दबाकर रखते हैं, किंतु ज्यों ही वह दबा रखनेवाला कारण चला जाता है, त्यों ही वे पहले के संस्कार फिर से उठ जाते हैं। इस अवस्था को विच्छिन्न कहते हैं। अंतिम अवस्था का नाम है उदार। इस अवस्था में संस्कारसमूह अनुकूल परिस्थितियों का सहारा पाकर बड़े प्रबल भाव से शुभ या अशुभ रूप से कार्य करते रहते हैं।

अनित्यशुचिदु:खानात्मसु नित्यशुचिसुखात्मख्यातिरविद्या ॥ 5 ॥

सूत्रार्थ—अनित्य, अपवित्र, दुखकर और आत्मा से भिन्न पदार्थ में (क्रमशः) नित्य, पवित्र, सुखकर और आत्मा की प्रतीति 'अविद्या' है।

व्याख्या—इन समस्त संस्कारों का एकमात्र कारण है अविद्या। हमें पहले यह जान लेना होगा कि यह अविद्या क्या है। हम सभी सोचते हैं, "मैं शरीर हूँ—शुद्ध, ज्योतिर्मय, नित्य, आनंदस्वरूप आत्मा नहीं।" यह अविद्या है। हम लोग मनुष्य को शरीर के रूप में ही देखते और जानते हैं। यह महान् भ्रम है।

दृग्दर्शनशक्त्योरेकात्मतैवास्मिता ॥ 6 ॥

सूत्रार्थ—दृक्-शक्ति और दर्शनशक्ति का एकीभाव ही अस्मिता है।

व्याख्या—आत्मा ही यथार्थ द्रष्टा है; वह शुद्ध, नित्य पवित्र, अनंत और अमर है। और दर्शनशक्ति अर्थात् उसके व्यवहार में आनेवाले यंत्र कौन-कौन से हैं? चित्त, बुद्धि अर्थात् निश्चयात्मिका वृत्ति, मन और इंद्रियाँ—ये उसके यंत्र हैं, ये सब बाह्य जगत् को देखने के लिए उसके यंत्रस्वरूप हैं और उसकी इन सब के साथ एकरूपता को अस्मिता रूप अविद्या कहते हैं। हम कहा करते हैं, 'मैं मन हूँ', 'मैं क्रुद्ध हुआ हूँ', 'मैं सुखी हूँ'। पर सोचो तो सही, हम कैसे क्रुद्ध हो सकते हैं, कैसे किसी के प्रति घृणा कर सकते हैं? आत्मा के साथ हमें अपने को अभिन्न समझना चाहिए। आत्मा का तो कभी परिणाम नहीं होता। यदि आत्मा अपरिणामी हो, तो वह कैसे इस क्षण सुखी और दूसरे ही क्षण दु:खी हो सकती है? वह निराकार, अनंत और सर्वव्यापी है। उसे कौन परिणामी बना सकता है? आत्मा सर्व प्रकार के नियमों के परे है। उसे कौन विकृत कर सकता है? संसार में कोई भी, आत्मा पर किसी

प्रकार का कार्य नहीं कर सकता। तो भी हम लोग अज्ञानवश अपने आप को मनोवृत्ति के साथ एकरूप कर लेते हैं और सोचा करते हैं कि हम सुख या दुःख का अनुभव कर रहे हैं।

सुखानुशयी रागः॥ 7॥

स्वार्थ—जो मनोवृत्ति सुख के आधार पर रहती है, उसे राग कहते हैं।

व्याख्या—हम किसी-किसी विषय में सुख पाते हैं। जिसमें हम सुख पाते हैं, मन एक प्रवाह के समान उसकी ओर प्रवाहित होता है। सुखकेंद्र की ओर दौड़नेवाले मन के इस प्रवाह को ही राग या आसक्ति कहते हैं। हम जिस विषय में सुख नहीं पाते, उधर हमारा मन कभी भी आकृष्ट नहीं होता। हम लोग कभी-कभी नाना प्रकार की विचित्र चीजों में सुख पाते हैं, तो भी राग की जो परिभाषा दी गई है, वह सर्वत्र ही लागू होती है। हम जहाँ सुख पाते हैं, वही आकृष्ट हो जाते हैं।

दुःखानुशयी द्वेषः॥ 8॥

सूत्रार्थ—जो मनोवृत्ति दुःख के आधार पर रहती है, उसे द्वेष कहते हैं।

व्याख्या—जिसमें हम दुःख पाते हैं, उसे तत्क्षण त्याग देने का प्रयत्न करते हैं।

स्वरसवाही विदुषोऽपि तथारूढोऽभिनिवेशः॥ 9॥

सूत्रार्थ—जो (पहले के मृत्यु के अनुभवों से) स्वभावतः चला आ रहा है एवं जो विवेकशील पुरुषों में भी विद्यमान देखा जाता है, वह अभिनिवेश अर्थात् जीवन के प्रति ममता है।

व्याख्या—जीवन के प्रति यह ममता जीव मात्र में प्रकट रूप से देखी जाती है। इस पर भविष्य-जीवनसंबंधी सिद्धांतों को स्थापित करने का प्रयत्न किया गया है। मनुष्य ऐहिक जीवन से इतना प्यार करता है कि उसकी यह आकांक्षा रहती है कि वह भविष्य में भी जीवित रहे। यह कहने की आवश्यकता नहीं कि इस युक्ति का कोई विशेष मूल्य नहीं है, पर इसमें सबसे आश्चर्यजनक बात तो यह है कि पाश्चात्यों के मतानुसार इस जीवन के प्रति ममता से भविष्य-जीवन की जो संभावना सूचित होती है, वह केवल मनुष्य के बारे में सत्य है, दूसरे प्राणियों के बारे में नहीं। भारत में पूर्वसंस्कार और पूर्वजीवन को प्रमाणित करने के लिए यह अभिनिवेश एक युक्तिस्वरूप हुआ है। मान लो, यदि समस्त ज्ञान हमें प्रत्यक्ष अनुभूति से प्राप्त हुए हों, तो यह निश्चित है कि हमने जिसका कभी प्रत्यक्ष अनुभव नहीं किया, उसकी

कल्पना भी कभी नहीं कर सकते, अथवा उसे समझ भी नहीं सकते। मुरगी के बच्चे अंडे में से बाहर आते ही दाना चुगना आरंभ कर देते हैं।

बहुधा ऐसा भी देखा गया है कि यदि कभी मुरगी के द्वारा बतख का अंडा सेया गया, तो बतख का बच्चा अंडे में से बाहर आते ही पानी में चला जाता है, और उसकी मुरगी–माँ इधर सोचती है कि शायद बच्चा पानी में डूब गया। यदि प्रत्यक्ष–अनुभूति ही ज्ञान का एकमात्र उपाय हो, तो इन मुरगी के बच्चे ने कहाँ से दाना चुगना सीखा? अथवा बतख के इन बच्चो ने यह कैसे जाना कि पानी उनका स्वाभाविक स्थान है? यदि तुम कहो कि यह जन्मजात–प्रवृत्ति (instinct) मात्र है, तो उससे कुछ भी बोध नहीं होता; वह तो केवल एक शब्द का प्रयोग मात्र हुआ, वह कोई स्पष्टीकरण तो है नहीं। यह जन्मजात–प्रवृत्ति क्या है? हम लोगों में भी ऐसी बहुत सी जन्मजात प्रवृत्तियाँ हैं। उदाहरणार्थ, तुममें से अनेक महिलाएँ पियानो बजाती हैं; तुमको अवश्य स्मरण होगा, जब तुमने पहले–पहल पियानो सीखना आरंभ किया था, तब तुमको सफेद और काले परदों पर एक के बाद दूसरे पर कितनी सावधानी के साथ उँगलियाँ रखनी पड़ती थीं, किंतु कुछ वर्षों के अभ्यास के बाद अब शायद तुम किसी मित्र के साथ बातचीत भी करती रहती हो और साथ ही तुम्हारी उँगलियाँ भी पियानो पर अपने आप चलती रहती हैं। अर्थात् वह अब तुम लोगों की जन्मजात–प्रवृत्ति के रूप में परिणत हो गया है; वह तुम लोगों के लिए अब पूर्ण रूप से स्वाभाविक हो गया है।

हम जो अन्य कार्य करते हैं, उनके बारे में भी ठीक ऐसा ही है। अभ्यास से वह सब जन्मजात–प्रवृत्तियों रूप में परिणत हो जाता है, स्वाभाविक हो जाता है। और जहाँ तक हम जानते हैं, आज जिन क्रियाओं को हम स्वाभाविक या जन्मजात–प्रवृत्तियों से उत्पन्न कहते हैं, वे सब पहले तर्कपूर्वक ज्ञान की क्रियाएँ थीं और अब निम्नभावापन्न होकर इस प्रकार स्वाभाविक हो पड़ी हैं। योगियों की भाषा में, जन्मजात–प्रवृत्ति तर्क की निम्नभावापन्न क्रमसंकुचित अवस्था मात्र है। तर्कजन्य ज्ञान क्रमसंकुचित होकर स्वाभाविक संस्कार के रूप में परिणत हो जाता है। अतएव यह बात पूर्णरूपेण युक्तिसंगत है कि हम इस जगत् में जिसे जन्मजात–प्रवृत्ति कहते हैं, वह तर्कजन्य ज्ञान की संकुचित निम्नावस्था मात्र है। पर चूँकि यह तर्क प्रत्यक्ष–अनुभूति बिना नहीं हो सकता, इसलिए समस्त जन्मजात–प्रवृत्तियाँ पूर्व प्रत्यक्ष–अनुभूतियों के फल हैं। मुरगी के बच्चे चील से डरते हैं, बतख के बच्चे पानी पसंद करते हैं, ये दोनों पूर्व प्रत्यक्ष–अनुभूतियों के फल हैं।

अब प्रश्न यह है कि यह अनुभूति जीवात्मा की है, अथवा केवल शरीर की?

बतख अभी जो कुछ अनुभव कर रही है, वह उस बतख के पूर्वजों की अनुभूति से आया है, अथवा वह उसकी अपनी प्रत्यक्ष अनुभूति है? आधुनिक वैज्ञानिक कहते हैं, वह केवल उसके शरीर का धर्म है; पर योगी कहते हैं कि वह मन की अनुभूति है, जो शरीर के माध्यम से संचारित होकर आ रही है। इसी को पुनर्जन्मवाद कहते हैं।

हमने पहले देखा है कि हमारा समस्त ज्ञान—प्रत्यक्ष, तर्कजन्य या जन्मजात—एकमात्र प्रत्यक्ष-अनुभूतिरूप मार्ग के माध्यम से होकर ही आ सकता है; और जिसे हम 'जन्मजात-प्रवृत्ति' कहते हैं, वह हमारी पूर्व प्रत्यक्ष-अनुभूति का फल है, वह पूर्वानुभूति ही आज अवनत होकर जन्मजात-प्रवृत्ति के रूप में परिणत हो गई है और यह जन्मजात-प्रवृत्ति फिर से तर्कजन्य ज्ञान में उन्नत हो जाती है। सारे संसार में यही क्रिया चल रही है। इसी पर भारत में पुनर्जन्मवाद की एक प्रधान युक्ति आधारित हुई है। पूर्वानुभूत बहुत से भय के संस्कार कालांतर में इस जीवन के प्रति ममता के रूप में परिणत हो जाते हैं। यही कारण है कि बालक बिलकुल बचपन से ही अपने आप डरता रहता है, क्योंकि उसके मन में दुःख का पूर्वानुभूतिजनित संस्कार विद्यमान है। अत्यंत विद्वान् मनुष्यों में भी, जो जानते हैं कि यह शरीर एक दिन चला जाएगा, जो कहते हैं कि 'आत्मा की मृत्यु नहीं, हमारे तो सैकड़ों शरीर हैं, अतएव भय किस बात का'—ऐसे विद्वान् पुरुषों में भी, उनकी सारी विचारजनित धारणाओं के बावजूद हम इस जीवन के प्रति प्रगाढ़ ममता देखते हैं।

जीवन के प्रति यह ममता कहाँ से आई? हमने देखा है कि यह हमारे लिए जन्मजात या स्वाभाविक हो गई है। योगियों की दार्शनिक भाषा में कह सकते हैं कि वह संस्कार के रूप में परिणत हो गई है। ये सारे संस्कार सूक्ष्म (तनू) और गुप्त (प्रसुप्त) होकर मन के भीतर मानो सोये हुए पड़े हैं। मृत्यु के ये सब पूर्व अनुभव—वे सभी संस्कार, जिन्हें हम जन्मजात-प्रवृत्ति कहते हैं, मानो अवचेतन अर्थात् ज्ञान की निम्न भूमि में पहुँच गए हैं। वे चित्त में ही वास करते हैं। वे वहाँ निष्क्रिय रूप से अवस्थान करते हों, ऐसी बात नहीं, वरन् भीतर ही भीतर कार्य करते रहते हैं।

स्थूल रूप में प्रकाशित चित्तवृत्तियों को हम समझ सकते हैं और उनका अनुभव कर सकते हैं; उनका दमन अधिक सुगमता से किया जा सकता है। पर इन सब सूक्ष्मतर संस्कारों का दमन कैसे होगा? उन्हें कैसे दबाया जाए? जब मैं क्रुद्ध होता हूँ, तब मेरा सारा मन मानो क्रोध की एक बड़ी तरंग में परिणत हो जाता है। मैं वह अनुभव कर सकता हूँ। उसे देख सकता हूँ, उसे मानो हाथ में लेकर हिला-डुला सकता हूँ। उसके साथ अनायास ही, जो इच्छा हो, वही कर सकता हूँ, उसके साथ

लड़ाई कर सकता हूँ, पर यदि मैं मन के अत्यंत गहरे प्रदेश में न जा सकूँ, तो कभी भी मैं उसे जड़ से उखाड़ने में सफल न हो सकूँगा। कोई मुझे दो कड़ी बातें सुना देता है, और मैं अनुभव करता हूँ कि मेरा खून गरम होता जा रहा है। उसके और भी कुछ कहने पर मेरा खून उबल उठता है और मैं अपने आपे से बाहर हो जाता हूँ। क्रोधवृत्ति के साथ मानो अपने को एक कर लेता हूँ। जब उसने मुझे सुनाना आरंभ किया था, उस समय मुझे अनुभव हो रहा था कि मुझमें क्रोध आ रहा है। उस समय क्रोध अलग था और मैं अलग; किंतु जब मैं क्रुद्ध हो उठा, तो मैं ही मानो क्रोध में परिणत हो गया। इन वृत्तियों को जड़ से, उनकी सूक्ष्मावस्था से ही उखाड़ना पड़ेगा; वे हमारे ऊपर कार्य कर रही हैं, यह समझने के पहले ही उन पर संयम करना पड़ेगा। संसार के अधिकांश मनुष्यों को तो इन वृत्तियों की सूक्ष्मावस्था के अस्तित्व तक का पता नहीं। जिस अवस्था में ये वृत्तियाँ अवचेतन अर्थात् ज्ञान की निम्न भूमि से थोड़ी-थोड़ी करके उदित होती हैं, उसी को वृत्ति की सूक्ष्मावस्था कहते हैं। जब किसी सरोवर की तली से एक बुलबुला ऊपर उठता है, तब हम उसे देख नहीं पाते; केवल इतना ही नहीं, जब वह सतह के बिलकुल नजदीक आ जाता है, तब भी हम उसे देख नहीं पाते; पर जब वह ऊपर उठकर फूट जाता है और एक लहर फैला देता है, तभी हम उसका अस्तित्व जान पाते हैं। इसी प्रकार जब हम इन वृत्तियों को उनकी सूक्ष्मावस्था में ही पकड़ सकेंगे, तभी हम उन्हें रोकने में समर्थ हो सकेंगे। उनके स्थूल रूप धारण करने के पहले ही यदि हम उनको पकड़ न सके, उनको संयत न कर सके, तो फिर किसी भी वासना पर संपूर्ण रूप से जय प्राप्त कर सकने की आशा नहीं। वासनाओं को संयत करने के लिए हमें उनके मूल में जाना पड़ेगा। तभी हम उनके बीज तक को दग्ध कर डालने में सफल होंगे। जैसे भुने हुए बीज जमीन में बो देने पर फिर अंकुरित नहीं होते, उसी प्रकार ये वासनाएँ भी फिर कभी उदित न होंगी।

ते प्रतिप्रसवहेयाः सूक्ष्माः॥ 10॥

सूत्रार्थ—उन सूक्ष्म संस्कारों को प्रतिप्रसव यानी प्रतिलोम-परिणाम के द्वारा (अर्थात् अपनी कारणावस्था में विलीन करने के साधन द्वारा) नाश करना पड़ता है।

व्याख्या—ध्यान के द्वारा जब चित्तवृत्तियाँ नष्ट हो जाती हैं, तब सूक्ष्म संस्कार बच रहते हैं। उनको नष्ट करने का उपाय क्या है? उन्हें प्रतिप्रसव अर्थात् प्रतिलोम-परिणाम के द्वारा नष्ट करना पड़ता है। प्रतिलोम-परिणाम का अर्थ है—कार्य का कारण में लय। चित्तरूप कार्य जब समाधि के द्वारा अस्मितारूप अपने कारण में लीन

हो जाता है, तभी चित्त के साथ ये सब संस्कार भी नष्ट हो जाते हैं। केवल ध्यान ये सब सूक्ष्म संस्कार नष्ट नहीं कर सकता।

ध्यानहेयास्तद्वृत्तय:॥ 11॥

सूत्रार्थ—ध्यान के द्वारा उनकी (स्थूल) वृत्तियाँ नष्ट करनी पड़ती हैं।

व्याख्या—ध्यान ही इन बड़ी तरंगों की उत्पत्ति को रोकने का एक महान् उपाय है। ध्यान के द्वारा मन की ये वृत्तिरूप लहरें दब जाती हैं। यदि तुम दिन-पर-दिन, मास-पर-मास, वर्ष-पर-वर्ष, इस ध्यान का अभ्यास करो—जब तक वह तुम्हारे स्वभाव में न भिद जाए, जब तक तुम्हारी इच्छा न करने पर भी वह ध्यान आप से आप आने लगे, तो क्रोध, घृणा आदि वृत्तियाँ संयत हो जाएँगी।

क्लेशमूल: कर्माशयो दृष्टादृष्टजन्मवेदनीय:॥ 12॥

सूत्रार्थ—ये सब पूर्वोक्त क्लेश ही कर्मसंस्कारों के समुदाय की जड़ हैं; वर्तमान या भविष्य में होनेवाले जीवन में वे फल प्रसव करते हैं।

व्याख्या—कर्माशय का अर्थ है, समस्त संस्कारों की समष्टि। हम जो भी कार्य करते हैं, वह चित्तरूपी सरोवर में एक लहर उठा देता है। हम सोचते हैं कि इस काम के समाप्त होते ही वह लहर भी चली जाएगी; पर वास्तव में वैसा नहीं होता। वह तो बस सूक्ष्म आकार भर धारण कर लेती है, पर रहती वहीं है। ज्यों ही हम उस कार्य को स्मरण में लाने का प्रयत्न करते हैं, त्यों ही वह फिर से उठ जाती है और लहररूप धारण कर लेती है। इससे यह स्पष्ट है कि वह मन के ही भीतर छिपी हुई थी; यदि ऐसा न होता तो स्मृति ही संभव न होती। अतएव हर एक कार्य, हर एक विचार, वह चाहे शुभ हो, चाहे अशुभ, मन के गहरे प्रदेश में जाकर सूक्ष्मभाव धारण कर लेता है और वहीं संचित रहता है। शुभ और अशुभ, दोनों प्रकार के विचार को क्लेश कहते हैं, क्योंकि योगियों के मतानुसार दोनों से ही अंत में दु:ख उत्पन्न होता है। इंद्रियों से जो सुख मिलता है, वह अंत में दु:ख ही लाता है; क्योंकि भोग से और अधिक भोग की तृष्णा होती है और इसका अनिवार्य फल होता है—दु:ख। मनुष्य की वासना का कोई अंत नहीं; वह लगातार वासना पर वासना रचता जाता है, और जब ऐसी अवस्था में पहुँचता है, जहाँ उसकी वासना पूर्ण नहीं होती, तो फल होता है—दु:ख। इसीलिए योगी शुभ या अशुभ समस्त संस्कारों की समष्टि को क्लेश कहते हैं; ये क्लेश आत्मा की मुक्ति में बाधक होते हैं।

हमारे सारे कार्यों के सूक्ष्म मूलस्वरूप संस्कारों के बारे में भी ऐसा ही समझना

चाहिए। वे कारणस्वरूप होकर इहजीवन अथवा परजीवन में फल प्रसव करते हैं। विशेष स्थलों में ये संस्कार, विशेष प्रबल रहने के कारण बहुत शीघ्र अपना फल दे देते हैं; अत्युत्कट पुण्य या पाप कर्म इहजीवन में ही अपना फल सामने ला देता है। योगी कहते हैं कि जो मनुष्य इहजीवन में ही अत्यंत प्रबल शुभ संस्कार उपार्जित कर सकते हैं, उन्हें मृत्यु तक बाट जोहने की आवश्यकता नहीं होती, वे तो इसी जीवन में अपने शरीर को देवशरीर में परिणत कर सकते हैं। योगियों के ग्रंथों में इस प्रकार के कई दृष्टांतों का उल्लेख मिलता है। ये व्यक्ति अपने शरीर के उपादान तक को बदल डालते हैं। ये लोग अपने शरीर के परमाणुओं को ऐसे नए ढंग से ठीक रच लेते हैं कि उनको फिर और कोई बीमारी नहीं होती, और हम लोग जिसे मृत्यु कहते हैं, वह भी उनके पास नहीं फटक सकती। ऐसी घटना न होने का तो कोई कारण नहीं है। शरीरशास्त्र के अनुसार भोजन का अर्थ है—सूर्य से शक्तिग्रहण। वह शक्ति पहले वनस्पति में प्रवेश करती है, उस वनस्पति को कोई पशु खा लेता है, फिर उस पशु को कोई मनुष्य। इसे वैतानिक भाषा में व्यक्त करना हो तो कहना पड़ेगा कि हमने सूर्य से कुछ शक्ति ग्रहण करके उसे अपने अंगीभूत कर लिया। यदि यही बात हो, तो इस शक्ति को अपने अंदर लेने के लिए केवल एक ही तरीका क्यों रहना चाहिए? पौधे हमारी तरह शक्तिग्रहण नहीं करते; और हम जिस प्रकार शक्ति संग्रह करते हैं, धरती उस प्रकार नहीं करती। पर तो भी सभी किसी-न-किसी प्रकार से शक्तिसंग्रह करते ही हैं। योगियों का कहना है कि वे केवल मन की शक्ति के द्वारा शक्तिसंग्रह कर सकते हैं। वे कहते हैं कि हम बिना किसी साधारण उपाय का अवलंबन किए ही यथेच्छ शक्ति भीतर ले सकते हैं। जैसे एक मकड़ी अपने ही उपादान से जाला बनाकर उसमें बद्ध हो जाती है और जाले के तंतुओं का सहारा लिये बिना कहीं नहीं जा सकती, उसी प्रकार हमने भी अपने ही उपादान से इस स्नायुजाल की सृष्टि की है और अब उस स्नायुमार्ग का बिना अवलंबन किए कोई काम ही नहीं कर सकते। योगी कहते हैं, हम क्यों उसमें बद्ध हों?

इस तत्त्व को और एक उदाहरण देकर समझाया जा सकता है। हम पृथ्वी के किसी भी भाग में विद्युत्-शक्ति भेज सकते हैं; पर उसके लिए हमें तार की जरूरत पड़ती है। किंतु प्रकृति तो बिना तार के ही बड़े परिमाण में यह शक्ति भेजती रहती है। हम भी वैसा क्यों न कर सकेंगे? हम चारों ओर मानस-विद्युत् भेज सकते हैं। हम जिसे मन कहते हैं, वह बहुत कुछ विद्युत्-शक्ति के ही सदृश है। स्नायु के भीतर जो तरल पदार्थ है, उसमें थोड़ी विद्युत्-शक्ति है, क्योंकि विद्युत् के समान उसके भी दोनों ओर दो विपरीत शक्तियाँ दिखाई पड़ती हैं तथा विद्युत् के अन्यान्य सब धर्म

उसमें भी देखे जाते हैं। इस विद्युत्-शक्ति को अभी हम केवल स्नायुओं में से ही प्रवाहित कर सकते हैं। पर प्रश्न यह है कि स्नायुओं की सहायता लिये बिना ही हम मानस-विद्युत् को क्यों नहीं प्रवाहित कर सकेंगे? योगी कहते हैं, हाँ यह पूरी तरह से संभव है; और संभव ही नहीं, वरन् इसे कार्य में भी परिणत किया जा सकता है। और जब तुम इसमें कृतकार्य हो जाओगे, तब सारे संसार में अपनी इस शक्ति को परिचालित करने में समर्थ हो जाओगे। तब तुम किसी स्नायु-यंत्र की सहायता लिये बिना ही किसी भी स्थान में, किसी भी शरीर द्वारा कार्य कर सकोगे। जब तक आत्मा इस स्नायु-यंत्ररूप प्रणाली के भीतर से काम करती रहती है, हम कहते हैं कि मनुष्य जीवित है, और जब इन यंत्रों का कार्य बंद हो जाता है, तो कहते हैं कि मनुष्य मर गया। पर जब मनुष्य इस प्रकार के स्नायु-यंत्र की सहायता से, या बिना उसकी सहायता के भी, कार्य करने में समर्थ हो जाता है, तब उसके लिए जन्म और मृत्यु का कोई अर्थ नहीं रह जाता। संसार में जितने शरीर हैं, वे सब तन्मात्राओं से बने हुए हैं, उनमें भेद है केवल तन्मात्राओं के विन्यास की प्रणाली में। यदि तुम्हीं उस विन्यास के कर्ता हो, तो तुम इच्छानुसार शरीर की रचना कर सकते हो। यह शरीर तुम्हारे सिवाय और किसने बनाया है? अन्न कौन खाता है? यदि कोई और तुम्हारे लिए भोजन करता रहे, तो तुम अधिक दिन जीवित न रहोगे। उस अन्न से रुधिर भी कौन तैयार करता है? अवश्य तुम्हीं। उस रुधिर को शुद्ध करके कौन धमनियों में प्रवाहित करता है? तुम्हीं। हम शरीर के मालिक हैं और उसमें वास करते हैं। उसका किस प्रकार पुनर्गठन किया जाए, बस इसी ज्ञान को हम खो बैठे हैं। हम स्वभाव से अवनत, भ्रष्ट हो गए हैं। हम शरीर के परमाणुओं की विन्यास-प्रणाली भूल गए हैं। अतः आज हम जिसे यंत्रवत् किए जा रहे हैं, उसी को अब जान-बूझकर करना होगा। हमीं तो मालिक हैं, कर्ता हैं, अतः हमी को इस विन्यास-प्रणाली को नियमित करना होगा। और जब हम इसमें सफल हो जाएँगे, तब अपनी इच्छानुसार शरीर का पुनर्गठन कर लेंगे, और तब हमारे लिए जन्म, मृत्यु, आधि-व्याधि कुछ भी न रह जाएगा।

सति मूले तद्विपाको जात्यायुर्भोगाः॥ 13॥

सूत्रार्थ—(मन में इस संस्कार रूप) मूल के विद्यमान रहने तक उसका फलभोग (मनुष्य आदि विभिन्न) जाति, (भिन्न-भिन्न) आयु और सुख-दुःख के भोग (के रूप में) होता रहता है।

व्याख्या—संस्काररूप जड़ अर्थात् कारण भीतर विद्यमान रहने के कारण वे

ही व्यक्तभाव धारण कर फल के रूप में परिणत होते हैं। कारण का नाश होकर कार्य अर्थात् फल का उदय होता है, फिर कार्य सूक्ष्मभाव धारण कर बाद के कार्य का कारणस्वरूप होता है। वृक्ष बीज को उत्पन्न करता है; बीज फिर बाद के वृक्ष की उत्पत्ति का कारण होता है। हम इस समय जो कुछ कर्म कर रहे हैं, वे समस्त पूर्वसंस्कार के फलस्वरूप हैं। ये ही कर्म फिर संस्कार के रूप में परिणत होकर भावी कार्य के कारण हो जाएँगे। बस, इसी प्रकार कार्य-कारण-प्रवाह चलता रहता है। इसीलिए यह सूत्र कहता है कि कारण विद्यमान रहने से उसका फल या कार्य अवश्य ही होगा। यह फल पहले जाति के रूप में प्रकाशित होता है—कोई लोग मनुष्य होंगे, तो कोई देवता, कोई पशु, तो कोई असुर। फिर जीवन में इस कर्म के विविध परिणाम होते हैं। एक मनुष्य पचास वर्ष जीवित रहता है, तो दूसरा सौ वर्ष, और कोई दो वर्ष के बाद ही चल बसता है। यह जो आयु की विभिन्नता है, वह पूर्व कर्म द्वारा ही नियमित होती है। फिर इसी प्रकार, किसी को देखने पर प्रतीत होता है कि मानो सुखभोग के लिए ही उसका जन्म हुआ है—यदि वह वन में भी चला जाए, तो वहाँ भी सुख मानो उसके पीछे पीछे जाता है। और कोई दूसरा व्यक्ति ऐसा होता है कि उसके पीछे दुःख मानो छाया के समान लगा रहता है। यह सब उनके अपने-अपने पूर्व कर्मों का फल है। योगियों के मतानुसार पुण्यकर्म सुख लाते हैं और पापकर्म दुःख। जो मनुष्य कुकर्म करता है, वह क्लेश के रूप में अपने कर्म का फल अवश्य भोगता है।

ते ह्लादपरितापफलाः पुण्यापुण्यहेतुत्वात्॥ 14॥

सूत्रार्थ—वे (जाति, आयु और भोग) हर्ष और शोकरूप फल के देनेवाले होते हैं, क्योंकि उनके कारण हैं पुण्य और पाप कर्म।

परिणामतापसंस्कारदुःखैर्गुणवृत्तिविरोधाच्च दुःखमेव सर्वं विवेकिनः॥ 15॥

सूत्रार्थ—परिणाम-काल में परिणाम (नतीजा) रूप जो दुःख है, भोग-काल में भोग में विघ्न होने की आशंका रूप जो दुःख है, अथवा सुख के संस्कार से उत्पन्न होनेवाला तृष्णारूप जो दुःख है—उस सबका जन्मदाता होने के कारण, तथा गुणवृत्तियों में अर्थात् सत्त्व, रज और तम में परस्पर विरोध होने के कारण विवेकी पुरुष के लिए सब दुःखरूप ही है।

व्याख्या—योगी कहते हैं कि जिनमें विवेकशक्ति है, जिनमें थोड़ी सी भी अंतर्दृष्टि है, वे सुख और दुःख देनेवाली सर्वविध वस्तुओं के अंतस्तल तक को देख

लेते हैं और जान लेते हैं कि ये सुख और दुःख आपस में मानो गुँथे हुए हैं, एक ही दूसरे में परिणत हो जाता है और इनसे संसार में कोई भी अछूता नहीं रहता—ये सब के पास आते हैं। विवेकी पुरुष देखते हैं कि मनुष्य सारा जीवन मृगजल के पीछे दौड़ता रहता है और कभी अपनी वासनाओं को पूर्ण नहीं कर पाता। एक समय महाराज युधिष्ठिर ने कहा था, 'जीवन में सबसे आश्चर्यजनक घटना तो यह है कि हम प्रतिक्षण प्राणियों को काल कवलित होते देखते हैं, फिर भी सोचते हैं कि हम कभी नहीं मरेंगे।' चारों ओर मूर्खों से घिरे रहकर हम सोचते हैं कि हमी एकमात्र पंडित हैं। चारों ओर सब प्रकार के अस्थायी अनुभवों से घिरे रहकर हम सोचते हैं कि हमारा प्यार ही एकमात्र स्थायी प्यार है। यह कैसे हो सकता है? प्यार भी स्वार्थ से भरा है। योगी कहते हैं, 'अंत में हम देखेंगे कि दोस्तो का प्रेम, संतान का प्रेम, यहाँ तक कि पति-पत्नी का प्रेम भी धीरे-धीरे क्षीण होकर नाश को प्राप्त हो जाता है।' नाश ही इस संसार का धर्म है—यह किसी भी वस्तु को अछूता नहीं रखता। जब मनुष्य संसार की समस्त वासनाओं में, यहाँ तक कि प्यार में भी निराश हो जाता है, तभी क्षण भर के लिए यह भाव स्कुरित होता है कि यह संसार भी कैसा भ्रम है, कैसा स्वप्न के समान है! तभी वैराग्य की एक किरण उसके हृदय में फैलती है, तभी वह जगदतीत सत्ता की झलक पाता है। इस संसार को छोड़ने पर ही संसारातीत तत्त्व हृदय में उद्भासित होता है; इस संसार के सुख में आसक्त रहते तक यह कभी संभव नहीं होता। ऐसे कोई महात्मा नहीं हुए, जिन्हें अपनी महानता को प्राप्त करने के लिए इंद्रिय-सुख और भोग त्यागना न पड़ा हो। दुःख का कारण है—प्रकृति की विभिन्न शक्तियों का आपस में विरोध। प्रत्येक अपनी-अपनी ओर खींचती है, और इस प्रकार स्थायी सुख असंभव हो जाता है।

हेयं दुःखमनागतम्॥ 16॥

सूत्रार्थ—जो दुःख अभी तक नहीं आया, उसका त्याग करना चाहिए।

व्याख्या—कर्म का कुछ अंश हम पहले ही भोग चुके हैं, कुछ अंश हम वर्तमान में भोग रहे हैं, और शेष अंश भविष्य में फल प्रदान करेगा। हमने जिसका भोग कर लिया है, वह तो अब समाप्त हो चुका। हम वर्तमान में जिसका भोग कर रहे हैं, उसका भोग तो हमें करना ही पड़ेगा; केवल जो कर्म भविष्य में फल देने के लिए बच रहा है, उसी पर हम जय प्राप्त कर सकते हैं अर्थात् उसका नाश कर सकते हैं। इसीलिए हमें अपनी पूरी शक्ति उस कर्म के नाश के लिए प्रयुक्त कर देनी चाहिए, जिसने अभी तक कोई फल पैदा नहीं किया है। संस्कारों पर विजय पाने के

लिए उन्हें उनके कारणों में पर्यवसित करना होगा; पतंजलि के इस कथन का यही अभिप्राय है।

द्रष्ट्रदृश्ययोः संयोगो हेयहेतुः॥ 17 ॥

सूत्रार्थ—यह दुःख जो हेय है, अर्थात् जिसका त्याग करना होगा, उसका कारण है द्रष्टा और दृश्य का संयोग।

व्याख्या—द्रष्टा कौन है?—मनुष्य की आत्मा—पुरुष। दृश्य क्या है?—मन से लेकर स्थूल भूत तक सारी प्रकृति। इस पुरुष और मन के संयोग से ही समस्त सुख-दुःख उत्पन्न हुए हैं। तुम्हें याद होगा, इस योगदर्शन के मतानुसार पुरुष शुद्धस्वरूप है; ज्योंही वह प्रकृति के साथ संयुक्त होता है और प्रकृति में प्रतिबिंबित होता है, त्योंही वह सुख अथवा दुःख का अनुभव करता हुआ प्रतीत होता है।

प्रकाशक्रियास्थितिशीलं भूतेन्द्रियात्मकं भोगापवर्गार्थं दृश्यम्॥ 18 ॥

सूत्रार्थ—प्रकाश, क्रिया और स्थिति जिसका स्वभाव है, भूत और इंद्रियाँ जिसका (प्रकट) स्वरूप है, (पुरुष के) भोग और मुक्ति के लिए ही जिसका प्रयोजन है, वह दृश्य है।

व्याख्या—दृश्य अर्थात् प्रकृति भूतों और इंद्रियों से निर्मित है; भूत कहने से स्थूल, सूक्ष्म सब प्रकार के भूतों का बोध होता है, जो सारी प्रकृति का निर्माण करते हैं, और इंद्रिय से आँख आदि समस्त इंद्रियाँ तथा मन आदि का भी बोध होता है। उनके धर्म तीन प्रकार के हैं; जैसे—प्रकाश, कार्य और स्थिति, यानी जड़त्व; इन्हीं को दूसरे शब्दों में सत्त्व, रज और तम कहते हैं। समग्र प्रकृति का उद्देश्य क्या है? यही कि पुरुष समस्त भोगों का अनुभव प्राप्त करे। पुरुष मानो अपने महान् ईश्वरीय भाव को भूल गया है। इस संबंध में एक बड़ी सुंदर कहानी है—

एक समय में देवराज इंद्र शूकर बनकर कीचड़ में रहते थे, उनके एक शूकरी थी, उस शूकरी से उनके बहुत से बच्चे पैदा हुए थे। वे बड़े सुख से समय बिताते थे। कुछ देवता उनकी यह दुरवस्था देखकर उनके पास आकर बोले, ''आप देवराज हैं, समस्त देवगण आपके शासन के अधीन हैं। फिर आप यहाँ क्यों हैं?'' परंतु इंद्र ने उत्तर दिया, ''मैं बड़े मजे में हूँ। मुझे स्वर्ग की परवाह नहीं; यह शूकरी और ये बच्चे जब तक हैं, तब तक स्वर्ग आदि कुछ भी नहीं चाहिए।'' देवगण तो यह सुनकर किंकर्तव्यविमूढ़ हो गए, उन्हें कुछ सूझ न पड़ा। कुछ दिनों बाद उन्होंने मन-ही-मन संकल्प किया कि वे एक के बाद एक सब बच्चों को मार डालेंगे। जब सभी बच्चे

मार डाले गए, तो इंद्र कातर होकर विलाप करने लगे। तब देवताओं ने इंद्र की शूकर-देह को भी चीर डाला। तब तो इंद्र उस शूकर-देह से बाहर होकर हँसने लगे और सोचने लगे, 'मैं भी कैसा भयंकर स्वप्न देख रहा था! कहाँ मैं देवराज, और कहाँ इस शूकर-जन्म को ही एकमात्र जन्म समझ बैठा था; यही नहीं, वरन् सारा संसार शूकर-देह धारण करे, ऐसी कामना कर रहा था!' पुरुष भी बस इसी प्रकार प्रकृति के साथ मिलकर भूल जाता है कि वह शुद्ध और अनंतस्वरूप है। पुरुष को अस्तित्ववान् नहीं कहा जा सकता, क्योंकि वह स्वयं अस्तित्वस्वरूप है। आत्मा को ज्ञानवान् नहीं कहा जा सकता, क्योंकि आत्मा स्वयं ज्ञानस्वरूप है। वह प्रेम नहीं करता, वह स्वयं प्रेमस्वरूप है। आत्मा को अस्तित्ववान्, ज्ञानवान् अथवा प्रेममय कहना सर्वथा भूल है। प्रेम, ज्ञान और अस्तित्व पुरुष के गुण नहीं, वे तो उसका स्वरूप हैं। जब वे किसी वस्तु में प्रतिबिंबित होते हैं, तब चाहो तो उन्हें उस वस्तु के गुण कह सकते हो। किंतु वे पुरुष के गुण नहीं हैं, वे तो उस महान् आत्मा, उस अनंत पुरुष का स्वरूप हैं, जिसका न जन्म है, न मृत्यु और जो अपनी महिमा में विराजमान है। किंतु वह यहाँ तक स्वरूपभ्रष्ट हो गया है कि यदि तुम उसके पास जाकर कहो कि तुम शूकर नहीं हो, तो वह चिल्लाने लगता है और काटने दौड़ता है।

इस माया के बीच, इस स्वप्नमय जगत् के बीच हमारी भी ठीक वही दशा हो गई है। यहाँ है केवल रोना, केवल दुःख, केवल हाहाकार! अजीब तमाशा है यहाँ का! यहाँ सोने के कुछ गोले लुढ़का दिए जाते हैं और बस, सारा संसार उनके लिए पागलों के समान दौड़ पड़ता है। तुम कभी भी किसी नियम से बद्ध नहीं थे। प्रकृति का बंधन तुम पर किसी काल में नहीं था। योगी तुम्हें यही शिक्षा देते हैं; धैर्यपूर्वक इसको सीखो। योगी यह दिखा देते हैं कि पुरुष किस प्रकार इस प्रकृति के साथ अपने को मिलाकर, अपने को मन और जगत् के साथ एकरूप करके अपने आप को दुःखी समझने लगता है। योगी यह भी कहते हैं कि अनुभव के माध्यम से ही इस दुःखमय संसार से छुटकारा पाने का उपाय है। यह सब अनुभव प्राप्त तो करना ही होगा, अतएव जितनी जल्दी वह कर लिया जाए, उतना ही शुभ है।

हमने अपने आपको इस जाल में फँसा लिया है, हमें इसके बाहर आना होगा। हम स्वयं इस फंदे में फँस गए हैं, और अब अपने ही प्रयत्न से उससे मुक्ति प्राप्त करनी पड़ेगी। अतएव, पति-पत्नी-संबंधी, मित्र-संबंधी तथा और भी जो सब छोटी-छोटी प्रेम की आकांक्षाएँ हैं, सभी का अनुभव पा लो। यदि अपना स्वरूप तुम्हें सदा याद रहे, तो तुम शीघ्र ही निर्विघ्न इसके पार हो जाओगे। यह कभी न भूलना कि यह अवस्था बिलकुल अल्प समय के लिए है और हमें इसके भीतर से

बाध्य होकर जाना पड़ रहा है। भोग—सुख-दुःख का यह अनुभव ही—हमारा एकमात्र महान् शिक्षक है, लेकिन स्मरण रहे, ये सब केवल अनुभव मात्र हैं; वे क्रमशः हमें एक ऐसी अवस्था में ले जाते हैं, जहाँ संसार की समस्त वस्तुएँ बिलकुल तुच्छ हो जाती हैं। तब पुरुष विश्वव्यापी विराट् के रूप में प्रकाशित हो जाता है, तब यह सारा विश्व सिंधु में एक बिंदु सा प्रतीत होने लगता है और अपनी ही इस क्षुद्रता के कारण, इस शून्यता के कारण न जाने कहाँ विलीन हो जाता है। सुख-दुःख का भोग तो हमें करना ही पड़ेगा, पर स्मरण रहे, हम अपना चरम लक्ष्य कभी न भूलें।

विशेषाविशेषलिङ्गमात्रालिङ्गानि गुणपर्वाणि ॥ 19 ॥

सूत्रार्थ—विशेष (भूतेंद्रिय), अविशेष (तन्मात्रा, अस्मिता), केवल चिह्नमात्र (महत्) और चिह्नशून्य (प्रकृति)—ये चार (सत्त्वादि) गुणों की अथस्थाएँ हैं।

व्याख्या—यह पहले कहा जा चुका है कि योगशास्त्र सांख्यदर्शन पर आधारित है; यहाँ पर फिर से सांख्यदर्शन के ब्रह्मांड विज्ञान का स्मरण कर लेना आवश्यक है। सांख्य के अनुसार प्रकृति ही जगत् का निमित्त और उपादान कारण है। यह प्रकृति तीन प्रकार के उपादानों से निर्मित है—सत्त्व, रज और तम। तम पदार्थ केवल अंधकारस्वरूप है; जो कुछ अज्ञानात्मक और जड़ या भारी है, सभी तमोमय है। रज क्रियाशक्ति है। और सत्त्व स्थिर एवं प्रकाश स्वभाव है। सृष्टि के पूर्व प्रकृति जिस अवस्था में रहती है, उसे अव्यक्त, अविशेष या अविभक्त कहते हैं; इसका तात्पर्य यह कि इस अवस्था में नाम-रूप का कोई भेद नहीं रहता, इस अवस्था में ये तीनों पदार्थ पूर्ण साम्यभाव से रहते हैं। उसके बाद जब यह साम्यावस्था नष्ट होकर वैषम्यावस्था आती है, तब ये तीनों उपादान अलग-अलग रूप से परस्पर मिश्रित होते रहते हैं और उसका फल है यह जगत्। प्रत्येक मनुष्य में भी ये तीन उपादान विद्यमान हैं। जब सत्त्व प्रबल होता है, तब ज्ञान का उदय होता है; रज प्रबल होने पर क्रिया की वृद्धि होती है; और तम प्रबल होने पर अंधकार, आलस्य और अज्ञान आते हैं।

सांख्य के अनुसार, त्रिगुणमयी प्रकृति का सर्वोच्च प्रकाश है महत् या बुद्धितत्त्व, उसे सर्वव्यापी या सार्वजनीन बुद्धितत्त्व कहते हैं। जिसका प्रत्येक मानवबुद्धि एक अंश मात्र है। सांख्य मनोविज्ञान के अनुसार, मन और बुद्धि में विशेष भेद है। मन का काम है केवल विषय के आघात से उत्पन्न संवेदनाओं को भीतर ले जाकर एकत्र करना और उन्हें बुद्धि अर्थात् व्यष्टि या व्यक्तिगत महत् के पास पहुँचा देना। बुद्धि उन सब विषयों का निश्चय करती है। महत् से अहंतत्त्व और अहंतत्त्व से सूक्ष्म भूतों

की उत्पत्ति होती है। ये सूक्ष्म भूत फिर परस्पर मिलकर इन बाहरी स्थूल भूतों में परिणत होते हैं; उसी से इस स्थूल जगत् की उत्पत्ति होती है। सांख्यदर्शन का मत है कि बुद्धि से लेकर पत्थर के एक टुकड़े तक सभी एक ही पदार्थ से उत्पन्न हुए हैं, उनमें जो भेद है, वह केवल उनकी सूक्ष्मता और स्थूलता में ही है। सूक्ष्म कारण है और स्थूल कार्य। सांख्यदर्शन के अनुसार, पुरुष समग्र प्रकृति के परे है, वह जड़ नहीं है। पुरुष बुद्धि, मन, तन्मात्रा या स्कूल भूत, इनमें से किसी के भी सदृश नहीं है। वह सर्वथा अलग है, उसका स्वभाव संपूर्णतः भिन्न है। इससे वे यह सिद्धांत स्थिर करते हैं कि पुरुष को अवश्य मृत्युरहित, अजर और अमर होना चाहिए, क्योंकि वह किसी प्रकार संघात का परिणाम नहीं है। और जो किसी प्रकार संघात का परिणाम नहीं है, उसका कभी नाश भी नहीं हो सकता। ये पुरुष या आत्मा असंख्य हैं।

अब हम इस सूत्र का तात्पर्य कि गुणों की विशेष, अविशेष, केवल चिह्नशून्य— ये चार अवस्थाएँ हैं, समझ सकेंगे। 'विशेष' शब्द भूतों को लक्ष्य करता है, जिनकी हम इंद्रियों से उपलब्धि कर सकते, 'अविशेष' का अर्थ है स्व भूत—तन्मात्रा; इन तन्मात्राओं की उपलब्धि मनुष्य नहीं कर सकते। किंतु पतंजलि कहते हैं, 'यदि तुम योग अभ्यास करो, तो कुछ दिनों बाद तुम्हारी अनुभव-शक्ति इतनी सूक्ष्म जाएगी कि तुम सचमुच तन्मात्राओं को भी देख सकोगे।' तुम लोगों ने सोचा होगा कि हर एक मनुष्य की अपनी एक प्रकार की ज्योति होती है, प्रत्येक प्राणी में से एक प्रकार का प्रकाश बाहर निकलता रहता है। पतंजलि कहते हैं, ''योगी ही उसे देखने में समर्थ होते हैं। हममें से सभी उसे नहीं देख पाते;'' फिर भी जिस प्रकार फूल में से सदैव फूल की सूक्ष्मातिसूक्ष्म परमाणुस्वरूप तन्मात्राएँ बाहर निकलती रहती हैं, जिनके द्वारा हम उसकी सुगंध ले सकते हैं, उसी प्रकार हमारे शरीर से भी ये तन्मात्राएँ सतत निकल रही हैं। प्रतिदिन हमारे शरीर से शुभ या अशुभ किसी-न-किसी प्रकार की शक्तिराशि बाहर निकलती रहती है। अतएव हम जहाँ भी जाएँगे, वहीं वातावरण इन तन्मात्राओं से पूर्ण रहेगा। इसका असल रहस्य न जानते हुए भी, इसी से मनुष्य के मन में अनजाने मंदिर, गिरजा आदि बनाने का भाव आया है।

भगवान् को भजने के लिए मंदिर बनाने की क्या आवश्यकता थी? क्यों, कहीं भी तो ईश्वर की उपासना की जा सकती थी। फिर यह सब मंदिर आदि क्यों? इसका कारण यह है कि स्वयं इस रहस्य को न जानने पर भी, मनुष्य के मन में स्वाभाविक रूप से ऐसा उठा था कि जहाँ पर लोग ईश्वर की उपासना करते हैं, वह स्थान पवित्र तन्मात्राओं से परिपूर्ण हो जाता है। लोग प्रतिदिन वहाँ जाया करते हैं; और मनुष्य जितना ही वहाँ आते-जाते हैं, उतना ही वे पवित्र होते जाते हैं और साथ ही वह

स्थान भी अधिकाधिक पवित्र होता जाता है। यदि किसी मनुष्य के मन में उतना सत्त्वगुण नहीं है और यदि वह भी वहाँ जाए, तो वह स्थान उस पर भी अपना असर डालेगा और उसके अंदर सत्त्वगुण का उद्रेक कर देगा। अब हम समझ सकेंगे कि मंदिर और तीर्थ आदि इतने पवित्र क्यों माने जाते हैं। पर यह सदैव स्मरण रखना चाहिए कि साधु व्यक्तियों के समागम के ऊपर ही उस स्थान की पवित्रता निर्भर रहती है। किंतु सारी गड़बड़ी तो यही है कि मनुष्य उसका मूल उद्देश्य भूल जाता है, और भूलकर गाड़ी को बैल के आगे जोतना चाहता है। पहले मनुष्य ही उस स्थान को पवित्र बनाते हैं, उसके बाद उस स्थान की पवित्रता स्वयं कारण बन जाती है और मनुष्यों को पवित्र बनाती रहती है। यदि उस स्थान में सदा असाध रसक्तियों का ही आवागमन रहे, तो वह स्थान अन्य स्थानों के समान ही अपवित्र बन जाएगा। इमारत के गुण से नहीं, वरन् मनुष्य के गुण से ही मंदिर पवित्र माना जाता है, पर इसी को हम सदा भूल जाते हैं। इसीलिए अधिक सत्त्वगुणसंपन्न साधु-संत चारों ओर यह सत्त्वगुण बिखेरते हुए अपने परिवेश पर रात-दिन प्रबल प्रभाव डाल सकते हैं। मनुष्य यहाँ तक पवित्र हो सकता है कि उसकी वह पवित्रता मानो बिलकुल मूर्त हो जाती है और जो कोई व्यक्ति उस साधु पुरुष के संस्पर्श में आता है, वही पवित्र हो जाता है।

यहाँ हम यह देखते हैं कि 'चिह्नमात्र' का अर्थ क्या है। चिह्नमात्र कहने से बुद्धि (महत्त्व) का बोध होता है; वह प्रकृति की पहली अभिव्यक्ति है; उसी से दूसरी सब वस्तुएँ अभिव्यक्त हुई हैं। गुणों की अंतिम अवस्था का नाम है 'अलिंग' या चिह्नशून्य। यहीं पर आधुनिक विज्ञान और समस्त धर्मों में एक भारी अंतर देखा जाता है। प्रत्येक धर्म में यह एक साधारण सत्य देखने में आता है कि यह जगत् चैतन्यशक्ति से उत्पन्न हुआ है। ईश्वर हमारे समान कोई व्यक्तिविशेष है या नहीं, यह विचार छोड़कर केवल मनोविज्ञान की दृष्टि से ईश्वरवाद का तात्पर्य यह है कि चैतन्य ही सृष्टि की आदि वस्तु है; उसी से स्थूल भूत का प्रकाश हुआ है। किंतु आधुनिक दार्शनिक कहते हैं कि चैतन्य सृष्टि की आखिरी वस्तु है। अर्थात् उनका मत यह है कि अचेतन जड़ वस्तुएँ धीरे-धीरे प्राणी के रूप में परिणत हुई हैं, ये प्राणी क्रमशः उन्नत होते-होते मनुष्यरूप धारण करते हैं। वे कहते हैं, यह बात नहीं है कि जगत् की सब वस्तुएँ चैतन्य से प्रसूत हुई हैं, वरन् चैतन्य ही सृष्टि की आखिरी वस्तु है। यद्यपि धर्म एवं विज्ञान के सिद्धांत इस प्रकार आपस में ऊपर से विरुद्ध प्रतीत होते हैं, तथापि इन दोनों सिद्धांतों को ही सत्य कहा जा सकता है।

एक अनंत शृंखला या श्रेणी लो, जैसे—क-ख-क-ख-क-ख आदि; अब

प्रश्न यह है कि इसमें 'क' पहले है या 'ख'? यदि तुम इस शृंखला को क-ख क्रम से लो, तो 'क' को प्रथम कहना पड़ेगा, पर यदि तुम उसे ख-क से शुरू करो, तो 'ख' को आदि मानना होगा। अत: हम उसे जिस दृष्टि से देखेंगे, वह उसी प्रकार प्रतीत होगा। चैतन्य अनुलोम-परिणाम को प्राप्त होकर स्थूल भूत का आकार धारण करता है, स्थूल भूत फिर विलोम-परिणाम से चैतन्यरूप में परिणत होता है, और इस प्रकार क्रम चलता रहता है। सांख्य और अन्य सब धर्मों के आचार्यगण भी चैतन्य को ही प्रथम स्थान देते हैं। उससे वह शृंखला इस प्रकार का रूप धारण करती है कि पहले चैतन्य और पीछे भूत। वैज्ञानिक भूत को पहले लेकर कहते हैं कि पहले भूत और पीछे चैतन्य। पर ये दोनों ही उसी एक शृंखला की बात कहते हैं। किंतु भारतीय दर्शन इस चैतन्य और भूत दोनों के परे जाकर उस पुरुष या आत्मा का साक्षात्कार करता है, जो ज्ञान के भी अतीत है। यह ज्ञान तो मानो उस ज्ञानस्वरूप आत्मा से उधार लिये हुए आलोक के समान है।

द्रष्टा दृशिमात्र शुद्धोऽपि प्रत्ययानुपश्य:॥ 20॥

सूत्रार्थ—द्रष्टा केवल चैतन्य मात्र है; यद्यपि वह स्वयं पवित्रस्वरूप है, तो भी वह बुद्धि के भीतर से देखा करता है।

व्याख्या—यहाँ पर भी सांख्यदर्शन की बात कही जा रही है। हमने पहले देखा है, सांख्यदर्शन का यह मत है कि अत्यंत क्षुद्र पदार्थ से लेकर बुद्धि तक सभी प्रकृति के अंतर्गत हैं, किंतु पुरुष (आत्माएँ) इस प्रकृति के बाहर हैं, इन पुरुषों के कोई गुण नहीं हैं। तब फिर आत्मा क्योंकर सुखी या दु:खी होती है? केवल बुद्धि में प्रतिबिंबित होकर वह वैसी प्रतीयमान होती है। जैसे स्फटिक के एक टुकड़े के पास एक लाल फूल रखने पर वह स्फटिक लाल दिखाई देता है, उसी प्रकार हम जो सुख या दु:ख अनुभव कर रहे हैं, वह वास्तव में प्रतिबिंब मात्र है; वस्तुत: आत्मा में यह सबकुछ भी नहीं है। आत्मा प्रकृति से संपूर्णत: पृथक् वस्तु है। प्रकृति एक वस्तुएँ और आत्मा दूसरी—संपूर्ण पृथक् और सर्वदा पृथक्। सांख्य कहते हैं कि ज्ञान एक यौगिक पदार्थ है, उसका ह्रास और वृद्धि दोनों हैं, वह परिवर्तनशील है; शरीर के समान उसमें भी परिणाम होता है; शरीर के जो सब धर्म हैं, उसके भी प्राय: वैसे ही धर्म हैं। नख का शरीर के साथ जैसा संबंध है, वैसा ही देह का ज्ञान के साथ।

नख शरीर का एक अंशविशेष है, उसे सैकड़ों बार काट डालने पर भी शरीर बचा रहेगा। ठीक इसी प्रकार, यह शरीर सैकड़ों बार नष्ट होने पर भी ज्ञान युग-युगांतर तक बचा रहेगा। तो भी यह ज्ञान कभी अविनाशी नहीं हो सकता, क्योंकि

वह परिवर्तनशील है, उसका ह्रास है, वृद्धि है। और जो परिवर्तनशील है, वह कभी अविनाशी नहीं हो सकता। यह ज्ञान एक सृष्ट पदार्थ है, और इसी से यह स्पष्ट है कि इसके परे, इससे श्रेष्ठ एक दूसरा पदार्थ अवश्य है। सृष्ट पदार्थ कभी मुक्त नहीं हो सकता; भूत के साथ संश्लिष्ट प्रत्येक वस्तु प्रकृति के अंतर्गत है और इसीलिए वह चिरकाल के लिए बद्ध है। तो फिर यथार्थ में मुक्त है कौन? जो कार्य-कारण-संबंध के अतीत है, वही वास्तव में मुक्त है। यदि तुम कहो कि मुक्ति की यह धारणा भ्रमात्मक है, तो मैं कहूँगा कि यह बद्धभाव भी भ्रमात्मक है। हमारे ज्ञान में ये दोनों ही भाव सदैव वर्तमान हैं; वे आपस में एक दूसरे के आश्रित हैं; एक के न रहने से दूसरा भी नहीं रह सकता। उनमें से एक भाव यह है कि हम बद्ध हैं।

मान लो, हमारी इच्छा हुई कि हम दीवार के बीच में से होकर चले जाएँ। हम चेष्टा करते हैं और हमारा सिर दीवार से टकरा जाता है; तब हम देख पाते हैं कि हम उस दीवार द्वारा सीमाबद्ध हैं। पर साथ ही हम अपनी इच्छाशक्ति को भी देखते हैं और सोचते हैं कि इस इच्छाशक्ति को हम जहाँ चाहे लगा सकते हैं। पग-पग पर हम अनुभव करते हैं कि ये दो विरोधी भाव हमारे सामने आ रहे हैं। हमें विश्वास करना पड़ता है कि हम मुक्त हैं, पर इधर प्रतिक्षण हम यह भी देखते हैं कि हम मुक्त नहीं हैं। इन दोनों में से यदि एक भाव भ्रमात्मक हो, तो दूसरा भी भ्रमात्मक होगा, और यदि एक सत्य हो, तो दूसरा भी सत्य होगा, क्योंकि दोनों ही अनुभव रूप एक ही नींव पर स्थापित हैं। योगी कहते हैं कि ये दोनों भाव सत्य हैं। बुद्धि तक लेने से हम सचमुच बद्ध हैं, पर आत्मा की दृष्टि से हम मुक्त हैं। मनुष्य का यथार्थ स्वरूप—आत्मा या पुरुष—कार्य-कारणवाद के परे है। आत्मा का यह मुक्त स्वभाव ही भूत के विभिन्न स्तरों में से—बुद्धि, मन आदि नाना रूपों में से—प्रकाशित हो रहा है। वह इसी की ज्योति है, जो सभी के माध्यम से प्रकाशित हो रही है। बुद्धि का अपना कोई चैतन्य नहीं है। प्रत्येक इंद्रिय का मस्तिष्क में एक-एक केंद्र है। समस्त इंद्रियों का एक ही केंद्र नहीं है, वरन् प्रत्येक का केंद्र अलग-अलग है। तो फिर हमारी ये अनुभूतियाँ कहाँ जाकर एकत्व को प्राप्त होती हैं? यदि मस्तिष्क में वे एकत्व को प्राप्त होतीं, तो आँख, कान, नाक सभी का एक ही केंद्र रहता; पर हम निश्चित रूप से जानते हैं कि वैसा नहीं है—प्रत्येक के लिए अलग-अलग केंद्र हैं। फिर भी मनुष्य एक ही समय में देख और सुन सकता है।

इसी से प्रतीत होता है कि इस बुद्धि के पीछे अवश्य एक एकत्व होना चाहिए। बुद्धि सदैव मस्तिष्क के साथ संबद्ध है; किंतु इस बुद्धि के भी पीछे इकाईस्वरूप पुरुष विद्यमान है, जहाँ विविध संवेदनाएँ 'और अनुभूतियाँ संयुक्त होकर एकीभाव को

प्राप्त होती हैं। आत्मा ही वह केंद्र है, जहाँ समस्त भिन्न-भिन्न इंद्रिय-अनुभूतियाँ जाकर एकीभूत होती हैं। यह आत्मा मुक्तस्वभाव है और उसका यह मुक्तस्वभाव ही तुम्हें प्रतिक्षण कह रहा है कि तुम मुक्त हो। लेकिन भ्रम में पड़कर तुम उस मुक्त स्वभाव को प्रतिक्षण बुद्धि और मन के साथ मिला दे रहे हो। तुम उस मुक्त स्वभाव को बुद्धि पर आरोपित करते हो और दूसरे ही क्षण देखते हो कि बुद्धि मुक्त स्वभाव नहीं है। तुम फिर उस मुक्त स्वभाव को देह पर आरोपित करते हो, और प्रकृति तुम्हें तुरंत बता देती है कि तुम फिर से भूल रहे हो; मुक्ति देह का धर्म नहीं है। यही कारण है कि हमारी मुक्ति और बंधन, ये दो प्रकार की अनुभूतियाँ एक ही समय देखने में आती हैं। योगी मुक्ति और बंधन दोनों का विचार करते हैं, और उनका अज्ञानांधकार दूर हो जाता है। वे जान लेते हैं कि पुरुष मुक्तस्वभाव है, ज्ञानघन है; वह बुद्धिरूप उपाधि के भीतर से इस सांत ज्ञान के रूप में प्रकाशित हो रहा है, बस इसी दृष्टि से वह बद्ध है।

तदर्थ एव दृश्यस्यात्मा॥ 21॥

सूत्रार्थ—(उक्त) दृश्य अर्थात् प्रकृति का स्वरूप (यानी विभिन्न रूपों में परिणाम) उस (द्रष्टा, चिन्मय पुरुष) के ही (भोग तथा मुक्ति के) लिए है।

व्याख्या—प्रकृति का अपना कोई प्रकाश नहीं है। जब तक पुरुष उसके पास उपस्थित रहता है, तभी तक वह प्रकाशमय प्रतीत होती है। लेकिन यह प्रकाश उधार लिया हुआ है, जैसे चंद्रमा का प्रकाश प्रतिबिंबित है, सूर्य से लिया गया है। योगियों के मतानुसार, सारा व्यक्त जगत् प्रकृति से उत्पन्न हुआ है; पर प्रकृति का अपना कोई उद्देश्य नहीं है, केवल पुरुष को मुक्त करना ही उसका प्रयोजन है।

कृतार्थं प्रति नष्टमप्यनष्टं तदन्यसाधारणत्वात्॥ 22॥

सूत्रार्थ—जिन्होंने उस परम पद को प्राप्त कर लिया है, उनके लिए प्रकृति का नाश हो जाने पर भी प्रकृति नष्ट नहीं होती; क्योंकि वह दूसरों के लिए साधारण है।

व्याख्या—यह ज्ञात करा देना ही कि आत्मा प्रकृति से संपूर्ण स्वतंत्र है, प्रकृति का एकमात्र लक्ष्य है। जब आत्मा यह जान लेती है, तब प्रकृति उसे और किसी प्रकार प्रलोभित नहीं कर सकती। जो लोग मुक्त हो गए हैं, केवल उन्हीं के लिए यह सारी प्रकृति बिलकुल उड़ जाती है। पर ऐसे करोड़ों लोग हमेशा ही रहेंगे, जिनके लिए प्रकृति कार्य करती रहेगी।

स्वस्वामिशक्त्यो स्वरूपोपलब्धिहेतुः संयोगः॥ 23॥

सूत्रार्थ—दृश्य (प्रकृति) और उसके स्वामी (द्रष्टा पुरुष)—इन दोनों की शक्ति के (भोग्यत्व और भोक्तृत्व-रूप) स्वरूप की उपलब्धि का हेतु संयोग है।

व्याख्या—इस सूत्र के अनुसार, जब आत्मा प्रकृति के साथ संयुक्त होती है, तभी इस संयोग के कारण दोनों की क्रम से द्रष्टत्व और दृश्यत्व इन दोनों शक्तियों का प्रकाश होता है। तभी यह सारा जगत्-प्रपंच विभिन्न रूपों में व्यक्त होता रहता है। अज्ञान ही इस संयोग का हेतु है। हम प्रतिदिन देखते हैं कि हमारे दुःख या सुख का कारण है—शरीर के साथ अपना संयोग कर लेना। यदि मुझे यह निश्चित रूप से ज्ञान रहता कि मैं शरीर नहीं हूँ तो मुझे ठंड, गरमी या और किसी बात का खयाल नहीं रहता। यह शरीर एक समवाय या संहति मात्र है। यह कहना भूल है कि मेरा शरीर अलग है, तुम्हारा शरीर अलग और सूर्य एक पृथक् पदार्थ है। यह सारा जगत् जड़पदार्थ के एक महासमुद्र के समान है। उस महासमुद्र में तुम एक बिंदु हो, मैं एक दूसरा बिंदु हूँ और सूर्य एक तीसरा। हम जानते हैं कि यह भूत सदा ही भिन्न-भिन्न रूप धारण कर रहा है। आज जो सूर्य का उपादान बना हुआ है, कल वही हमारे शरीर के उपादान के रूप में परिणत हो सकता है।

तस्य हेतुरविद्या॥ 24॥

सूत्रार्थ—उस संयोग का कारण है अविद्या अर्थात् अज्ञान।

व्याख्या—हमने अज्ञान के कारण अपने को एक निर्दिष्ट शरीर में आबद्ध करके अपने दुःख का रास्ता खोल रखा है। यह धारणा कि 'मैं शरीर हूँ,' एक भ्रम मात्र है। यह भ्रम ही हमें सुखी या दुःखी करता है। अज्ञान से उत्पन्न इस भ्रम से ही हम शीत, उष्ण, सुख, दुःख आदि का अनुभव कर रहे हैं। हमारा कर्तव्य है—इस भ्रम के पार चले जाना। किस तरह इसे कार्य में परिणत करना होगा, यह योगी दिखला देते हैं। यह प्रमाणित हो चुका है कि मन की एक विशेष अवस्था में देह-बोध बिलकुल नहीं रह जाता, उस समय शरीर भले ही दग्ध होता रहे, पर जब तक मन की वह अवस्था रहती है, तब तक मनुष्य किसी प्रकार के कष्ट का अनुभव नहीं करता। पर हो सकता है, मन की ऐसी उच्चावस्था अचानक एक क्षण के लिए आँधी के समान आए, और दूसरे ही क्षण चली जाए। किंतु यदि हम इस अवस्था को योग के द्वारा ठीक शास्त्रीय ढंग से प्राप्त करें, तो हम सदैव आत्मा को शरीर से पृथक् रख सकते हैं।

तदभावात् संयोगाभावो हानं तद्दृशेः कैवल्यम्॥ 25॥

सूत्रार्थ—उस (अज्ञान) का अभाव होते ही (पुरुष-प्रकृति के) संयोग का अभाव (हो जाता है। यही) हान (अज्ञान का परित्याग) है (और) वही द्रष्टा की कैवल्यपद अवस्थिति है।

व्याख्या—योगशास्त्र के मतानुसार, आत्मा अविद्या के कारण प्रकृति के साथ संयुक्त हो गई है; प्रकृति के पंजे से छुटकारा पाना ही हमारा उद्देश्य है। यही सारे धर्मों का एकमात्र लक्ष्य है। प्रत्येक जीव अव्यक्त ब्रह्म है। बाह्य एवं अंतःप्रकृति को वशीभूत करके अपने इस ब्रह्मभाव को व्यक्त करना ही जीवन का चरम लक्ष्य है। कर्म, उपासना, मनसंयम अथवा ज्ञान, इनमें से एक एक से अधिक या सभी उपायों का सहारा लेकर अपने ब्रह्मभाव को व्यक्त करो और मुक्त हो जाओ। बस यही धर्म का सर्वस्व है। मत, अनुष्ठान-पद्धति, शास्त्र, मंदिर अथवा अन्य बाह्य क्रिया-कलाप तो उसके गौण ब्योरे मात्र हैं। योगी मनःसंयम के द्वारा इस चरम लक्ष्य में पहुँचने का प्रयत्न करते हैं। जब तक हम प्रकृति के हाथ से अपना उद्धार नहीं कर लेते, तब तक हम गुलाम हैं; प्रकृति जैसा कहती है, हम उसी प्रकार चलने को लाचार होते हैं। योगी यह दावा करते हैं कि जो मन को वशीभूत कर सकते हैं, वे भूत को भी वशीभूत कर लेते हैं। अंतःप्रकृति बाह्य प्रकृति की अपेक्षा कहीं उच्चतर है, और उस पर अधिकार जमाना, उस पर जय प्राप्त करना अत्यधिक कठिन है। इसीलिए जो अंतःप्रकृति को वशीभूत कर सकते हैं, सारा जगत् उनके वशीभूत हो जाता है। वह उनका दास हो जाता है। राजयोग प्रकृति को इस तरह वश में लाने का उपाय दिखला देता है।

हम बाह्य जगत् में जिन सब शक्तियों के साथ परिचित हैं, उनकी अपेक्षा उच्चतर शक्तियों को वश में लाना पड़ेगा। यह शरीर मन का एक बाह्य आवरण मात्र है। शरीर और मन दो अलग-अलग वस्तुएँ नहीं हैं, वे तो सीप और उसके खोल के समान हैं। वे एक ही वस्तु की दो विभिन्न अवस्थाएँ हैं। सीप के भीतर का जंतु बाहर सें नाना प्रकार के उपादान लेकर उसको तैयार करता है। उसी प्रकार मन नामक यह आंतरिक सूक्ष्म शक्ति समूह भी बाहर से स्थूल भूत को लेकर उससे इस शरीररूपी ऊपरी खोल को तैयार कर रहा है। अतः हम यदि अंतर्जगत् पर जयलाभ कर सकें, तो बाह्य जगत् को जीतना फिर बड़ा आसान हो जाएगा। फिर ये दो शक्तियाँ अलग-अलग नहीं हैं। ऐसी बात नहीं है कि कुछ शक्तियाँ भौतिक हैं और कुछ मानसिक। जैसे यह दृश्यमान भौतिक जगत् सूक्ष्म जगत् की स्थूल अभिव्यक्ति मात्र है, उसी

प्रकार भौतिक शक्तियाँ भी सूक्ष्म शक्तियों की स्थूल अभिव्यक्ति मात्र हैं।

विवेकख्यातिरविप्लवा हानोपाय:॥ 26॥

सूत्रार्थ—निरंतर विवेक का अभ्यास ही अज्ञाननाश का उपाय है।

व्याख्या—सारी साधना का यथार्थ लक्ष्य है यह सदसद्विवेक—यह जानना कि पुरुष प्रकृति से भिन्न है; यह विशेष रूप से जानना कि पुरुष जड़पदार्थ भी नहीं है और मन भी नहीं, और चूँकि वह प्रकृति भी नहीं है, इसलिए उसका किसी प्रकार का परिणाम असंभव है। केवल प्रकृति में ही सर्वदा परिवर्तन हो रहा है, उसी का सदैव संश्लेषण-विश्लेषण हो रहा है। जब निरंतर अभ्यास के द्वारा हम विवेकलाभ करेंगे, तब अज्ञान चला जाएगा और पुरुष अपने स्वरूप में अर्थात् सर्वज्ञ, सर्वशक्तिमान और सर्वव्यापी रूप में प्रतिष्ठित हो जाएगा।

तस्य सप्तधा प्रान्तभूमि: प्रज्ञा॥ 27॥

सूत्रार्थ—उनके (ज्ञानी के) विवेकज्ञान के सात उच्चतम सोपान हैं।

व्याख्या—जब इस ज्ञान की प्राप्ति होती है, तब मानो वह एक के बाद एक करके सात स्तरों में आता है। और जब उनमें से एक अवस्था आरंभ हो जाती है, तब हम निश्चित रूप से जान सकते हैं कि हमें अब ज्ञान की प्राप्ति हो रही है। पहली अवस्था आने पर ऐसा प्रतीत होने लगता है कि जो कुछ जानने का है, जान लिया। मन में तब और किसी प्रकार का असंतोष नहीं रह जाता। जब तक हमारी ज्ञान-पिपासा बनी रहती है, तब तक हम इधर-उधर ज्ञान की खोज में लगे रहते हैं। जहाँ से भी कुछ सत्य मिलने की संभावना रहती है, झट वहीं दौड़ जाते हैं। जब वहाँ उसकी प्राप्ति नहीं होती, तब मन अशांत हो जाता है। फिर अन्य दिशा में हम सत्य की खोज में भटकते फिरते हैं। जब तक हम यह अनुभव नहीं कर लेते की समस्त ज्ञान हमारे अंदर है, जब तक यह दृढ़ धारणा नहीं हो जाती कि कोई भी हमें सत्य की प्राप्ति करने में सहायता नहीं पहुँचा सकता, हमें स्वयं ही अपने आप की सहायता करनी होगी, तब तक सारा सत्यान्वेषण ही वृथा है।

जब हम विवेक का अभ्यास आरंभ करेंगे, तो हमारे सत्य के नजदीक आ जाने का पहला चिह्न यह प्रकाशित होगा कि वह पूर्वोक्त असंतोष की अवस्था चली जाएगी। हमारी यह निश्चित धारणा हो जाएगी कि हमने सत्य को पा लिया है—और यह सत्य के सिवा और कुछ नहीं हो सकता। तब हम यह जान लेते हैं कि सत्यस्वरूप सूर्य उदित हो रहा है, हमारी अज्ञान-रजनी पर प्रभात की लाली छा रही

है। और तब हृदय में आशा भरकर, जब तक वह ध्येय प्राप्त नहीं हो जाता, तब तक हमें अवश्य अध्यवसायी होना होगा। दूसरी अवस्था में सारे दुःख चले जाएँगे। तब जगत् का बाहरी या भीतरी कोई भी विषय हमें दुःख नहीं पहुँचा सकेगा। तीसरी अवस्था में हमें पूर्ण ज्ञान की प्राप्ति हो जाएगी, अर्थात् हम सर्वज्ञ हो जाएँगे।' चौथी अवस्था में विवेक की सहायता से सारे कर्तव्यों का अंत हो जाएगा। उसके बाद चित्तविमुक्ति की अवस्था आएगी। तब हम समझ सकेंगे कि हमारी सारी विघ्न-बाधाएँ चली गई हैं। जिस प्रकार किसी पर्वत के शिखर से एक पत्थर के टुकड़े को नीचे लुढ़का देने पर वह फिर ऊपर नहीं जा सकता, उसी प्रकार मन की चंचलता, मनसंयम की असमर्थता आदि सभी गिर जाएँगे, अर्थात् नष्ट हो जाएँगे। छठी अवस्था में चित्त समझ लेगा कि इच्छा मात्र से ही वह अपने कारण में लीन हो जा रहा है। अंत में हम देखेंगे कि हम स्वस्वरूप में अवस्थित हैं और इतने दिन तक जगत् में एकमात्र हमीं अवस्थित थे। मन या शरीर के साथ हमारा कोई संबंध नहीं था—उनके साथ हमारे युक्त होने की बात तो दूर ही रहे। वे अपना-अपना काम स्वयं कर रहे थे; और हमने अज्ञानवश अपने आपको उनसे युक्त कर रखा था।

पर हम तो सदा से अकेले ही रहे हैं। इस संसार में केवल हमी सर्वशक्तिमान्, सर्वव्यापी और सदानंदस्वरूप हैं। हमारी अपनी आत्मा इतनी पवित्र और पूर्ण है कि हमें और किसी की आवश्यकता नहीं थी। हमें सुखी करने के लिए और कुछ भी आवश्यक नहीं था, क्योंकि हमीं सुखस्वरूप है। हम देखेंगे कि यह ज्ञान और किसी के ऊपर निर्भर नहीं रहता। जगत् में ऐसा कुछ भी नहीं है, जो हमारे ज्ञानालोक से प्रकाशित न हो। यही योगी की अंतिम अवस्था है। तब योगी धीर और शांत हो जाते हैं, वे और कोई कष्ट अनुभव नहीं करते, वे फिर कभी अज्ञान-मोह से प्रांत नहीं होते, दुःख उन्हें छू नहीं सकता। वे जान लेते हैं कि 'मैं नित्यानंदस्वरूप, नित्यपूर्णस्वरूप और सर्वशक्तिमान हूँ।'

योगाङ्गानुष्ठानादशुद्धिक्षये ज्ञानदीप्तिराविवेकख्यातेः॥ 28॥

सूत्रार्थ—योग के विभिन्न अंगों का अनुष्ठान करते-करते जब अपवित्रता का नाश हो जाता है, तब ज्ञान प्रदीप्त हो उठता है; उसकी अंतिम सीमा है विवेक-ख्याति।

व्याख्या—अब साधना की बात कही जा रही है। अभी तक जो कुछ कहा गया, वह अपेक्षाकृत उच्चतर है। वह अभी हमसे बहुत दूर है; किंतु वही हमारा आदर्श है, हमारा एकमात्र लक्ष्य है। उस लक्ष्यस्थल पर पहुँचने के लिए पहले शरीर

और मन को संयत करना आवश्यक है। तभी उस आदर्श में हमारी अनुभूति स्थायी हो सकेगी। हमारा लक्ष्य क्या है, यह हमने जान लिया है, अब उसे प्राप्त करने के लिए साधना आवश्यक हैं।

यमनियमासनप्राणायामप्रत्याहारधारणाध्यानसमाधयोऽष्टावङ्गनि ॥ 29 ॥

सूत्रार्थ—यम, नियम, आसन, प्राणायाम, प्रत्याहार, धारणा, ध्यान और समाधि—ये आठ (योग के) अंग हैं।

अहिंसासत्यास्तेयब्रह्मचर्यापरिग्रहा यमाः ॥ 30 ॥

सूत्रार्थ—अहिंसा, सत्य, अस्तेय (चोरी का अभाव), ब्रह्मचर्य और अपरिग्रह (संग्रह का अभाव)—ये पाँच यम कहलाते हैं।

व्याख्या—जो पूर्ण योगी होना चाहते हैं, उन्हें स्त्री-पुरुष भेद का भाव छोड़ देना पड़ेगा। आत्मा का कोई लिंग नहीं है—उसमें न स्त्री है, न पुरुष; तब क्यों वह स्त्री-पुरुष के भेदज्ञान द्वारा अपने आपको कलुषित करे? बाद में हम और भी अच्छी तरह समझ सकेंगे कि ये सब भाव हमें क्यों बिलकुल छोड़ देने चाहिए। उपहार ग्रहण करनेवाले मनुष्य के मन पर दाता के मन का असर पड़ता है, इसलिए ग्रहण करनेवाले के भ्रष्ट हो जाने की संभावना रहती है। दूसरे के पास से कुछ ग्रहण करने से मन की स्वाधीनता चली जाती है और हम मोल लिये हुए गुलाम के समान दाता के अधीन हो जाते हैं। अतएव किसी प्रकार का उपहार ग्रहण करना भी उचित नहीं।

जातिदेशकालसमयानवच्छिन्नाः सार्वभौमा महाव्रतम् ॥ 31 ॥

सूत्रार्थ—ये सब (उक्त यम) जाति, देश, काल और समय यानी उद्देश्य के द्वारा अविच्छिन्न न होने पर सार्वभौम महाव्रत कहलाते हैं।

व्याख्या—ये सब साधन अर्थात् अहिंसा, सत्य, अस्तेय, ब्रह्मचर्य और अपरिग्रह प्रत्येक व्यक्ति के लिए—प्रत्येक पुरुष, स्त्री और बालक के लिए—बिना किसी जाति, देश या अवस्था के भेद से अनुष्ठेय हैं।

शौचसन्तोषतपः स्वाध्यायेश्वरप्रणिधानानि नियमाः ॥ 32 ॥

सूत्रार्थ—बाह्य एवं अंतःशौच, संतोष, तपस्या, स्वाध्याय (मंत्रजप या अध्यात्म-शास्त्रों का पठन-पाठन) और ईश्वरोपासना—(ये पाँच) नियम हैं।

व्याख्या—बाह्यशौच अर्थात् शरीर को पवित्र रखना। अपवित्र मनुष्य कभी

योगी नहीं हो सकता। इस बाह्यशौच के साथ-साथ अंत:शौच भी आवश्यक है। समाधिपाद के तैंतीसवें सूत्र में जिन धर्मों (गुणों) की बात कही गई है, उनके पालन से यह अंत:शौच आता है। यह सत्य है कि बाह्यशौच से अंत:शौच अधिक उपकारी है, किंतु दोनों की ही आवश्यकता है; और अंत:शौच के बिना केवल बाह्यशौच कोई फल उत्पन्न नहीं करता।

वितर्कबाधने प्रतिपक्षभावनम्॥ 33॥

सूत्रार्थ—वितर्क अर्थात् योग (यम और नियम) के विरोधी भाव उपस्थित होने पर उनके प्रतिपक्षी विचारों का बारंबार चिंतन करना चाहिए।

व्याख्या—ऊपर में जिन सब धर्मों (गुणों) की बात कही गई है, उनके अभ्यास का यही उपाय है। उदाहरणार्थ, जब मन में क्रोध की एक बड़ी तरंग आती है, तब उसे कैसे वश में लाया जाए? उसके विपरीत एक तरंग उठाकर। उस समय प्रेम की बात मन में लाओ। कभी-कभी ऐसा होता है कि पत्नी अपने पति पर खूब गरम हो जाती है, उसी समय उसका बच्चा वहाँ आ जाता है और वह उसे गोद में उठाकर चूम लेती है; इससे उसके मन में बच्चे के प्रति प्रेमरूप तरंग उठने लगती है और वह पहले की तरंग को दबा देती है। प्रेम क्रोध के विपरीत है। इसी प्रकार जब मन में चोरी का भाव उठे, तो चोरी के विपरीत भाव का चिंतन करना चाहिए। जब दान ग्रहण करने की इच्छा पैदा हो, तो उसके विपरीत भाव का चिंतन करना चाहिए।

वितर्का हिन्सादयः कृतकारितानुमोदिता लोभक्रोधमोहपूर्वका
मृदुमध्याधिमात्रा दु:खाज्ञानतफला इति प्रतिपक्षभावनमू॥ 34॥

सूत्रार्थ—वितर्क अर्थात् योग के विरोध हैं हिंसा आदि भाव; (वे तीन प्रकार के होते हैं—) स्वयं किए हुए, दूसरों से करवाए हुए और अनुमोदित किए हुए; इनके कारण हैं—लोभ, क्रोध और मोह, इनमें भी कोई थोड़े परिमाण का, कोई मध्यम परिमाण का और कोई बहुत बड़े परिमाण का होता है; इनके अज्ञान और क्लेशरूप अनंत फल हैं—इस प्रकार (विचार करना ही) प्रतिपक्ष की भावना है।

व्याख्या—मैं स्वयं यदि कोई झूठ कहूँ, तो उससे जो पाप होता है, उतना ही पाप तब भी होता है, जब मैं दूसरे को झूठ कहने में लगाता हूँ; अथवा दूसरे की किसी झूठ बात का अनुमोदन करता हूँ। वह झूठ भले ही जरासा हो, फिर भी झूठ तो है ही। पर्वत की कंदरा में भी बैठकर यदि तुम कोई पाप-चिंतन करो, किसी के प्रति घृणा का भाव पोषण करो, तो वह भी संचित रहेगा, और कालांतर में फिर से वह तुम्हारे पास किसी दु:ख के रूप में आकर तुम पर प्रबल आघात करेगा। यदि तुम अपने

हृदय से ईर्ष्या और पृणा का भाव चारों ओर बाहर भेजो, तो वह चक्रवृद्धि ब्याज सहित तुम पर आकर गिरेगा। दुनिया की कोई भी ताकत उसे रोक न सकेगी। यदि तुमने एक बार उस शक्ति को बाहर भेज दिया, तो फिर निश्चित जानो, तुम्हें उसका प्रतिघात सहन करना ही पड़ेगा। यह स्मरण रहने पर तुम कुकर्मों से बचे रह सकोगे।

अहिंसाप्रतिष्ठायां तत्सन्निधौ वैरत्यागः ॥ 35 ॥

सूत्रार्थ—भीतर अहिंसा के प्रतिष्ठित हो जाने पर उसके निकट सब प्राणी अपना स्वाभाविक वैरभाव त्याग देते हैं।

व्याख्या—यदि कोई व्यक्ति अहिंसा की चरम अवस्था को प्राप्त कर ले, तो उसके सामने, जो प्राणी स्वभावतः ही हिंस्र है, वे भी शांतभाव धारण कर लेते हैं। उस योगी के सामने शेर और मेमना एक साथ खेलेंगे। इस अवस्था की प्राप्ति होने पर ही समझना कि तुम्हारा अहिंसाव्रत दृढ़ प्रतिष्ठित हो गया है।

सत्यप्रतिष्ठायां क्रियाफलाश्रयत्वम् ॥ 36 ॥

सूत्रार्थ—जब सत्यव्रत हृदय में प्रतिष्ठित हो जाता है, तब कोई कर्म बिना किए ही अपने लिए या दूसरे के लिए कर्म का फल प्राप्त करने की शक्ति योगी में आ जाती है।

व्याख्या—जब सत्य की यह शक्ति तुममें प्रतिष्ठित हो जाएगी, तब स्वप्न में भी तुम झूठ नहीं कहोगे। तब शरीर, मन और वचन से सत्य ही बाहर आएगा। तब तुम जो कुछ कहोगे, वही सत्य हो जाएगा। यदि तुम किसी से कहो, ''तुम कृतार्थ होओ'', तो वह उसी क्षण कृतार्थ हो जाएगा। किसी पीड़ित मनुष्य से यदि कहो, ''रोगमुक्त हो जाओ'', तो वह उसी समय स्वस्थ हो जाएगा।

अस्तेयप्रतिष्ठायां सर्वरत्नोपस्थानम् ॥ 37 ॥

सूत्रार्थ—अस्तेय में प्रतिष्ठित हो जाने पर (उस योगी के सामने) सब प्रकार के धन-रत्न प्रकट हो जाते हैं।

व्याख्या—तुम जितना ही प्रकृति से दूर भागोगे, वह उतना ही तुम्हारा अनुसरण करेगी, और यदि तुम उसकी जरा भी परवाह न करो, तो वह तुम्हारी दासी बनकर रहेगी।

ब्रह्मचर्यप्रतिष्ठायां वीर्यलाभः ॥ 38 ॥

सूत्रार्थ—ब्रह्मचर्य की दृढ़ स्थिति हो जाने पर वीर्यलाभ होता है।

व्याख्या—ब्रह्मचर्यवान मनुष्य के मस्तिष्क में प्रबल शक्ति—महती इच्छाशक्ति—संचित रहती है। ब्रह्मचर्य के बिना और किसी भी उपाय से आध्यात्मिक शक्ति नहीं आ सकती। जितने महान् मस्तिष्कशाली पुरुष हो गए हैं, वे सभी ब्रह्मचर्यवान थे। इसके द्वारा मनुष्यजाति पर आश्चर्यजनक क्षमता प्राप्त की जा सकती है। मानवसमाज के सभी आध्यात्मिक नेतागण ब्रह्मचर्यवान थे, तुम्हें सारी शक्ति इस ब्रह्मचर्य से ही प्राप्त हुई थी। अतएव योगी का ब्रह्मचर्यवान होना अनिवार्य है।

अपरिग्रहस्थैर्ये जन्मकथन्तासम्बोधः॥ 39॥

सूत्रार्थ—अपरिग्रह के दृढ़प्रतिष्ठित हो जाने पर पूर्वजन्मों की बात स्मृति में उदित हो जाती है।

व्याख्या—जब योगी दूसरी के पास से कोई वस्तु स्वीकार नहीं करते, तब उन पर दूसरों का कोई असर नहीं पड़ता, वे किसी के द्वारा अनुगृहीत नहीं होते और इसलिए वे स्वाधीन एवं मुक्त रहते हैं। उनका मन शुद्ध हो जाता है। दान स्वीकार करने से दाता के पाप भी लेने की संभावना रहती है। इस परिग्रह को त्याग देने पर मन शुद्ध हो जाता है; और इससे जो फल प्राप्त होते हैं, उनमें पूर्वजन्म की स्मृति का उदित होना प्रथम है। तभी वे योगी संपूर्ण रूप से अपने लक्ष्य में दृढ़ होकर रह सकते हैं। वे देख लेते हैं कि इतने दिन तक वे केवल आवागमन कर रहे थे। तब वे दृढ़ प्रतिज्ञा कर लेते हैं कि इस बार मैं अवश्य मुक्त होऊँगा, मैं अब और आवागमन नहीं करूँगा, प्रकृति का दास नहीं होऊँगा।

शौचात् स्वाङ्गजुगुप्सा परैरसंसर्गः॥ 40॥

सूत्रार्थ—शौच के प्रतिष्ठित हो जाने पर अपने शरीर के प्रति घृणा का उद्रेक होता है, दूसरों के साथ-संग करने की भी फिर प्रवृत्ति नहीं रहती।

व्याख्या—जब यथार्थ बाह्य और आभ्यंतर दोनों प्रकार के शौच सिद्ध हो जाते हैं, तब शरीर के प्रति उदासीनता आ जाती है—उसे कैसे अच्छा रखें, कैसे वह सुंदर दिखेगा, ये सब भाव बिलकुल चले जाते हैं। सांसारिक लोग जिसे अत्यंत सुंदर मुख कहेंगे, उसमें यदि ज्ञान का कोई चिह्न न हो, तो वही योगी के निकट पशु के मुख के समान प्रतीत होगा। संसार के मनुष्य जिस मुख में कोई विशेषता नहीं देखते, उसके

पीछे यदि चैतन्य का प्रकाश हो, तो योगी उसे स्वर्गीय मुखश्री कहेंगे। यह देहतृष्णा मानवजीवन के लिए एक अभिशापस्वरूप है। अतः शौचप्रतिष्ठा का पहला लक्षण यह दिखेगा कि तुम शरीर के प्रति उदासीन हो जाओगे—तुम्हारे मन में विचार तक न उठेगा कि तुम्हारे शरीर है भी। जब यह पवित्रता हममें आती है, तभी हम देहभाव के ऊपर उठ सकते हैं।

सत्त्वशुद्धिसौमनस्यैकाग्रयन्द्रियजयात्मदर्शनयोग्यत्वानि च ॥ 41 ॥

सूत्रार्थ—इसके सिवा (इस शौच से) सत्त्वशुद्धि, सौमनस्य अर्थात् मन का प्रफुल्ल भाव, एकाग्रता, इंद्रियजय और आत्मदर्शन की योग्यता—ये पाँचों भी होते हैं।

व्याख्या—इस शौच के अभ्यास द्वारा सत्त्वपदार्थ का प्राबल्य होता है और मन एकाग्र एवं प्रफुल्ल हो जाता है। तुम धर्मपथ में अपने अग्रसर होने का प्रथम लक्षण यह देखोगे कि तुम दिन-पर-दिन बड़े प्रफुल्ल होते जा रहे हो। यदि कोई व्यक्ति विषादयुक्त दिखे, तो वह अजीर्ण का फल भले ही हो, पर धर्म का लक्षण नहीं हो सकता। सुख का भाव ही सत्त्व का स्वाभाविक धर्म है, सात्त्विक मनुष्य के लिए सभी सुखमय प्रतीत होते हैं। अतः जब तुम में यह आनंद का भाव आता रहे, तो समझना कि तुम योग में उन्नति कर रहे हो। सारे दुःख-कष्ट तमोगुण से उत्पन्न होते हैं; अतएव तुम्हें उससे बचकर रहना होगा—उसको दूर कर देना होगा। विषादपूर्ण होकर चेहरा उतारे रहना तमोगुण का ए क लक्षण है। सबल, दृढ़, स्वस्थ, युवक और साहसी मनुष्य ही योगी बनने के योग्य है। योगी के लिए सभी सुखमय प्रतीत होते हैं; वे जिस किसी मनुष्य को देखते हैं, उसी से उनको आनंद होता है। यही धार्मिक मनुष्य का चिह्न है। पाप ही कष्ट का कारण है, अन्य किसी कारण से कष्ट नहीं आता। उतरा हुआ चेहरा लेकर क्या होगा? कैसा भयानक दृश्य है वह! ऐसी सूरत लेकर बाहर मत जाना। किसी दिन ऐसा होने पर दरवाजा बंद करके समय बिता देना। संसार में इस बीमारी को संक्रामित करने का तुम्हें क्या अधिकार है? जब तुम्हारा मन संयत हो जाएगा, तब तुम पूरे शरीर को वश में रख सकोगे; तब फिर तुम इस यंत्र के दास नहीं बने रहोगे; यह देहयंत्र ही तुम्हारा दास होकर रहेगा। तब यह देहयंत्र आत्मा को खींचकर नीचे की ओर न ले जाकर उसकी मुक्ति में महान् सहायक हो जाएगा।

सन्तोषादनुत्तमः सुखलाभः ॥ 42 ॥

सूत्रार्थ—संतोष से परम सुख प्राप्त होता है।

कायेन्द्रियसिद्धिरशुद्धिक्षयात्तपसः॥ 43 ॥

सूत्रार्थ—तपस्या से जब अशुद्धि का नाश हो जाता है, तब शरीर और इंद्रियों की सिद्धि हो जाती है अर्थात् उनमें नाना प्रकार की शक्तियाँ आती हैं।

व्याख्या—तपस्या का फल कभी-कभी अचानक दूरदर्शन, दूरश्रवण इत्यादि रूप से प्रकाशित होता है।

स्याध्यायादिष्टदेवतासम्प्रयोगः॥ 44 ॥

सूत्रार्थ—मंत्र के पुनः-पुनः उच्चारण या अभ्यास से इष्टदेवता के दर्शन होते हैं।

व्याख्या—जितने उच्च स्तर के जीव (देवता, ऋषि, सिद्ध) देखने की इच्छा करोगे, उतना ही कठोर अभ्यास करना पड़ेगा।

समाधिसिद्धिरीश्वरप्रणिधानात्॥ 45 ॥

सूत्रार्थ—ईश्वर में समस्त अर्पण करने से समाधिलाभ होता है।

व्याख्या—ईश्वर-समर्पण से समाधि की पूर्णता होती है।

स्थिरसुखमासनम्॥ 46 ॥

सूत्रार्थ—स्थिर भाव से सुखपूर्वक बैठने का नाम आसन है।

व्याख्या—अब आसन के बारे में बताते हैं। जब तक तुम स्थिर भाव से बहुत समय तक बैठे रहने में समर्थ नहीं होते, तब तक प्राणायाम एवं अन्य साधनाओं में किसी प्रकार सफल नहीं हो सकोगे। आसन के स्थिर होने का तात्पर्य है—शरीर के अस्तित्व का बिलकुल भान तक न होना। साधारणतः यह देखा जाता है कि ज्यों ही तुम चंद मिनट के लिए बैठते हो, त्यों ही शरीर में नाना प्रकार के विकार आने लगते हैं। पर जब तुम स्थूल देहभाव के परे चले जाओगे, तब तुम्हें शरीर का भान तक न रहेगा। फिर तुम सुख या दुःख कुछ भी अनुभव नहीं करोगे। जब फिर से तुम्हें शरीर का ज्ञान आएगा, जब तुम आसन से उठोगे, तो ऐसा लगेगा कि तुमने बहुत समय तक विश्राम किया है। यदि शरीर को संपूर्ण विश्राम देना संभव हो, तो वह इसी प्रकार हो सकता है। जब तुम इस प्रकार शरीर को अपने अधीन करके उसे दृढ़ रख सकोगे, तब जानना कि तुम्हारी साधना भी दृढ़ हुई है। किंतु जब शारीरिक विघ्न-बाधाओं से

विचलित हो जाओगे तब तुम्हारे स्नायु चंचल रहेंगे और तुम किसी भी प्रकार मन को एकाग्र न कर सकोगे।

प्रयत्नशैथिल्यानन्तसमापत्तिभ्याम्॥ 47॥

सूत्रार्थ—शरीर में एक प्रकार का जो स्वाभाविक प्रयत्न है (अर्थात् चंचलता की ओर शरीर की जो एक स्वाभाविक प्रवृत्ति है), उसे शिथिल कर देने से और अनंत के चिंतन से (आसन स्थिर और सुखकर होता है)।

व्याख्या—अनंत के चिंतन के द्वारा आसन स्थिर हो सकता है। हम उस सर्वद्वंद्वातीत अनंत (ब्रह्म) के बारे में सरलता से चिंतन नहीं कर सकते, किंतु हम अनंत आकाश के बारे में सोच सकते हैं।

ततो द्वन्द्वानभिघातः॥ 48॥

सूत्रार्थ—इस प्रकार आसन सिद्ध हो जाने पर द्वंद्वपरंपरा और कुछ विघ्न उत्पन्न नहीं कर सकती।

व्याख्या—द्वंद्व का अर्थ है शुभ-अशुभ, शीत-उष्ण, आलोक-अंधकार, सुख-दुःख आदि विपरीत धर्मवाले युग्म। ये सब फिर तुम्हें चंचल नहीं कर सकेंगे।

तस्मिन् सति श्वासप्रश्वासयोर्गतिविच्छेदः प्राणायामः॥ 49॥

सूत्रार्थ—उस आसन की सिद्धि होने के बाद श्वास और प्रश्वास दोनों की गति को संयत करना प्राणायाम कहलाता है।

व्याख्या—जब यह आसन सिद्ध हो जाता है, तब इस श्वास-प्रश्वास की गति को संयत करके उस पर जय प्राप्त करना पड़ेगा। अतः अब प्राणायाम का विषय आरंभ होता है। प्राणायाम क्या है? शरीर स्थित जीवनीशक्ति को वश में लाना। यद्यपि 'प्राण' शब्द बहुधा श्वास के अर्थ में प्रयुक्त होता है, तो भी वास्तव में वह श्वास नहीं है। प्राण का अर्थ है जागतिक समस्त शक्तियों की समष्टि। यह वह शक्ति है, जो प्रत्येक देह में अवस्थित है, और उसका ऊपरी प्रकाश है—फेफड़े की यह गति। प्राण जब श्वास को भीतर की ओर खींचता है, तभी यह गति शुरू होती है; प्राणायाम करने के समय हम उसी को संयत करने का प्रयत्न करते हैं। इस प्राण पर अधिकार प्राप्त करने के लिए हम पहले श्वास-प्रश्वास को संयत करना शुरू करते हैं, क्योंकि वही प्राणजय का सबसे सरल मार्ग है।

बाह्याभ्यन्तरस्तम्भवृत्तिः देशकालसंख्याभिः परिदृष्टो दीर्घसूक्ष्मः ॥ 50 ॥

सूत्रार्थ—बाह्यावृत्ति, आभ्यंतरवृत्ति और स्तंभवृत्ति के भेद से यह प्राणायाम तीन प्रकार का है; देश, काल और संख्या के द्वारा नियमित तथा दीर्घ या सूक्ष्म होने के कारण उनमें भी फिर नाना प्रकार के भेद हैं।

व्याख्या—यह प्राणायाम तीन प्रकार की क्रियाओं में विभक्त है। पहली—जब हम श्वास को अंदर खींचते हैं; दूसरी—जब हम उसे बाहर निकालते हैं; तीसरी—जब उसे फेफड़े के भीतर या उसके बाहर रोकते हैं। ये फिर देश, काल और संख्या के अनुसार भिन्न-भिन्न रूप धारण करते हैं। देश का अर्थ है—प्राण को शरीर के किसी अंशविशेष में आबद्ध रखना। समय का अर्थ है—प्राण को किस स्थान में कितने समय तक रखना होगा, इस बात का ज्ञान; और संख्या का अर्थ है—यह जान लेना कि कितनी बार ऐसा करना होगा। इसीलिए कहाँ पर, कितने समय तक और कितनी बार रेचक आदि करना होगा, इत्यादि कहा जाता है। इस प्राणायाम का फल है उद्घात अर्थात् कुंडलिनी का जागरण।

बाह्याभ्यन्तरविषयाक्षेपी चतुर्थः ॥ 51 ॥

सूत्रार्थ—चौथे प्रकार का प्राणायाम वह है, जिसमें प्राणायाम के समय बाह्य या आभ्यंतर किसी विषय का चिंतन किया जाता है।

व्याख्या—यह चौथे प्रकार का प्राणायाम है। इसमें चिंतन के साथ दीर्घकाल तक अभ्यास करते रहने से कुंभक होता है। दूसरे प्राणायामों में चिंतन का संपर्क नहीं रहता।

ततः क्षीयते प्रकाशावरणभ् ॥ 52 ॥

सूत्रार्थ—उस (प्राणायाम के अभ्यास) से (चित्त के) प्रकाश का आवरण क्षीण हो जाता है।

व्याख्या—चित्त में स्वभावतः समस्त ज्ञान भरा है। वह सत्त्व पदार्थ द्वारा निर्मित है, पर रज और तम पदार्थों से ढका हुआ है। प्राणायाम के द्वारा चित्त का यह आवरण हट जाता है।

धारणासु च योग्यता मनसः ॥ 53 ॥

सूत्रार्थ—(उसी से) धारणा में मन की योग्यता भी (होती है)।

व्याख्या—यह आवरण हट जाने पर हम मन को एकाग्र करने में समर्थ होते हैं।

स्वविषयासम्प्रयोगे चित्तस्वरूपानुकार इवेन्द्रियाणां प्रत्याहारः॥ 54॥

सूत्रार्थ—जब इंद्रियाँ अपने-अपने विषय को छोड़कर मानो चित्त का स्वरूप ग्रहण करती हैं, तब उसे प्रत्याहार कहते हैं।

व्याख्या—ये इंद्रियाँ मन की ही विभिन्न अवस्थाएँ मात्र हैं। मैं एक पुस्तक देखता हूँ। वास्तव में वह पुस्तक-आकृति बाहर नहीं है; वह तो मन में है। बाहर की कोई चीज उस आकृति को केवल जगा भर देती है; वास्तव में तो वह चित्त में ही है। इन इंद्रियों के सामने जो कुछ आता है, उसके साथ ये मिश्रित होकर, उसी का आकार धारण कर लेती हैं। यदि तुम चित्त को ये सब विभिन्न आकृतियाँ धारण करने से रोक सको, तभी तुम्हारा मन शांत होगा और इंद्रियाँ भी मन के अनुरूप हो जाएँगी। इसी को 'प्रत्याहार' कहते हैं।

ततः परमा वश्यतेन्द्रियाणाम्॥ 55॥

सूत्रार्थ—उस (प्रत्याहार) से इंद्रियों पर पूर्ण रूप से जय प्राप्त हो जाती है।

व्याख्या—जब योगी इंद्रियों को इस प्रकार बाहरी वस्तु का आकार धारण करने से रोक सकते हैं और चित्त के साथ उन्हें एक करके रखने में सफल होते हैं, तभी इंद्रियों पर पूर्ण रूप से जय प्राप्त होती है। और जब इंद्रियाँ पूरी तरह विजित हो जाती हैं, तब एक-एक स्नायु, एक-एक मांसपेशी तक हमारे वश में आ जाती है, क्योंकि इंद्रियाँ ही सब प्रकार की संवेदना और कार्य की केंद्र हैं। ये इंद्रियाँ ज्ञानेंद्रिय और कर्मेंद्रिय, इन दो भागों में विभक्त हैं। अतः जब इंद्रियाँ संयत होंगी, तब योगी सब प्रकार के भावों और कार्यों पर जय प्राप्त कर सकेंगे। सारा शरीर ही उनके अधीन हो जाएगा। ऐसी अवस्था प्राप्त होने पर ही मनुष्य देहधारण में आनंद अनुभव करने लगता है। तभी वह सचमुच कह सकता है, 'मैं धन्य हूँ, जो मेरा जन्म हुआ!' जब इंद्रियों पर ऐसा अधिकार प्राप्त हो जाता है, तभी हम अनुभव कर सकते हैं कि यह शरीर भी सचमुच कैसी अद्‌भुत चीज है!

❑

तृतीय अध्याय

विभूतिपाद

अब हम विभूतिपाद में आते हैं।

देशबन्धश्चित्तस्य धारणा॥ 1॥

सूत्रार्थ—चित्त को किसी विशेष वस्तु में धारण करके रखने का नाम है धारणा।

व्याख्या—जब मन शरीर के भीतर या उसके बाहर किसी वस्तु के साथ संलग्न होता है और कुछ समय तक उसी तरह रहता है, तो उसे धारणा कहते हैं।

तत्र प्रत्ययैकतानता ध्यानम्॥ 2॥

सूत्रार्थ—वह वस्तु विषयक ज्ञान निरंतर एक रूप से प्रवाहित होते रहने पर उसे ध्यान कहते हैं।

व्याख्या—मान लो, मन किसी एक विषय को सोचने का प्रयत्न कर रहा है, किसी एक विशेष स्थान में, जैसे—मस्तक के ऊपर अथवा हृदय आदि में अपने को पकड़ रखने का प्रयत्न कर रहा है। यदि मन शरीर के केवल उस अंश के द्वारा संवेदनाओं को ग्रहण करने में समर्थ होता है, शरीर के दूसरे भागों के द्वारा नहीं, तो उसका नाम धारणा है; और जब वह अपने को कुछ समय तक उसी अवस्था में रखने में समर्थ होता है, तो उसका नाम है ध्यान।

तदेवार्थमात्रनिर्भासं स्वरूपशून्यमिव समाधिः॥ 3॥

सूत्रार्थ—वही (ध्यान) जब समस्त बाहरी उपाधियों को छोड़कर अर्थ मात्र

को ही प्रकाशित करता है, तब उसे समाधि कहते हैं।

व्याख्या—जब ध्यान में वस्तु का रूप या बाहरी भाग परित्यक्त हो जाता है, तभी यह समाधि-अवस्था आती है। मान लो, मैं इस पुस्तक के बारे में ध्यान कर रहा हूँ और सोचो, मैं उसमें चित्तसंयम करने में सफल हो गया। तब केवल बिना किसी रूप में प्रकाशित, अर्थ नामक आभ्यंतरिक संवेदनाएँ ही मेरे ज्ञान में आने लगती हैं। ध्यान की इस अवस्था को समाधि कहते हैं।

त्रयमेकत्र संयमः ॥ 4 ॥

सूत्रार्थ—इन तीनों का जब एक साथ अर्थात् एक ही वस्तु के संबंध में अभ्यास किया जाता है, तो उसे संयम कहते हैं।

व्याख्या—जब कोई व्यक्ति अपने मन को किसी निर्दिष्ट वस्तु की ओर ले जाकर उस वस्तु में कुछ समय तक के लिए धारण कर सकता है, और फिर उसके अंतर्भाग को उसके बाहरी आकार से अलग करके बहुत समय तक रख सकता है, तभी समझना चाहिए कि संयम हुआ। अर्थात् धारणा, ध्यान और समाधि, ये तीनों क्रमशः एक के बाद एक, किसी एक वस्तु के ऊपर होने पर एक संयम हुआ। तब उस वस्तु का बाहरी आकार न जाने कहाँ चला जाता है, मन में केवल इसका अर्थ मात्र उद्भासित होता रहता है।

तज्जयात् प्रज्ञालोकः ॥ 5 ॥

सूत्रार्थ—इसको जीत लेने से ज्ञान का प्रकाश प्राप्त होता है।

व्याख्या—जब कोई मनुष्य इस संयम के साधन में सफल हो जाता है, तब सारी शक्तियाँ उसके हाथ में आ जाती हैं। यह संयम ही योगी के ज्ञानलाभ का प्रधान यंत्रस्वरूप है। ज्ञान के विषय अनंत हैं। वे स्थूल, स्थूलतर, स्थूलतम और स्व, सूक्ष्मतर, सूक्ष्मतम आदि नाना विभागों में विभक्त हैं। इस संयम का प्रयोग पहले स्थूल वस्तु पर करना चाहिए, और जब स्थूल का ज्ञान प्राप्त होने लगे, तब थोड़ा-थोड़ा करके सोपान-क्रम से सूक्ष्मतर वस्तु पर उसका प्रयोग करना चाहिए।

तस्य भूमिषु विनियोगः ॥ 6 ॥

सूत्रार्थ—उस (संयम) का प्रयोग सोपान-क्रम से करना चाहिए।

व्याख्या—जल्दबाजी मत करना। यह सूत्र इस प्रकार हमें सावधान कर रहा है।

त्रयमन्तरङ्गं पूर्वेभ्यः॥ 7॥

सूत्रार्थ—पहले कहे गए (साधनों) की अपेक्षा ये तीनों (साधन अधिक) अंतरंग हैं।

व्याख्या—इनके पहले यम, नियम, आसन, प्राणायाम और प्रत्याहार की बात कही गई है। वे धारणा, ध्यान और समाधि की अपेक्षा बहिरंग हैं। इन धारणा आदि अवस्थाओं को प्राप्त करने पर मनुष्य सर्वज्ञ और सर्वशक्तिमान अवश्य हो सकता है, पर सर्वज्ञता अथवा सर्वशक्तिमत्ता तो मुक्ति नहीं है। केवल इन तीन प्रकार के साधनों द्वारा मन निर्विकल्प अर्थात् परिणामशून्य नहीं हो सकता; इन त्रिविध साधनों का अभ्यास होने पर भी देहधारण का बीज रह जाता है। जब वह बीज, जैसा कि योगी कहते हैं, भून दिया जाता है, तभी उसकी पुनः वृक्ष उत्पन्न करने की शक्ति नष्ट हो जाती है। ये सिद्धियाँ उस बीज को कभी भून नहीं सकतीं।

तदपि बहिरङ्गं निर्बीजस्य॥ 8॥

सूत्रार्थ—पर वे (धारणा आदि तीनों) भी निर्बीज (समाधि) की तुलना में बहिरंग (साधन) हैं।

व्याख्या—इसी कारण निर्बीज समाधि के साथ तुलना करने पर इनको भी बहिरंग कहना पड़ेगा। संयम-लाभ होने पर ही हम वस्तुतः सर्वोच्च समाधि-अवस्था की प्राप्ति नहीं कर लेते, वरन् एक निम्नतर अवस्था में अवस्थित रहते हैं। उस अवस्था में यह परिदृश्यमान जगत् विद्यमान रहता है, और सब सिद्धियाँ भी।

व्युत्थाननिरोधसंस्कारयोरभिभवप्रादुर्भावौ
निरोधक्षणचित्तान्वयो निरोधपरिणामः॥ 9॥

सूत्रार्थ—जब व्युत्थान-संस्कार अर्थात् मन की चंचलता का अभिभव (दमन) और निरोध-संस्कार अर्थात् संयम का आविर्भाव हो जाता है, उस समय चित्त निरोध नामक संस्कार के अनुगत होता है तथा उसे निरोध-परिणाम कहते हैं।

व्याख्या—इसका तात्पर्य यह है कि समाधि की पहली अवस्था में मन की समस्त वृत्तियाँ निरुद्ध अवश्य होती हैं, किंतु संपूर्ण रूप से नहीं, क्योंकि वैसा होने पर तो किसी प्रकार की वृत्ति ही न रह जाती। मान लो, मन में एक ऐसी वृत्ति उठी है, जो मन को इंद्रिय की ओर ले जा रही है, और योगी उस वृत्ति को संयत करने का प्रयत्न कर रहे हैं। इस अवस्था में उस संयम को भी एक वृत्ति कहना पड़ेगा। एक

लहर मानो दूसरी लहर द्वारा रोकी गई है, अत: वह समस्त लहरों की निवृत्तिरूप समाधि नहीं है, क्योंकि वह संयम भी एक लहर है। फिर भी, जिस अवस्था में मन में तरंग के बाद तरंग उठती रहती है, उसकी अपेक्षा यह निरंतर समाधि उस उच्चतर समाधि के अधिक समीपवर्ती है।

तस्य प्रशान्तवाहिता संस्कारात्॥ 10॥

सूत्रार्थ—अभ्यास के द्वारा इसका प्रवाह स्थिर होता है।

व्याख्या—प्रतिदिन नियमित रूप से अभ्यास करने पर यह मन के नियत संयम का प्रवाह स्थिर हो जाता है, और तब मन को सदैव एकाग्रशील रहने की क्षमता प्राप्त होती है।

सर्वार्थतैकाग्रतयो: क्षयोदयौ चित्तस्य समाधिपरिणाम:॥ 11॥

सूत्रार्थ—सब प्रकार के विषयों का चिंतन करने की वृत्ति का क्षय हो जाना और किसी एक ही ध्येय-विषय का चिंतन करनेवाली एकाग्रता-शक्ति का उदय हो जाना, यह चित्त का समाधि-परिणाम है।

व्याख्या—मन सर्वदा ही नाना प्रकार के विषय ग्रहण कर रहा है, सदैव सब प्रकार की वस्तुओं में जा रहा है। फिर मन की ऐसी भी एक उच्चतर अवस्था है, जब वह केवल एक ही वस्तु को ग्रहण करके अन्य सब वस्तुओं को छोड़ सकता है। इस एक वस्तु को ग्रहण करने का फल है समाधि।

शान्तोदितौ तुल्यप्रत्ययौ चित्तस्यैकाग्रतापरिणाम:॥ 12॥

सूत्रार्थ—जब मन शांत और उदित अर्थात् अतीत और वर्तमान दोनों अवस्थाओं में ही तुल्य-प्रत्यय हो जाता है, अर्थात् दोनों को ही एक साथ ग्रहण कर सकता है, तब उसे चित्त का एकाग्रता-परिणाम कहते हैं।

व्याख्या—मन एकाग्र हुआ है, यह कैसे जाना जाए? मन के एकाग्र हो जाने पर समय का कोई ज्ञान न रहेगा। जितना ही समय का ज्ञान जाने लगता है, हम उतने ही एकाग्र होते जाते हैं। हम अपने दैनिक जीवन मैं भी देखते हैं कि जब हम कोई पुस्तक पढ़ने में तल्लीन रहते हैं, तब समय की ओर हमारा बिलकुल ध्यान नहीं रहता। जब हम पढ़कर उठते हैं, तो अचरज करने लगते हैं कि इतना समय बीत गया! सारा समय मानो एकत्र होकर वर्तमान में एकीभूत हो जाता है। इसीलिए कहा गया है कि अतीत, वर्तमान और भविष्य आकर जितना ही एकीभूत होते जाते हैं, मन

उतना ही एकाग्र होता जाता है।

एतेन भूतेन्द्रियेषु धर्मलक्षणावस्थापरिणामा व्याख्याताः॥ 13॥

सूत्रार्थ—इसी से भूतों में और इंद्रियों में होनेवाले धर्म-परिणाम, लक्षण-परिणाम और अवस्था-परिणाम—इन तीनों की व्याख्या की जा चुकी है।

व्याख्या—पीछे के तीन सूत्रों में चित्त के निरोध आदि परिणामों की जो बात कहा गई है, उसके द्वारा भूतों और इंद्रियों के धर्म, लक्षण और अवस्था-रूप तीन प्रकार के परिणामों की भी व्याख्या कर दी गई। मन लगातार वृत्ति के रूप में परिणत हो रहा है, यह मन का धर्मरूप परिणाम है। वह अतीत, वर्तमान और भविष्य इन तीन कालों के भीतर से होकर चल रहा है, यह मन का लक्षणरूप परिणाम है। कभी निरोधसंस्कार प्रबल और व्युत्थानसंस्कार दुर्बल हो जाता है, तो कभी ठीक इसका उलटा होता है; यह मन का अवस्थारूप परिणाम है। मन के इन तीन परिणामों के समान भूतों और इंद्रियों के भी त्रिविध परिणाम समझना चाहिए। जैसे—सोने का पिंड जब अपना पिंडरूप धर्म छोड़कर कंगन और झुमके में परिणत हो जाता है, तब उसे धर्म-परिणाम कहते हैं। जब इसी घटना को हम काल की दृष्टि से देखते हैं अर्थात् उसके वर्तमान, अतीत और भविष्य अवस्थारूप परिणामों को देखते हैं, तब उसे लक्षण-परिणाम कहते हैं। फिर उनके नवीनत्व, पुरातनत्व आदि अवस्थारूप परिणामों को अवस्था-परिणाम कहते हैं।

पहले के सूत्रों में जिन सब समाधियों की बात कही गई है, उनका उद्देश्य यह है कि योगी मन के परिणामों पर इच्छापूर्वक क्षमता प्राप्त कर सके। उससे पूर्वोक्त संयमशक्ति प्राप्त होती है।

शान्तोदिताव्यपदेश्यधर्मानुपाती धर्मी॥ 14॥

सूत्रार्थ—शांत (अतीत), उदित (वर्तमान) और अव्यपदेश्य (अब तक व्यक्त न हुए) धर्म जिसमें अवस्थित हैं, वह धर्मी है।

व्याख्या—धर्मी उसे कहते हैं, जिस पर काल और संस्कार कार्य कर रहे हैं, जिसमें सतत परिणाम हो रहा है और जो हरदम व्यक्त भाव धारण कर रहा है।

क्रमान्यत्वं परिणामान्यत्वे हेतुः॥ 15॥

सूत्रार्थ—भिन्न-भिन्न परिणाम होने का कारण है, क्रम की भिन्नता (पूर्वापर पार्थक्य)।

परिणामत्रयसंयमादतीतानागतज्ञानम् ॥ 16 ॥

सूत्रार्थ—पूर्वोक्त तीन परिणामों में चित्तसंयम करने से अतीत और अनागत (भविष्य) का ज्ञान उत्पन्न होता है।

व्याख्या—पहले संयम की जो परिभाषा दी गई है, हम उसे न भूलें। जब मन वस्तु के बाहरी भाग को छोड़कर उसके आभ्यंतरिक भावों के साथ अपने को एकरूप करने की उपयुक्त अवस्था में पहुँच जाता है, जब दीर्घ अभ्यास के द्वारा मन केवल उसी की धारणा करके क्षण भर में उस अवस्था में पहुँच जाने की शक्ति प्राप्त कर लेता है, तब उसे संयम कहते हैं। इस अवस्था को प्राप्त करके यदि योगी भूत और भविष्य जानने की इच्छा करें, तो उन्हें केवल संस्कार के परिणामो में संयम का प्रयोग करना होगा। कुछ संस्कार वर्तमान अवस्था में कार्य कर रहे हैं, कुछ का भोग समाप्त हो चुका है और कुछ अभी भी फल प्रदान करने के लिए संचित हैं। इन सभी में संयम का प्रयोग करके वे भूत और भविष्य सब जान लेते हैं।

शब्दार्थप्रत्ययानामितरेतराध्यासात् संकरस्तत्प्रविभागसंयमात् सर्वभूतरुतज्ञानम् ॥ 17 ॥

सूत्रार्थ—शब्द, अर्थ और प्रत्यय (ज्ञान)—इनकी, आपस में अध्यास हो जाने के कारण, जो संकरावस्था हो रही है, उसके विभागों में संयम करने से समस्त प्राणियों की वाणी का ज्ञान (हो जाता है)।

व्याख्या—शब्द से उस बाह्य विषय का बोध होता है, जो मन में किसी वृत्ति को जाग्रत् कर देता है। अर्थ कहने से वह आंतरिक स्पंदन समझना चाहिए, जो इंद्रिय-मार्ग के माध्यम से मस्तिष्क में पहुँचता है और बाह्य संवेदना को मन में पहुँचा देता है। ज्ञान कहने से मन की उस प्रतिक्रिया को समझना चाहिए, जिससे विषयानुभूति होती है। इन तीनों के मिश्रित होने से ही हमारे इंद्रियग्राह्य विषय उत्पन्न होते हैं। मान लो, मैंने एक शब्द सुना, पहले बाहर एक कंपन हुआ, तत्पश्चात् श्रवणेंद्रिय द्वारा मन में एक आंतरिक संवेदना पहुँचाई गई, उसके बाद मन ने प्रतिक्रिया की, और मैं उस शब्द को जान सका। मैंने यह जो उस शब्द को जाना है, वह तीन पदार्थों का मिश्रण है—पहला, कंपन; दूसरा, संवेदना; और तीसरा, प्रतिक्रिया। साधारणतः ये तीन व्यापार पृथक् नहीं किए जा सकते, पर अभ्यास के द्वारा योगी उनको पृथक् कर सकते हैं। जब मनुष्य इनको अलग करने की शक्ति प्राप्त कर लेता है, तब वह फिर जिस किसी शब्द में संयम का प्रयोग करे, वह उसी क्षण उस अर्थ को समझ सकता है, जिसको प्रकाशित करने के लिए वह शब्द उच्चारित हुआ है, फिर वह शब्द चाहे

मनुष्य द्वारा किया गया हो, चाहे अन्य किसी प्राणी द्वारा।

संस्कारसाक्षात्करणात् पूर्वजातिज्ञानम्॥ 18॥

सूत्रार्थ—संस्कारों को प्रत्यक्ष कर लेने से पूर्वजन्म का ज्ञान (हो जाता है)।

व्याख्या—हम जो कुछ अनुभव करते हैं, वह समस्त हमारे चित्त में तरंग के रूप में आया करता है। वह फिर चित्तरूपी सरोवर की तली में चला जाता है और क्रमशः सूक्ष्म से सूक्ष्मतर होता जाता है। वह बिलकुल नष्ट नहीं हो जाता। वह वहाँ जाकर अत्यंत सूक्ष्मभाव से रहता है। यदि हम उस तरंग को फिर से ऊपर ला सकें, तो वही 'स्मृति' कहलाती है। अतएव योगी यदि मन के इन सब पूर्वसंस्कारों में संयम कर सकें, तो वे पूर्वजन्म की बातें स्मरण करना आरंभ कर देंगे।

प्रत्ययस्य परचित्तज्ञानम्॥ 19॥

सूत्रार्थ—दूसरे के शरीर में जो चिह्न हैं, उनमें संयम करने से उस व्यक्ति के मन का ज्ञान (हो जाता है)।

व्याख्या—प्रत्येक व्यक्ति के शरीर में कुछ विशिष्ट चिह्न रहते हैं, जिनके द्वारा उसको दूसरे व्यक्तियों से पृथक् करके पहचाना जाता है। जब योगी किसी मनुष्य के इन विशेष चिह्नों में संयम करते हैं, तब वे उस मनुष्य के मन का स्वभाव जान लेते हैं।

न च तत् सालम्बनं तस्याविषयीभूतत्वात्॥ 20॥

सूत्रार्थ—किंतु उस चित्त का अवलंबन क्या है, यह वे नहीं जान सकते, क्योंकि वह उनके संयम का विषय नहीं है।

व्याख्या—ऊपर के सूत्र में शरीर के चिह्नों में संयम की जो बात कही गई है, उसके द्वारा उस व्यक्ति के मन में उस समय क्या चल रहा है, यह नहीं जाना जा सकता। उसको जानने के लिए तो दो बार संयम करने की आवश्यकता होगी; पहले शरीर के लक्षणों में और उसके बाद मन में। तब योगी उस व्यक्ति के मन के समस्त भाव जान सकेंगे।

कायरूपसंयमात् तद्ग्राह्यशक्तिस्तम्भे
चक्षुःप्रकाशासंयोगेऽन्तर्धानम्॥ 21॥

सूत्रार्थ—शरीर के रूप में संयम कर लेने से जब उस रूप को अनुभव करने

की शक्ति रोक ली जाती है, तब आँख की प्रकाश-शक्ति के साथ उसका संयोग न रहने के कारण योगी अंतर्धान हो जाते हैं।

व्याख्या—मान लीजिए, कोई योगी महाराज इस कमरे में खड़े हैं। वे आपात दृष्टि से सब के सामने से अंतर्धान हो सकते हैं। वे वास्तव में अंतर्धान हो जाते हों, सो बात नहीं; पर हाँ, कोई उन्हें देख न सकेगा, बस इतना ही। शरीर का रूप और शरीर, इन दोनों को मानो वे अलग-अलग कर डालते हैं। जब योगी ऐसी एकाग्रता-शक्ति प्राप्त कर लेते हैं कि वे वस्तु के रूप और उस वस्तु को एक दूसरे से अलग कर डालते हैं, तभी इस प्रकार की अंतर्धान-शक्ति उन्हें प्राप्त होती है। रूप और उस रूपवान् वस्तु के पार्थक्य में संयम का प्रयोग करने से उस रूप को अनुभव करने की शक्ति में मानो एक बाधा पड़ती है, क्योंकि रूप और उस रूप विशिष्ट वस्तु के परस्पर संयुक्त होने पर ही हमें उस वस्तु का ज्ञान होता है।

एतेन शब्दाद्यन्तर्धानमुक्तम्॥ 22॥

सूत्रार्थ—इसके द्वारा ही शब्द आदि के अंतर्धान होने की अर्थात् शब्द आदि को दूसरों को इंद्रियगोचर न होने देने की भी व्याख्या कर दी गई।

सोपक्रमं निरुपक्रमं च कर्म तत्संयमादपरान्तज्ञानमरिष्टेभ्यो वा॥ 23॥

सूत्रार्थ—शीघ्र फल उत्पन्न करनेवाला और देर से फल देनेवाला—ऐसे दो प्रकार के कर्म होते हैं। इनमें संयम करने से, अथवा अरिष्ट नामक मृत्यु-लक्षणों से भी योगी देहत्याग का ठीक समय जान लेते हैं।

व्याख्या—जब योगी अपने कर्म में, अर्थात् अपने मन के उन संस्कारों में, जिनका कार्य आरंभ हो गया है तथा उनमें, जिनका कार्य अभी आरंभ नहीं हुआ है, संयम का प्रयोग करते हैं, तब वे उन संस्कारों के द्वारा, जिनका कार्य अभी आरंभ नहीं हुआ है, यह ठीक जान लेते हैं कि उनकी मृत्यु कब होगी। किस समय, किस दिन, कितने बजे, यहाँ तक कि कितने मिनट पर उनकी मृत्यु होगी—यह सब उन्हें ज्ञात हो जाता है। हिंदू लोग मृत्यु की इस निकटता को जान लेना विशेष आवश्यक समझते हैं, क्योंकि गीता में यह उपदेश है कि मृत्यु-समय के विचार परवर्ती जीवन को निर्धारित करने के लिए विशेष समर्थ हैं।

मैत्यादिषु बलानि॥ 24॥

सूत्रार्थ—मैत्री आदि गुणों (1/ 33) में संयम करने से वे सब गुण अत्यंत

प्रबल भाव धारण करते हैं।

बलेषु हस्तिबलादीनि ॥ 25 ॥

सूत्रार्थ—हाथी आदि प्राणियों के बल में संयम का प्रयोग करने से योगी के शरीर में उन-उन प्राणियों के सदृश बल आ जाता है।

व्याख्या—जब योगी यह संयम-शक्ति प्राप्त कर लेते हैं, तब यदि वे बल की इच्छा करें, तो हाथी के बल में संयम का प्रयोग करके वे हाथी के समान बल प्राप्त कर लेते हैं। प्रत्येक मनुष्य मैं अनंत शक्ति निहित है। यदि वह उपाय जानता हो, तो वह उस शक्ति का इच्छानुसार व्यवहार कर सकता है। योगी ने उसे प्राप्त करने की विद्या खोज निकाली है।

प्रवृत्त्यालोकन्यासात् सूक्ष्मव्यवहितविप्रकृष्टज्ञानम् ॥ 26 ॥

सूत्रार्थ—महाज्योति (1/36) में संयम करने से सूक्ष्म, व्यवधानयुक्त और दूरवर्ती वस्तुओं का ज्ञान हो जाता है।

व्याख्या—हृदय में जो महाज्योति है, उसमें संयम करने से योगी अत्यंत दूरवर्ती वस्तु को भी देख सकते हैं। यदि कोई वस्तु पहाड़ के अंतराल में रहे, तो उसे भी वे देख लेते हैं, और अत्यंत सूक्ष्म वस्तुओं का भी उन्हें ज्ञान हो जाता है।

भुवनज्ञानं सूर्ये संयमात् ॥ 27 ॥

सूत्रार्थ—सूर्य में संयम करने से संपूर्ण जगत् का ज्ञान (हो जाता है)।

चन्द्रे ताराव्यूहज्ञानम् ॥ 28 ॥

सूत्रार्थ—चंद्रमा में (संयम करने से) तारासमूह का ज्ञान (हो जाता है)।

ध्रुवे तद्गतिज्ञानम् ॥ 29 ॥

सूत्रार्थ—ध्रुव तारे में (संयम करने से) ताराओं की गति का ज्ञान (हो जाता है)।

नाभिचक्रे कायव्यूहज्ञानम् ॥ 30 ॥

सूत्रार्थ—नाभिचक्र में (संयम करने से) शरीर की बनावट का ज्ञान (हो जाता है)।

कण्ठकूपे क्षत्पिपासानिवृत्तिः ॥ 31 ॥

सूत्रार्थ—कंठकूप में (संयम करने से) भूख और प्यास की निवृत्ति हो जाती है।

व्याख्या—अत्यंत भूखा मनुष्य यदि कंठनली में चित्त का संयम कर सके, तो उसकी भूख शांत हो जाती है।

कूर्मनाड्य स्थैर्यम् ॥ 32 ॥

सूत्रार्थ—कूर्मनाड़ी में (संयम करने से) शरीर की स्थिरता होती है।

व्याख्या—जब वे साधना करते हैं, तब उनका शरीर चंचल नहीं होता।

मूर्धज्योतिषि सिद्धदर्शनम् ॥ 33 ॥

सूत्रार्थ—मस्तक के ऊर्ध्वभाग से निकलनेवाली ज्योति में (संयम करने से) सिद्धपुरुषों के दर्शन होते हैं।

व्याख्या—यहाँ सिद्ध का तात्पर्य भूतयोनि की अपेक्षा थोड़ी उच्च योनि से है। जब योगी अपने सिर के ऊपरी भाग में मन का संयम करते हैं, तब वे इन सिद्धों के दर्शन करते हैं। यहाँ पर 'सिद्ध' शब्द से मुक्त पुरुष नहीं समझना चाहिए।

प्रातिभाद्वा सर्वम् ॥ 34 ॥

सूत्रार्थ—अथवा प्रातिभ ज्ञान उत्पन्न होने से समस्त (ज्ञान प्राप्त हो जाता है)।

व्याख्या—प्रातिभ ज्ञान अर्थात् प्रतिभाशक्ति अर्थात् पवित्रता के द्वारा लब्ध ज्ञानविशेष के प्राप्त हो जाने पर बिना किसी प्रकार के संयम के ही समस्त ज्ञान प्राप्त हो सकता है। जब मनुष्य उच्च प्रतिभाशक्ति प्राप्त कर लेता है, तब उसे इस महान् आलोक की प्राप्ति हो जाती है। उसके ज्ञान से समस्त प्रकाशित हो जाता है। बिना किसी प्रकार का संयम किए ही उसे आप से आप समस्त ज्ञान प्राप्त हो जाता है।

हृदये चित्तसंवित् ॥ 35 ॥

सूत्रार्थ—हृदय में (संयम करने से) मनोविषयक ज्ञान (प्राप्त हो जाता है)।

सत्त्वपुरुषयोरत्यन्तसंकीर्णयोः प्रत्ययाविशेषाद् भोगः
परार्थत्वादन्यस्वार्थसंयमात् पुरुषज्ञानम् ॥ 36 ॥

सूत्रार्थ—पुरुष और सत्त्व (बुद्धि) अत्यंत पृथक् हैं—उनके विवेक के अभाव से ही भोग होता है। वह भोग परार्थ है अर्थात् पुरुष के लिए है। सत्त्व (बुद्धि) की एक दूसरी अवस्था का नाम है स्वार्थ; उसमें संयम करने से पुरुष का ज्ञान होता है।

व्याख्या—पुरुष और बुद्धि वास्तव में सर्वथा भिन्न है; ऐसा होने पर भी पुरुष बुद्धि में प्रतिबिंबित होकर उसके साथ अपने को अभिन्न समझता है और उसी से अपने को सुखी या दु:खी अनुभव करता रहता है। बुद्धि की इस अवस्था को परार्थ कहते हैं, क्योंकि उसके सारे भोग अपने लिए नहीं, वरन् पुरुष के लिए होते हैं। इसके सिवा बुद्धि की और एक अवस्था है—उसका नाम है स्वार्थ। जब बुद्धि सत्त्वप्रधान होकर अत्यंत निर्मल हो जाती है और उसमें पुरुष विशेष रूप से प्रतिबिंबित होता है, तब वह बुद्धि अंतर्मुखी होकर केवल पुरुष का अवलंबन करती है। इस 'स्वार्थ' में संयम करने से पुरुष का ज्ञान होता है। केवल पुरुष का अवलंबन करनेवाली बुद्धि में संयम करने को कहने का तात्पर्य यह है कि शुद्ध पुरुष ज्ञाता होने के कारण कभी ज्ञान का विषय नहीं बन सकता।

ततः प्रातिभश्रावणवेदनादर्शास्वादवार्ता जायन्ते ॥ 37 ॥

सूत्रार्थ—उससे प्रातिभ ज्ञान और (अलौकिक) श्रवण, स्पर्श, दर्शन, स्वाद एवं वार्त्ता (घ्राण)—ये (छह सिद्धियाँ) प्रकट होती हैं।

ते समाधावुपसर्गा व्युत्थाने सिद्धयः ॥ 38 ॥

सूत्रार्थ—ये (छहों सिद्धियाँ) समाधि में उपसर्ग (विघ्न) हैं, पर व्युत्थान (संसार-अवस्था) में सिद्धिस्वरूप हैं।

व्याख्या—योगी जानते हैं कि संसार के सभी रमण पुरुष और मन के संयोग द्वारा होते हैं। यदि वे इस सत्य में कि 'आत्मा और प्रकृति एक-दूसरे से पृथक् वस्तु है' चित्त का संयम कर सके, तो उन्हें पुरुष का ज्ञान प्राप्त हो जाता है। उससे विवेकज्ञान उदित होता है। जब वे इस विवेक को प्राप्त कर लेते हैं, तब उन्हें प्रातिभ ज्ञान अर्थात् अत्यंत उच्च कोटि का दिव्य आलोक प्राप्त होता है। पर ये सब सिद्धियाँ उस उच्चतम लक्ष्य अर्थात् उस पवित्रस्वरूप आत्मा के ज्ञान और मुक्ति की प्रतिबंधकस्वरूप हैं। ये सब तो मानो रास्ते में प्राप्त होनेवाली चीजें भर हैं। यदि योगी इन सिद्धियों का परित्याग कर दे, तभी वे उस उच्चतम ज्ञान को प्राप्त कर सकते हैं। यदि वे इनमें अटक जाएँ, तो फिर उनकी उन्नति रुक जाती है।

बन्धकारणशैथिल्यात् प्रचारसंवेदनाच्च चित्तस्य परशरीरावेशः॥ 39॥

सूत्रार्थ—जब बंधन का कारण शिथिल हो जाता है और योगी चित्त के प्रचार-स्थानों को (अर्थात् शरीरस्थ नाड़ीसमूह को) जान लेते हैं, तब वे दूसरे के शरीर में प्रवेश कर सकते हैं।

व्याख्या—योगी एक देह में क्रियाशील रहते हुए भी अन्य किसी मृत देह में प्रवेश करके उसे गतिशील कर सकते हैं। इसी प्रकार, वे किसी जीवित शरीर में प्रवेश करके उस व्यक्ति के मन और इंद्रियों को निरुद्ध कर सकते हैं, तथा उस समय तक के लिए उस शरीर के माध्यम से कार्य कर सकते हैं। प्रकृति और पुरुष के विवेक को प्राप्त करने पर ही ऐसा करना उनके लिए संभव होता है। यदि वे दूसरे के शरीर में प्रवेश करने की इच्छा करें, तो उस शरीर में संयम का प्रयोग करने से ही वह सिद्ध हो जाएगा, क्योंकि उनके मतानुसार, उनकी आत्मा ही सर्वव्यापी नहीं हैं, वरन् उनका मन भी सर्वव्यापी है। उनका मन उस सर्वव्यापी (समष्टि) मन का एक अंश मात्र है। पर अभी वह इस शरीर के स्नायुओं के माध्यम से ही काम कर सकता है, किंतु जब योगी इन स्नायविक प्रवाहों में अपने को मुक्त कर लेते हैं, तब वे दूसरे शरीर के द्वारा भी काम कर सकते हैं।

उदानजयाज्जलपङ्ककण्टकादिष्वसङ्ग उत्क्रान्तिश्च॥ 40॥

सूत्रार्थ—उदान नामक स्नायविक शक्तिप्रवाह पर जय प्राप्त कर लेने से योगी के शरीर से पानी या कीचड़ का संयोग नहीं होता, वे काँटों पर चल सकते हैं और इच्छामृत्यु होते हैं।

व्याख्या—उदान नामक जो स्नायविक शक्तिप्रवाह फेफड़े और शरीर के सारे ऊपरी भाग को चलाता है, उस पर जब योगी जय प्राप्त कर लेते हैं, तब वे अत्यंत हलके हो जाते हैं। ये फिर जल में नहीं डूबते, काँटों पर या तलवार की धार पर वे अनायास चल सकते हैं, आग में खड़े रह सकते हैं और इच्छा मात्र से ही इस शरीर को छोड़ सकते हैं।

समानजयात्प्रज्वलनम्॥ 41॥

सूत्रार्थ—समान स्नायविक शक्तिप्रवाह को जीत लेने से (उनका शरीर) दीप्तिमान हो जाता है।

व्याख्या—ये जब कभी इच्छा करते हैं, तभी उनके शरीर से ज्योति बाहर

निकल आती है।

श्रोत्राकाशयोः सम्बन्धसंयमाद्दिव्यं श्रोत्रम्॥ 42॥

सूत्रार्थ—कान और आकाश का जो परस्पर संबंध है, उसमें संयम करने से दिव्य कर्ण प्राप्त होता है।

व्याख्या—आकाशतत्त्व और उसका अनुभव करने का यंत्रस्वरूप कान—इनमें संयम करने से योगी दिव्य कर्ण प्राप्त करते हैं, जिससे वे सबकुछ सुन सकते हैं। अत्यंत दूर कोई बातचीत या शब्द होने पर (भी वे उसे सुन सकते हैं।

कायाकाशयोः सम्बन्धसंयमाल्लघुतूलसमापत्तेश्चाकाशगमनम्॥ 43॥

सूत्रार्थ—शरीर और आकाश के संबंध में चित्तसंयम करने से और (मई आदि) हलकी वस्तु में संयम करने से योगी आकाश में गमन कर सकते हैं।

व्याख्या—आकाश ही इस शरीर का उपादान है; आकाश ने ही एक प्रकार से विकृत होकर इस शरीर का रूप धारण किया है। यदि योगी शरीर के उपादानभूत उस आकाशधातु में संयम का प्रयोग करे, तो वे आकाश के समान हलके हो जाते हैं और जहाँ इच्छा हो, वायु में से होकर जा सकते हैं। ऐसा ही दूसरी बातों के संबंध में भी है।

बहिरकल्पिता वृत्तिर्महाविदेहा ततः प्रकाशवरणक्षयः॥ 44॥

सूत्रार्थ—शरीर के बाहर मन की जो यथार्थ वृत्ति या धारणा है, उसका नाम है महाविदेहा; उसमें संयम का प्रयोग करने से, प्रकाश का जो आवरण है, वह नष्ट हो जाता है।

व्याख्या—अज्ञानवश मन सोचता है कि वह इस देह में से कार्य कर रहा है। यदि मन सर्वव्यापी हो, तो हम केवल एक ही प्रकार के स्नायुओं द्वारा क्यों आबद्ध रहेंगे, इस अहं को एक ही शरीर में सीमाबद्ध करके क्यों रखेंगे? ऐसा करने का तो कोई कारण नहीं दिखता। योगी अपने इस अहंभाव को, जहाँ कहीं इच्छा हो, वहीं अनुभव करना चाहते हैं। अहंभाव के चले जाने पर इस देह में जो मानसिक तरंग उठती है, उसे ' अकल्पिता' या ' महाविदेहा' वृत्ति कहते हैं। जब योगी उसमें संयम करने में सफल होते हैं, तब प्रकाश के सारे आवरण नष्ट हो जाते हैं और समस्त अंधकार एवं अज्ञान नष्ट हो जाने के कारण सबकुछ उन्हें चैतन्यमय प्रतीत होता है।

स्थूलस्वरूपसूक्ष्मान्वयार्थवत्त्वसंयमाद्भूतजयः॥ 45॥

सूत्रार्थ—भूतों की स्थूल, स्वरूप, सूक्ष्म, अन्वय और अर्थवत्त्व—इन पाँच प्रकार की अवस्थाओं में संयम करने से पाँचों भूतों पर विजय प्राप्त हो जाती है।

व्याख्या—योगी समस्त भूतों में संयम करते हैं—पहले, स्थूल भूतों में और उसके बाद उनकी अन्य सूक्ष्म अवस्थाओं में। बौद्धों के एक संप्रदाय में यह संयम विशेष रूप से प्रचलित है। वे मिट्टी का एक लोंदा लेकर उसमें संयम का प्रयोग करते हैं, फिर क्रमशः वह जिन सूक्ष्म भूतों से निर्मित हुआ है, उन्हें देखना शुरू करते हैं। जब वे उसकी समस्त सूक्ष्म अवस्थाओं के बारे में जान लेते हैं, तब वे उस भूत पर विजय प्राप्त कर लेते हैं। ऐसा ही अन्य सब भूतों के बारे में भी समझना चाहिए। योगी उन सभी पर जय प्राप्त कर सकते हैं।

ततोऽणिमादिप्रादुर्भावः कायसम्पत्तद्धर्मानभिघातश्च ॥ 46 ॥

सूत्रार्थ—उससे अणिमा आदि सिद्धियों का आविर्भाव होता है, कायसंपत् की प्राप्ति होती है और सारे शारीरिक धर्मों से बाधा नहीं होती।

व्याख्या—इसका तात्पर्य यह है कि योगी अष्ट सिद्धियों की प्राप्ति कर लेते हैं। वे अपने को इच्छानुसार परमाणु के समान छोटा या पर्वत के समान बड़ा कर सकते हैं। वे अपने को पृथ्वी के समान भारी और वायु के समान हलका कर सकते हैं; वे जहाँ चाहें, जा सकते हैं; जिस पर चाहें, प्रभुत्व कर सकते हैं; जिस पर चाहें, विजय प्राप्त कर सकते हैं। सिंह उनके पैरों के पास मेमने के समान शांतभाव से बैठा रहेगा, और वे जो भी चाहें, उनकी समस्त कामनाएँ पूर्ण होंगी।

रूपलावण्यबलवज्रसंहननत्वानि कायसम्पत् ॥ 47 ॥

सूत्रार्थ—रूप, लावण्य, बल और वज्र के समान दृढ़ता—ये कायसंपत् हैं।

व्याख्या—तब शरीर अविनाशी हो जाता है, कोई भी वस्तु उसे किसी प्रकार का नुकसान नहीं पहुँचा सकती। यदि योगी स्वयं इच्छा न करें, तो दुनिया की कोई भी ताकत उनके शरीर का नाश नहीं कर सकती। ''कालदंड को भग्न करके वे इस जगत् में शरीर लेकर वास करते हैं।'' वेदों में कहा है कि ऐसे व्यक्ति को बीमारी, मृत्यु या अन्य कोई क्लेश नहीं होता।

ग्रहणस्वरूपास्मितान्वयार्थवत्त्वसंयमादिन्द्रियजयः ॥ 48 ॥

सूत्रार्थ—इंद्रियों की बाह्य पदार्थ की ओर गति, उससे उत्पन्न ज्ञान, इस ज्ञान से विकसित अहं-प्रत्यय, इंद्रियों के त्रिगुणमयत्व और उनके भोगदातृत्व—इन पाँचों

में संयम करने से इंद्रियों पर विजय प्राप्त हो जाती है।

व्याख्या—बाह्य वस्तु की अनुभूति के समय इंद्रियाँ मन से बाहर जाकर विषय की ओर दौड़ती हैं, तभी ज्ञान होता है। इस कार्य में अस्मिता भी सर्वदा साथ रहती है। जब योगी उनमें तथा अन्य दोनों में भी क्रमशः संयम का प्रयोग करते हैं, तब वे इंद्रियों पर जय प्राप्त का लेते हैं। जो कोई वस्तु तुम देखते या अनुभव करते हो—जैसे एक पुस्तक—उसे लेकर उसमें संयम का प्रयोग करो। उसके बाद पुस्तक के रूप में जो ज्ञान है उसमें; फिर जिस अहंभाव के द्वारा उस पुस्तक का दर्शन होता है, उसमें संयम करो। इस अभ्यास से समस्त इंद्रियाँ विजित हो जाती हैं।

ततो मनोजवित्वं विकरणभावः प्रधानजयश्च ॥ 49 ॥

सूत्रार्थ—उस (इंद्रियजय) से शरीर को मन के सदृश गति, शरीर के बिना भी विषयों का अनुभव करने की शक्ति और प्रकति पर विजय—ये तीनों सिद्धियाँ प्राप्त होती हैं।

व्याख्या—जैसे भूतजय से कायसंपत् की प्राप्ति होती है, वैसे ही इंद्रियजय से उपर्युक्त सिद्धियाँ प्राप्त होती हैं।

सत्त्वपुरुषान्यताख्यातिमात्रस्य सर्वभावाधिष्ठातृत्व सर्वज्ञातृत्वं च ॥ 50 ॥

सूत्रार्थ—सत्त्व (बुद्धि) और पुरुष के परस्पर पार्थक्य-ज्ञान में संयम करने से सब वस्तुओं पर अधिष्ठानतृत्व और सर्वज्ञातृत्व प्राप्त हो जाता है।

व्याख्या—जब हम प्रकृति पर जय प्राप्त कर लेते हैं तथा पुरुष और प्रकृति का भेद अनुभव कर लेते हैं अर्थात् जान लेते हैं कि पुरुष अविनाशी, पवित्र और पूर्णस्वरूप है, तब सर्वशक्तिमत्ता और सर्वज्ञता प्राप्त हो जाती है।

तद्वैराग्यादपि दोषबीजक्षये कैवल्यम् ॥ 51 ॥

सूत्रार्थ—इन सब (सिद्धियों) को भी त्याग देने से दोष का बीज नष्ट हो जाता है, और उससे कैवल्य की प्राप्ति हो जाती है।

व्याख्या—तब योगी कैवल्य की प्राप्ति कर लेते हैं, वे मुक्त हो जाते हैं। जब वे सर्वशक्तिमत्ता और सर्वज्ञता, इन दोनों को भी त्याग देते हैं, तब वे सारे प्रलोभनों का, यहाँ तक कि देवताओं द्वारा दिए गए प्रलोभनों का भी, अतिक्रमण कर सकते हैं। जब योगी इन सब अद्भुत शक्तियों को प्राप्त करके भी उन्हें त्याग देते हैं, तब वे चरम लक्ष्य पर पहुँच जाते हैं। वास्तव में ये शक्तियाँ हैं क्या? केवल अभिव्यक्तियाँ।

स्वप्न की अपेक्षा उनमें भला कौन सी श्रेष्ठता है? सर्वशक्तिमत्ता भी तो एक स्वप्न है। वह केवल मन पर निर्भर रहती है। जब तक मन का अस्तित्व है, तभी तक सर्वशक्तिमत्ता संभव हो सकती है; पर हमारा लक्ष्य तो मन के भी अतीत है।

स्थान्युपनिमन्त्रणे सङ्गस्मयाकरणं पुनरनिष्टप्रसङ्गात्॥ 52॥

सूत्रार्थ—देवताओं द्वारा प्रलोभित किए जाने पर भी उसमें आसक्त होना या आनंद का अनुभव करना उचित नहीं है, क्योंकि उससे पुनः अनिष्ट होना संभव है।

व्याख्या—और भी बहुत से विघ्न हैं। देवता आदि योगी को प्रलोभित करने आते हैं। वे नहीं चाहते कि कोई पूर्ण रूप से मुक्त हो। हम लोग जैसे ईर्ष्यापरायण हैं, वे भी वैसे ही हैं, वरन् कभी-कभी तो वे इस बात में हम लोगा से भी आगे बढ़ जाते हैं। वे डरते हैं कि कहीं वे अपने पद को न खो बैठें। जो योगी पूर्ण सिद्ध नहीं होते, वे शरीर त्यागने के बाद देवता बन जाते हैं। वे सीधे रास्ते को छोड़कर मानो बगल के एक रास्ते से चले जाते हैं और इन सब शक्तियों को प्राप्त करते हैं। उनको फिर से जन्म लेना पड़ता है। पर जो इतने शक्तिसंपन्न हैं कि इन प्रलोभनों का उन पर कोई प्रभाव नहीं पड़ता, वे सीधे उस लक्ष्यस्थल पर पहुँच जाते हैं और मुक्त हो जाते हैं।

क्षणतत्क्रमयोः संयमाद्विवेकजं ज्ञानम्॥ 53॥

सूत्रार्थ—क्षण और उसके क्रम में संयम करने से विवेकजनित ज्ञान उत्पन्न होता है।

व्याख्या—देवता, स्वर्ग और शक्तियों से बचने का फिर उपाय क्या है? उपाय है विवेक—सतसत्-विचार। इस विवेकज्ञान को दृढ़ करने के उद्देश्य से ही इस संयम का उपदेश दिया गया है। 'क्षण' का अर्थ है काल का सूक्ष्मतम अंश। एक क्षण के पहले जो क्षण बीत चुका है, और उसके बाद जो क्षण प्रकट होगा—इस लगातार सिलसिले को 'क्रम' कहते हैं। अतः उपर्युक्त विवेकजनित ज्ञान को दृढ़ करने के लिए क्षण और उसके क्रम में संयम करना होगा।

जातिलक्षणदेशैरन्यताऽनवच्छेदात्तुल्ययोस्तत प्रतिपत्तिः॥ 54॥

सूत्रार्थ—जाति, लक्षण और देश-भेद से जिन वस्तुओं का भेद न किए जा सकने के कारण जो तुल्य प्रतीत होती हैं, उनको भी इस उपर्युक्त संयम द्वारा अलग करके जाना जा सकता है।

व्याख्या—हम जो दुःख भोगते हैं, वह अज्ञान से, सत्य और असत्य के

अविवेक से उत्पन्न होता है। हम सभी बुरे को भला समझते हैं और स्वप्न को वास्तविक। एकमात्र आत्मा ही सत्य है, पर हम यह भूल गए हैं। शरीर एक मिथ्या स्वप्न मात्र है, पर हम सोचते हैं कि हम शरीर हैं। यह अविवेक ही दुःख का कारण है, और यह अविवेक अविद्या से उत्पन्न होता है। विवेक के उदय के साथ ही बल भी आता है, तभी हम इस शरीर, स्वर्ग तथा देवता आदि की कल्पनाओं को त्यागने में समर्थ होते हैं। जाति, लक्षण और स्थान के द्वारा हम वस्तुओं को अलग करते हैं। उदाहरणार्थ, एक गाय की बात ही लो। गाय का कुत्ते से जो भेद है, वह जातिगत है। और दो गायों में परस्पर भेद हम कैसे करते हैं? लक्षण के द्वारा। फिर दो वस्तुएँ सर्वथा समान होने पर हम स्थानगत भेद के द्वारा उन्हें अलग कर सकते हैं। किंतु जब वस्तुएँ ऐसी मिली हुई रहती हैं कि अलग करने के ये सब विभिन्न उपाय बिलकुल काम में नहीं आते, तब उपर्युक्त साधन-प्रणाली के अभ्यास से लब्ध विवेक के बल से हम उन्हें पृथक् कर सकते हैं। योगियों का उच्चतम दर्शन इस सत्य पर आधारित है कि पुरुष शुद्धस्वभाव एवं नित्य पूर्णस्वरूप है और संसार में वही एकमात्र अयौगिक वस्तु है। शरीर और मन तो यौगिक वस्तुएँ हैं, फिर भी हम सदैव अपने आपको उनके साथ मिला दे रहे हैं। सबसे बड़ी गलती यही है कि यह पार्थक्य-ज्ञान नष्ट हो गया है। जब यह विवेकशक्ति प्राप्त होती है, तब मनुष्य देख पाता है कि जगत् की सारी वस्तुएँ, वे फिर बहिर्जगत् की हों या अंतर्जगत् की, यौगिक पदार्थ हैं, अतएव वे पुरुष नहीं हो सकतीं।

तारकं सर्वविषयं सर्वथाविषयमक्रमं चेति विवेकजं ज्ञानम्॥ 55॥

सूत्रार्थ—जो विवेक-ज्ञान समस्त वस्तुओं को तथा वस्तुओं की सब प्रकार की अवस्थाओं को एक साथ ग्रहण कर सकता है, उसे तारकज्ञान कहते हैं।

व्याख्या—इस ज्ञान का नाम तारक इसीलिए है कि यह योगी का जन्म-मृत्यु के सागर से तारण करता है। सारी प्रकृति की स्व और स्थूल सर्वविध अवस्थाएँ इस ज्ञान की ग्राह्य हैं। इस ज्ञान में किसी प्रकार का क्रम नहीं है। यह सारी वस्तुओं को क्षण भर में एक साथ ग्रहण कर लेता है।

सत्त्वपुरुषयोः शुद्धिसाम्ये कैवल्यमिति॥ 56॥

सूत्रार्थ—जब सत्त्व (बुद्धि) और पुरुष, इन दोनों की समानभाव से शुद्धि हो जाती है, तब कैवल्य की प्राप्ति होती है।

व्याख्या—कैवल्य ही हमारा लक्ष्य है। इस लक्ष्यस्थल पर पहुँचने पर आत्मा जान लेती है कि वह सर्वदा ही अकेली थी, उसे सुखी करने के लिए अन्य किसी की भी आवश्यकता न थी। जब तक अपने को सुखी करने के लिए हमें अन्य किसी की आवश्यकता होती है, तब तक हम गुलाम हैं। जब पुरुष जान लेता है कि वह मुक्त स्वभाव है और उसको पूर्ण करने के लिए अन्य किसी की भी जरूरत नहीं, जब वह यह जान लेता है कि यह प्रकृति क्षणिक है, इसकी कोई आवश्यकता नहीं है, तभी मुक्ति की प्राप्ति होती है, तभी वह कैवल्य प्राप्त होता है। जब आत्मा जान लेती है कि जगत् के छोटे-से-छोटे परमाणु से लेकर देवता तक किसी पर उसके निर्भर रहने की आवश्यकता नहीं है, जब आत्मा की उस अवस्था को कैवल्य और पूर्णता कहते हैं। जब शुद्धि और अशुद्धि दोनों से मिला हुआ सत्त्व अर्थात् बुद्धि, पुरुष के समान शुद्ध हो जाती है, तब यह कैवल्य प्राप्त हो जाता है, तब वह बुद्धि केवल निर्गुण, पवित्रस्वरूप पुरुष को प्रतिबिंबित करती है।

❑

चतुर्थ अध्याय

कैवल्यपाद

जन्मौषधिमन्त्रतपः समाधिजाः सिद्धयः॥ 1॥

सूत्रार्थ—सिद्धियाँ जन्म, औषधि, मंत्र, तपस्या और समाधि से प्राप्त होती हैं।

व्याख्या—कभी-कभी मनुष्य पूर्वजन्म में प्राप्त सिद्धियों या शक्तियों को लेकर जन्म ग्रहण करता है। इस बार वह मानो उनके फलों का भोग करने के लिए ही जन्म लेता है। सांख्यदर्शन के महान् जनक कपिल के बारे में कहा जाता है कि वे जन्म से ही सिद्ध थे। 'सिद्ध' शब्द का अर्थ है—जो कृतकार्य हो चुके हैं।

योगी दावा करते हैं कि रसायन विद्या अर्थात् औषधि आदि के द्वारा ये सब शक्तियाँ प्राप्त हो सकती हैं। तुम सभी जानते हो कि रसायन विद्या का प्रारंभ आलकेमी के रूप में हुआ। मनुष्य पारसमणि (philosopher's stone), संजीवनी अमृत (elixir of life) आदि का अन्वेषण करते थे। भारत में 'रासायन' नामक एक संप्रदाय था। उसका यह मत था कि सूक्ष्म तत्त्वप्रियता, ज्ञान, आध्यात्मिकता, धर्म—ये सब सत्य अच्छे अवश्य हैं, पर शरीर ही वह यंत्र है, जिससे इन्हें प्राप्त किया जा सकता है। यदि बीच-बीच में शरीर भग्न अर्थात् मृत्युग्रस्त होता रहे, तो उससे उस चरम लक्ष्य पर पहुँचने में काफी अधिक समय लग जाएगा। मान लो, कोई मनुष्य योगाभ्यास करने का या आध्यात्मिक होने का इच्छुक है। अधिक उन्नति करने के पहले ही, मान लो, उसकी मृत्यु हो गई। तब उसने और एक देह लेकर फिर से साधना करना शुरू किया। कुछ समय बाद फिर उसकी मृत्यु हो गई। इस प्रकार बारंबार मरने और जन्म लेने से तो उसका काफी समय नष्ट हो गया। अब यदि शरीर को इतना सबल और निर्दोष बनाया जा सके कि उसके जन्म और मृत्यु बिलकुल बंद

हो जाएँ, तो आध्यात्मिक उन्नति के लिए उतना ही अधिक समय मिल सकेगा। इसीलिए ये 'रासायन' संप्रदायवाले कहते हैं कि पहले शरीर को सबल बनाओ। उनका दावा है कि शरीर को अमर बनाया जा सकता है। उनका अभिप्राय यह है कि यदि मन ही शरीर का गठन करनेवाला हो, और यदि यह सत्य हो कि प्रत्येक व्यक्ति का मन उस अनंत शक्ति के प्रकाश का एक एक विशेष मार्ग मात्र है, तो ऐसे प्रत्येक मार्ग के लिए बाहर से इच्छानुसार शक्ति संग्रह करने की कोई निर्दिष्ट सीमा नहीं हो सकती।

अतः हम सदा के लिए इस शरीर को क्यों न अक्षुण्ण रख सकेंगे? हम जितने शरीर धारण करते हैं, उन सबका गठन हमें ही करना पड़ता है। ज्यों ही इस शरीर का पतन होगा, त्यों ही फिर से हमें एक और शरीर गढ़ना पड़ेगा। जब हममें यह शक्ति है, तो इस शरीर से बाहर न जाकर, हम यही और अभी यह गठनकार्य क्यों न कर सकेंगे? यह मत पूर्ण रूप से सत्य है। यदि यह संभव हो कि हम मृत्यु के पश्चात् भी जीवित रहकर अपना शरीर पुनः गढ़ लें, तो फिर शरीर का पूरा ध्वंस किए बिना, उसे केवल क्रमशः परिवर्तित करते हुए, इसी जन्म में शरीर तैयार करना हमारे लिए क्यों असंभव होगा? उनका यह भी विश्वास था कि पारा और गंधक में बड़ी अद्भुत शक्ति निहित है। इन द्रव्यों से एक विशेष तौर पर बनी हुई चीजों द्वारा मनुष्य जितने दिन इच्छा हो, शरीर को अक्षुण्ण बनाए रख सकता है। दूसरे कुछ लोगों का विश्वास था कि कुछ विशिष्ट औषधियों के सेवन से आकाश-गमन आदि सिद्धियाँ प्राप्त हो सकती हैं। आजकल की आश्चर्यजनक ओषधियों का अधिकांश, विशेषतः ओषधि में धातु का व्यवहार हमने 'रासायन' संप्रदायवालों से पाया है। योगियों के कुछ संप्रदाय कहते हैं कि हमारे बहुतेरे प्रधान गुरुगण अभी भी अपनी पुरानी देहों में विद्यमान हैं। योग के बारे में जिनका प्रामाण्य अकाट्य है, वे पतंजलि इसे अस्वीकार नहीं करते।

मंत्रशक्ति—'मंत्र' का अर्थ है—कुछ पवित्र शब्द, जिनका निर्दिष्ट नियम से उच्चारण करने पर ये अद्भुत शक्तियाँ प्राप्त होती हैं। हम दिन-रात ऐसी अद्भुत घटनाओं के बीच रह रहे हैं कि हमें उनका कोई महत्त्व नहीं मालूम पड़ता, हम उन्हें साधारण समझते हैं। मनुष्य की शक्ति की, शब्द की शक्ति की और मन की शक्ति की कोई निर्दिष्ट सीमा नहीं है।

तपस्या—तुम देखोगे कि यह तप प्रत्येक धर्म में है। धर्म के इन सब अंगों के साधन में हिंदू सबसे बढ़कर हैं। तुम ऐसे अनेक लोग पाओगे, जो जीवन भर अपना हाथ ऊपर उठाए रखते हैं, यहाँ तक कि अंत में उनके हाथ सूखकर नष्ट हो जाते हैं।

बहुत से लोग दिन-रात खड़े ही रहते हैं, और अंत में उनके पैर फूल जाते हैं। वे इतने कड़े हो जाते हैं कि फिर मोड़े नहीं जा सकते। जीवन भर उन्हें खड़ा ही रहना पड़ता है। मैंने एक समय ऊपर हाथ उठाए हुए एक व्यक्ति को देखा था। मैंने उससे पूछा, "जब तुम पहले-पहल इसका अभ्यास करते थे, तब तुम्हें कैसा लगता था?" उसने कहा, "पहले-पहल भयानक पीड़ा होती थी, इतनी कि मुझे नदी में जाकर पानी में डूबे रहना पड़ता था; उससे कुछ समय के लिए पीड़ा थोड़ी कम मालूम होती थी। एक महीने बाद फिर कोई विशेष कष्ट नहीं हुआ।" इस प्रकार के अभ्यास से सिद्धियाँ प्राप्त होती हैं।

समाधि—यही यथार्थ योग है, यही इस शास्त्र का मुख्य विषय है—और यही सिद्धि का प्रधान साधन है। पहले जिन सब के बारे में कहा गया है, वे गौण साधन मात्र हैं। उनके द्वारा वह परमपद प्राप्त नहीं होता। समाधि के द्वारा हम मानसिक, नैतिक या आध्यात्मिक, जो कुछ चाहें, सब प्राप्त कर सकते हैं।

जात्यन्तरपरिणामः प्रकृत्यापूरात्॥ 2 ॥

सूत्रार्थ—जात्यंतरपरिणाम—एक जाति से दूसरी जाति में परिवर्तन प्रकृति के पूर्ण होने से होता है।

व्याख्या—पतंजलि ने कहा है कि ये शक्तियाँ जन्म से प्राप्त होती हैं, कभी-कभी वे ओषधि विशेष से भी प्राप्त होती हैं, फिर तपस्या से भी उन्हें पाया जा सकता है। उन्होंने यह भी स्वीकार किया है कि इस शरीर को जब तक इच्छा हो, रखा जा सकता है। अभी वे यह बता रहे हैं कि शरीर के एक जाति से दूसरी जाति में परिणत होने का क्या कारण है। वे कहते हैं कि यह प्रकृति के पूर्ण होने से होता है। अगले सूत्र में वे इसकी व्याख्या करते हैं।

निमित्तमप्रयोजकं प्रकृतीनां वरणभेदस्तु ततः क्षेत्रिकवत्॥ 3 ॥

सूत्रार्थ—सत् और असत्कर्म प्रकृति के परिणाम (परिवर्तन) के प्रत्यक्ष कारण नहीं हैं, वरन् वे उसकी बाधाओं को दूर कर देनेवाले निमित्त मात्र हैं, जैसे किसान जब पानी के बहने में रुकावट डालनेवाली मेंड़ को तोड़ देता है, तो पानी अपने स्वभाव से ही बह जाता है।

व्याख्या—जब कोई किसान खेत में फसल सींचने की इच्छा करता है, तो उसे अन्य किसी जगह से पानी लाने की आवश्यकता नहीं होती। खेत के समीपवर्ती जलाशय में पानी संचित है, बीच में बाँध रहने के कारण पानी खेत में नहीं आ पा रहा

है। किसान उस बाँध को खोल भर देता है, और बस, पानी गुरुत्वाकर्षण के नियमानुसार अपने आप खेत में बह आता है। इसी प्रकार, सभी व्यक्तियों में सब प्रकार की उन्नति और शक्ति पहले से ही निहित है। पूर्णता ही मनुष्य का स्वभाव है; केवल उसके द्वार बंद हैं, वह अपना यथार्थ रास्ता नहीं पा रही है। यदि कोई इस बाधा को दूर कर सके, तो उसकी वह स्वाभाविक पूर्णता अपनी शक्ति के बल से अभिव्यक्त होगी ही। और तब मनुष्य अपने भीतर पहले से ही विद्यमान शक्तियों को प्राप्त कर लेता है। जब यह बाधा दूर हो जाती है और प्रकृति को अपनी अप्रतिहत गति प्राप्त हो जाती है, तब हम जिन्हें पापी कहते हैं, वे भी साधु में परिणत हो जाते हैं। प्रकृति ही हमें पूर्णता की ओर ले जा रही है, कालांतर में वह सभी को वहाँ ले जाएगी। धार्मिक होने के लिए जो कुछ साधनाएँ और प्रयत्न हैं, वे सब केवल निषेधात्मक कार्य हैं—वे केवल बाधा को दूर कर देते हैं और इस प्रकार उस पूर्णता के द्वार खोल देते हैं, जो हमारा जन्मसिद्ध अधिकार है; जो हमारा स्वभाव है।

प्राचीन योगियों का विकासवाद आज आधुनिक विज्ञान के शोध से अपेक्षाकृत अच्छी तरह समझ में आ सकेगा। फिर भी योगियों की व्याख्या आधुनिक व्याख्या से कही श्रेष्ठ है। आधुनिक मत कहता है, विकास के दो कारण हैं—'यौन-निर्वाचन' (survival of the fittest) और बलिष्ठ-अतिजीविता (survival of the fittest), पर ये दो कारण पर्याप्त नहीं मालूम होते। मान लो, मानवी ज्ञान इतना उन्नत हो गया कि शरीरधारण तथा पति या पत्नी की प्राप्ति संबंधी प्रतियोगिता उठ गई। तब तो आधुनिक विज्ञानवेत्ताओं के मतानुसार मानवी उन्नतिप्रवाह रुद्ध हो जाएगा और जाति की मृत्यु हो जाएगी। फिर इस मत के फलस्वरूप तो प्रत्येक अत्याचारी व्यक्ति अपने विवेक से छुटकारा पाने की एक युक्ति पा लेता है। ऐसे मनुष्यों की कमी नहीं, जो दार्शनिक नामधारी बन, जितने भी दुष्ट और अनुपयुक्त मनुष्य हैं (मानो ये ही उपयुक्तता-अनुपयुक्तता के एकमात्र विचारक है), उन सब को मारकर मनुष्यजाति की रक्षा करना चाहते हैं! किंतु प्राचीन विकासवादी महापुरुष पतंजलि कहते हैं कि परिणाम या विकास का वास्तविक रहस्य है—प्रत्येक व्यक्ति में जो पूर्णता पहले से ही निहित है, उसी की अभिव्यक्ति या विकास मात्र। वे कहते हैं कि इस पूर्णता की अभिव्यक्ति में बाधा हो रही है। हमारे अंदर यह पूर्णतारूप अनंत ज्वार अपने को व्यक्त करने के लिए संघर्ष कर रहा है। ये संघर्ष और होड़ केवल हमारे अज्ञान के फल हैं। ये इसलिए होते हैं कि हम नहीं जानते कि यह दरवाजा कैसे खोला जाए और पानी भीतर कैसे लाया जाए। हमारे पीछे जो अनंत ज्वार है, वह अपने को व्यक्त करेगा ही। वही समस्त अभिव्यक्ति का कारण है। केवल जीवनधारण या

इंद्रियसुखों को चरितार्थ करने की चेष्टा इस अभिव्यक्ति का कारण नहीं है। ये सब संघर्ष तो वास्तव में क्षणिक हैं, अनावश्यक हैं, बाह्य व्यापार मात्र हैं। ये सब अज्ञान से पैदा हुए हैं। सारी होड़ बंद हो जाने पर भी, जब तक हममें से प्रत्येक व्यक्ति पूर्ण नहीं हो जाता, तब तक हमारे भीतर निहित यह पूर्ण स्वभाव हमें क्रमशः उन्नति की ओर अग्रसर कराता रहेगा। अतः यह विश्वास करने का कोई कारण नहीं कि होड़ या प्रतियोगिता उन्नति के लिए आवश्यक है। पशु के भीतर मनुष्य अव्यक्त रूप से निहित है; ज्यों ही द्वार खोल दिया जाता है, अर्थात् ज्यों ही बाधा हट जाती है, त्यों ही वह मनुष्य व्यक्त हो जाता है। इसी प्रकार मनुष्य के भीतर भी देवता अव्यक्त रूप से विद्यमान है, केवल अज्ञान का आवरण उसे व्यक्त नहीं होने देता। जब ज्ञान इस आवरण को चीर डालता है, तब भीतर का वह देवता व्यक्त हो जाता है।

निर्माणचित्तान्यस्मितामात्रात्॥ 4॥

सूत्रार्थ—बनाए हुए चित्त केवल अस्मिता (अहंतत्त्व) से बने होते हैं।

व्याख्या—कर्मवाद का तात्पर्य यह है कि हमें अपने भले-बुरे कर्मों का फल भोगना ही पड़ता है, और सारे दर्शनशास्त्रों का एकमात्र उद्‌देश्य यह है कि मनुष्य अपनी महिमा को जान ले। सभी शास्त्र मनुष्य की—आत्मा की—महिमा की घोषणा कर रहे हैं, फिर उसके साथ कर्मवाद का भी प्रचार कर रहे हैं। शुभ कर्मों का शुभ फल और अशुभ कर्मों का अशुभ फल होता है। यदि शुभ और अशुभ कर्म आत्मा पर प्रभाव डाल सकते हों, तो फिर आत्मा तो कुछ भी नहीं रही। वास्तव में अशुभ कर्म तो पुरुष के अपने स्वरूप की अभिव्यक्ति में बाधा भर डालते हैं, और शुभ कर्म उन बाधाओं को दूर कर देते हैं। तभी पुरुष की महिमा प्रकट होती है। स्वयं पुरुष में कभी परिवर्तन नहीं होता। तुम चाहे जो करो, तुम्हारी महिमा को—तुम्हारे अपने स्वरूप को—कुछ भी नष्ट नहीं कर सकता; क्योंकि कोई भी वस्तु आत्मा पर प्रभाव नहीं डाल सकती। उससे आत्मा पर मानो एक आवरण भर पड़ जाता है, जिससे आत्मा की पूर्णता ढक जाती है।

योगी जल्दी-जल्दी कर्म का क्षय कर डालने के लिए कायव्यूह (शरीर समूह) का सृजन करते हैं। फिर इन सब शरीरों के लिए वे अपनी अस्मिता या अहंतत्त्व से बहुत से चित्तों की सृष्टि करते हैं। इन निर्मित चित्तों को मूल चित्त से उनका भेद स्पष्ट करने के लिए 'निर्माणचित्त' कहते हैं।

प्रवृत्तिभेदे प्रयोजकं चित्तमेकमनेकेषाम्॥ 5॥

सूत्रार्थ—यद्यपि इन विभिन्न बनाए हुए चित्तों के कार्य विभिन्न प्रकार के हैं, तो भी वह एक आदि (मूल) चित्त ही उन सबका नियंता है।

व्याख्या—ये अलग-अलग चित्त, जो अलग-अलग देहों में कार्य करते हैं, 'निर्माणचित्त' कहलाते हैं और इन निर्मित शरीरों को 'निर्माणदेह' कहते हैं। भूत और मन मानो दो अनंत भांडार के समान हैं। योगी होने पर ही तुम उन पर अधिकार प्राप्त करने का रहस्य जान सकोगे। तुम्हें तो वह सदैव विदित था, पर तुम उसे भूल भर गए थे। तुम जब योगी हो जाओगे, तो वह फिर से तुम्हारी स्मृति में आ जाएगा। तब तुम उसे लेकर जो इच्छा हो, वही कर सकोगे। जिस उपादान से इस बृहत् ब्रह्मांड की उत्पत्ति होती है, यह निर्माणचित्त भी उसी उपादान से निर्मित होता है। मन और भूत आपस में एक-दूसरे से बिलकुल भिन्न पदार्थ नहीं हैं, वे तो एक ही पदार्थ की दो विभिन्न अवस्थाएँ मात्र हैं। अस्मिता ही वह उपादान, वह सूक्ष्म वस्तु है, जिससे योगी के ये निर्माणचित्त और निर्माणदेह तैयार होते हैं। अतएव योगी जब प्रकृति की इन शक्तियों का रहस्य जान लेते हैं, तब वे अस्मिता नामक पदार्थ से जितनी इच्छा हो, उतने मन और शरीर निर्माण कर सकते हैं।

तत्र ध्यानजमनाशयम् ॥ 6 ॥

सूत्रार्थ—उन विभिन्न चित्तों में से जो चित्त समाधि द्वारा उत्पन्न होता है, वह वासनाशून्य होता है।

व्याख्या—विभिन्न व्यक्तियों में हम जो विभिन्न प्रकार के मन देखते हैं, उनमें वही मन सबसे ऊँचा है, जिसे समाधि-अवस्था प्राप्त हुई है, जो व्यक्ति ओषधि, मंत्र या तपस्या के बल से कुछ शक्तियाँ प्राप्त कर लेता है, उसकी वासनाएँ बनी ही रहती हैं; पर जो व्यक्ति योग के द्वारा समाधि प्राप्त कर लेता है, केवल वही समस्त वासनाओं से मुक्त होता है।

कर्माशुक्लाकृष्णं योगिनस्त्रिविधमितरेषाम् ॥ 7 ॥

सूत्रार्थ—योगियों के कर्म शुक्ल भी नहीं और कृष्ण भी नहीं; (पर) दूसरों के कर्म तीन प्रकार के होते हैं—शुक्ल, कृष्ण और मिश्र।

व्याख्या—जब योगी इस प्रकार की पूर्णता प्राप्त कर लेते हैं, तब उनके कार्य और उन कार्यों के फल उन्हें फिर बाँध नहीं सकते; क्योंकि उनमें वासना का संस्पर्श नहीं रह जाता। वे केवल कर्म किए जाते हैं। वे दूसरों के हित के लिए काम करते हैं, दूसरों का उपकार करते हैं, किंतु वे उसके फल की चाह नहीं रखते। अतः वह उनके

पास नहीं आता। पर साधारण मनुष्यों के लिए, जिन्हें यह सर्वोच्च अवस्था प्राप्त नहीं हुई है, कर्म त्रिविध होते हैं—कृष्ण (पापकर्म), शुक्ल (पुण्यकर्म) और मिश्र (पाप और पुण्य मिले हुए)।

ततस्तद्विपाकानुगुणानामेवाभिव्यक्तिर्वासनानाम्॥ 8॥

सूत्रार्थ—इन त्रिविध कर्मों से प्रत्येक अवस्था में वे ही वासनाएँ प्रकट होती हैं, जो केवल उस अवस्था में प्रकट होने के योग्य हैं। (अन्य सब उस समय के लिए स्तिमित रूप से रहती है।)

व्याख्या—मान लो, मैंने पाप, पुण्य और मिश्रित, ये तीन प्रकार के कर्म किए। उसके बाद, मान लो, मेरी मृत्यु हो गई और मैं स्वर्ग में देवता हो गया। मनुष्यदेह की वासना और देवदेह की वासना एक समान नहीं है। देवदेह खाना-पीना कुछ नहीं करती। यदि बात ऐसी हो, तो फिर आत्मा के जो पूर्व अभुक्त कर्म हैं, जो अपने फलस्वरूप खाने-पीने की वासना को जन्म देते हैं, वे सब भला कहाँ जाते हैं? जब मैं देवता हो जाता हूँ, तब ये कर्म कहाँ रहते हैं? इसका उत्तर यह है कि वासना उपयुक्त वातावरण और क्षेत्र को पाने पर ही प्रकट होती है। जिस समय जिन वासनाओं के प्रकट होने के उपयुक्त वातावरण आता है, उस समय केवल वे ही प्रकट होंगी। शेष सब संचित रहेंगी। इस जीवन में हमारी बहुत सी देवोचित वासनाएँ हैं, बहुत सी मनुष्योचित और बहुत सी पाशविक। जब हम देवदेह धारण करते हैं, तो केवल शुभ वासनाएँ ही प्रकट होती हैं, क्योंकि तब उनके प्रकट होने का उपयुक्त अवसर आता है। जब हम पशुदेह धारण करते हैं, तो केवल पाशविक वासनाएँ ही ऊपर आती हैं और शुभ वासनाएँ राह देखती रहती हैं। इससे क्या पता चलता है? यही कि वातावरण की सहायता से हम इन वासनाओं का दमन कर सकते हैं। जो कर्म उस वातावरण के उपयुक्त और अनुकूल हैं, केवल वे ही प्रकट होंगे। इससे यह स्पष्ट रूप से प्रमाणित होता है कि वातावरण की शक्ति स्वयं कर्म का भी दमन कर सकती है।

जातिदेशकालव्यवहितानामप्यानन्तर्यं स्मृतिसंस्कारयोरेकरूपत्वात्॥ 9॥

सूत्रार्थ—स्थति और संस्कार एकरूप होने के कारण, जाति, देश और काल का व्यवधान रहने पर भी, वासनाओं (कर्मसंस्कारों) का आनंतर्य रहता है, अर्थात् उनमें व्यवधान नहीं होता।

व्याख्या—समस्त अनुभूतियाँ सूक्ष्म आकार धारण कर संस्कार के रूप में

परिणत हो जाती हैं। जब वे संस्कार फिर से जाग्रत् होते हैं, तब उसी को स्मृति कहते हैं। ज्ञानपूर्वक किए गए वर्तमान कर्म के साथ, संस्कार के रूप में परिणत पूर्व-अनुभूतियों का जो परस्पर अज्ञानयुक्त संबंध है, यहाँ पर उसका भी 'स्मृति' शब्द से बोध होता है। प्रत्येक देह में वही संस्कार-समष्टि कर्म का कारण होती है, जो उसी जाति की देह से प्राप्त हुई है। भिन्न जाति को देह से लब्ध संस्कार-समष्टि उस समय स्तिमित रूप से रहती है। प्रत्येक शरीर इस प्रकार कार्य करता है, मानो वह उसी जाति की देहपरंपरा का एक वंशज हो। इस तरह हम देखते हैं कि वासनाओं का क्रम नष्ट नहीं होता।

तासामनादित्वं चाशिषो नित्यत्वात्॥ 10॥

सूत्रार्थ—सुख की तृष्णा नित्य होने के कारण वासनाएँ भी अनादि हैं।

व्याख्या—जो कुछ अनुभव या भोग होते हैं, वे सुख की इच्छा से ही उत्पन्न होते हैं। भोग का कोई आदि नहीं है, क्योंकि प्रत्येक नया भोग पहले किए हुए भोग से उत्पन्न प्रकृति या संस्कार पर आधारित रहता है। अतएव वासना अनादि है।

हेतुफलाश्रयालम्बनैः संगृहीतत्वादेषामभावे तदभावः॥ 11॥

सूत्रार्थ—हेतु, फल, आश्रय और (शब्दादि) विषय—इनसे वासनांओं का संग्रह होता है, इसलिए इन (चारों) का अभाव होने से उन (वासनाओं) का भी अभाव हो जाता है।

व्याख्या—वासनाएँ कार्य-कारण सूत्र से ग्रथित हैं। मन में कोई वासना उदित होने पर वह अपना फल उत्पन्न किए बिना नष्ट नहीं होती। फिर चित्त समस्त पूर्ववासनाओं (कर्मसंस्कारों) का आश्रय है—एक बड़ा भांडारस्वरूप है। ये वासनाएँ संस्कार के रूप में संचित रहती हैं। जब तक उनका कार्य समाप्त नहीं हो जाता, तब तक वे नष्ट नहीं होतीं। फिर जब तक इंद्रियाँ बाहरी विषयों को ग्रहण करती रहेंगी, तब तक नई-नई वासनाएँ भी उठती रहेंगी। यदि वासना के हेतु, फल, आश्रय और विषय नष्ट कर दिए जा सकें, तभी उसका समूल विनाश हो सकता है।

अतीतानागतं स्वरूपतोऽस्त्यद्ध्भेदाद्धर्माणाम्॥ 12॥

सूत्रार्थ—वस्तु के धर्म विभिन्न रूप धारण कर सबकुछ हुए हैं, इसलिए अतीत और अनागत (भविष्य) स्वरूपतः विद्यमान हैं।

व्याख्या—तात्पर्य यह है कि असत् से सत् की उत्पत्ति नहीं होती। अतीत और

अनागत यद्यपि व्यक्त रूप से नहीं रहते, फिर भी वे सूक्ष्म अवस्था में रहते हैं।

ते व्यक्तसूक्ष्मा गुणात्मानः॥ 13 ॥

सूत्रार्थ—वे (धर्म) कभी व्यक्त अवस्था में रहते हैं, फिर कभी सूक्ष्म अवस्था में चले जाते हैं, और गुण ही उनकी आत्मा अर्थात् स्वरूप हैं।

व्याख्या—गुण का तात्पर्य है सत्त्व, रज और तम—ये तीन पदार्थ। उनकी स्थूल अवस्था ही यह परिदृश्यमान जगत् है। भूत और भविष्य इन तीन गुणों की अभिव्यक्ति की विभिन्न प्रणाली से उत्पन्न होते हैं।

परिणामैकत्वाद्वस्तुतत्त्वम्॥ 14 ॥

सूत्रार्थ—परिणाम में एकत्व रहने के कारण वस्तु वास्तव में एक है।

व्याख्या—यद्यपि वस्तुएँ तीन हैं अर्थात् सत्त्व, रज और तम, फिर भी उनके परिणामों में एक पारस्परिक संबंध रहने के कारण सभी वस्तुओं में एकत्व है, ऐसा समझना चाहिए।

वस्तुसाम्ये चित्तभेदात्तयोर्विभक्तः पन्थाः॥ 15 ॥

सूत्रार्थ—वस्तु के एक होने पर भी, चित्त भिन्न-भिन्न होने के कारण विभिन्न प्रकार की वासनाएँ और अनुभूतियों होती हैं।

व्याख्या—तात्पर्य यह कि मन से स्वतंत्र बाह्य जगत् का अस्तित्व है। यहाँ पर बौद्धों के विज्ञानवाद का खंडन किया जा रहा है। चूँकि भिन्न-भिन्न लोग एक ही वस्तु को विभिन्न रूप में देखते हैं, इसलिए वह किसी व्यक्तिविशेष की कल्पना मात्र नहीं हो सकती।

तदुपरागापेक्षित्वाच्चित्तस्य वस्तु ज्ञाताज्ञातम्॥ 16 ॥

सूत्रार्थ—चित्त में वस्तु के प्रतिबिंब पड़ने की अपेक्षा रहने के कारण वस्तु कभी ज्ञात और कभी अज्ञात होती है।

सदा ज्ञाताश्चित्तवृत्तयस्तत्प्रभोः पुरुषस्यापरिणाभित्वात्॥ 17 ॥

सूत्रार्थ—चित्तवृत्तियाँ सदा ज्ञात रहती हैं, क्योंकि उस (चित्त) का स्वामी पुरुष अपरिणामी है।

व्याख्या—अब तक जिस सिद्धांत की बात कही गई है, उसका सारांश यह है

कि जगत् मनोमय और भौतिक, इन दो प्रकार का है। ये मनोमय और भौतिक जगत् सतत परिवर्तनशील हैं। यह पुस्तक क्या है? यह नित्य परिवर्तनशील कुछ परमाणुओं की समष्टि मात्र है। कुछ परमाणु बाहर जा रहे हैं और कुछ भीतर आ रहे हैं; यह बस एक भँवर के समान है। पर प्रश्न यह है कि ऐसा होने पर फिर एकत्वबोध कैसे हो रहा है? यह पुस्तक सर्वदा एक ही रूप में कैसे दिखती है? कारण यह है कि ये सब परिणाम लयबद्ध (नियमित) रूप से हो रहे हैं। वे मेरे मन में लयबद्ध रूप से अनुभव-प्रवाह भेज रहे हैं। और यद्यपि उनके विभिन्न अंश सतत परिवर्तनशील हैं, तो भी वे ही एकत्र होकर एक अविच्छिन्न चित्र का ज्ञान उत्पन्न कर रहे हैं। मन स्वयं सतत परिवर्तनशील है। मन और शरीर मानो विभिन्न मात्रा में गतिशील एक ही पदार्थ के दो स्तर मात्र हैं। तुलना में एक धीमी और दूसरी द्रुततर होने के कारण हम उन दोनों गतियों को सहज ही पृथक् कर सकते हैं। जैसे एक रेल चल रही है, और एक गाड़ी उसके पास से जा रही है। कुछ परिमाण में इन दोनों की ही गतियाँ निर्णीत हो सकती हैं। किंतु तो भी दूसरे एक पदार्थ की आवश्यकता है। एक निश्चल वस्तु रहने पर ही गति का अनुभव किया जा सकता है। पर जहाँ दो-तीन वस्तुएँ विभिन्न मात्रा में गतिशील हैं, वहाँ हमें पहले सबसे जोर से चलनेवाली वस्तु का अनुभव होता है, और फिर उससे धीरे चलनेवाली वस्तुओं का। अब प्रश्न यह है कि मन कैसे अनुभव करे? वह तो हमेशा गतिशील है। अतः दूसरी एक वस्तु का रहना आवश्यक है, जो अपेक्षाकृत धीमे रूप से गतिशील हो, उसके बाद उसकी अपेक्षा धीमी गतिशील वस्तु चाहिए, फिर उसकी भी अपेक्षा धीमी—इस प्रकार चलते-चलते तो इसका कहीं अंत न होगा। अतएव, युक्ति हमें किसी एक स्थान में रुक जाने के लिए बाध्य करती है। किसी अपरिवर्तनशील वस्तु को जानकर हमें इस अनंत शृंखला की समाप्ति करनी ही पड़ेगी। इस कभी समाप्त न होनेवाली गतिशृंखला के पीछे अपरिणामी, असंग, शुद्धस्वरूप पुरुष विद्यमान है। जिस प्रकार मैजिक लैंटर्न से आलोक की किरणें आकर सफेद कपड़े पर प्रतिबिंबित हो उस पर सैकड़ों चित्र उत्पन्न करती हैं, पर किसी तरह उसे कलंकित नहीं कर पातीं, ठीक उसी प्रकार विषयानुभूति से उत्पन्न संस्कार पुरुष में प्रतिबिंबित मात्र होते हैं।

न तत्स्वाभासं दृश्यत्वात्॥ 18॥

सूत्रार्थ—चित्त दृश्य होने के कारण स्वप्रकाश नहीं है।

व्याख्या—प्रकृति में सर्वत्र महाशक्ति की अभिव्यक्ति देखी जाती है, किंतु वह स्वप्रकाश नहीं है, स्वभाव से चैतन्यस्वरूप नहीं है। केवल पुरुष ही स्वप्रकाश

है, उसके प्रकाश से ही प्रत्येक वस्तु उद्भासित हो रही है। उसी की शक्ति समस्त जड़ पदार्थ और शक्ति के माध्यम से प्रकाशित हो रही है।

एकसमये चोभयानवधारणम्॥ 19॥

सूत्रार्थ—एक ही समय में दो वस्तुओं को समझ न सकने के कारण चित्त स्वप्रकाश नहीं है।

व्याख्या—यदि चित्त स्वप्रकाश होता, तो वह एक साथ ही अपना तथा अपने विषय का अनुभव कर पाता। किंतु ऐसा नहीं होता। चित्त जब किसी विषयवस्तु में तल्लीन रहता है, तो यह अपने संबंध में कुछ चिंतन नहीं कर सकता। अतः मन स्वप्रकाश नहीं है, केवल पुरुष ही स्वप्रकाश है।

चित्तान्तरदृश्ये बुद्धिबुद्धेरतिप्रसङ्गः स्मृतिसङ्करश्च॥ 20॥

सूत्रार्थ—एक चित्त को दूसरे चित्त का दृश्य मान लेने पर वह दूसरा चित्त फिर तीसरे चित्त का दृश्य होगा—इस प्रकार अनवस्था प्राप्त होगी और स्मृति का भी सम्मिश्रण हो जाएगा।

व्याख्या—मान लो, एक दूसरा चित्त है, जो इस पहले चित्त का अनुभव करता है। तब तो एक ऐसे तीसरे चित्त की आवश्यकता होगी, जो उस दूसरे चित्त का अनुभव करे। अतएव, इस प्रकार इसका कहीं अंत न होगा। इससे स्मृति की भी गड़बड़ी उपस्थित हो जाएगी, क्योंकि तब स्मृति का कोई निर्दिष्ट भंडार नहीं रह जाएगा।

चितेरप्रतिसंक्रमायास्तदाकारापत्तौ स्वबुद्धिसंवेदनम्॥ 21॥

सूत्रार्थ—चित् (पुरुष) अपरिणामी है; चित्त जब उसका आकार धारण करता है, तब वह ज्ञानमय हो जाता है।

व्याख्या—ज्ञान पुरुष का गुण नहीं है, यह हमें स्पष्ट रूप से समझा देने के लिए पतंजलि ने यह बात कही है। चित्त जब पुरुष के पास आता है, तब पुरुष मानो उसमें प्रतिबिंबित होता है और उस समय के लिए चित्त ज्ञानवान् हो जाता है। तब ऐसा प्रतीत होता है मानो वही स्वयं पुरुष है।

द्रष्टृदृश्योपरक्तं चित्तं सर्वार्थम्॥ 22॥

सूत्रार्थ—चित्त जब द्रष्टा और दृश्य इन दोनों से रंग जाता है, तब वह सबकुछ

समझने में समर्थ होता है।

व्याख्या—एक ओर दृश्य अर्थात् बाह्य जगत् चित्त में प्रतिबिंबित हो रहा है, और दूसरी ओर द्रष्टा अर्थात् पुरुष उसमें प्रतिबिंबित हो रहा है; इसी से उसमें सब प्रकार के ज्ञान को प्राप्त करने की शक्ति आती है।

तदसंख्येयवासनाभिश्चित्रमपि परार्थं संहत्यकारित्वात्॥ 23॥

सूत्रार्थ—वह (चित्त) असंख्य वासनाओं से चित्रित होने पर भी दूसरे (अर्थात् पुरुष) के लिए है, क्योंकि यह संहत्यकारी (संयुक्त होकर कार्य करनेवाला) है।

व्याख्या—यह चित्त नाना प्रकार के पदार्थों की समष्टिस्वरूप है; अतः वह अपने लिए काम नहीं कर सकता। इस संसार में जितने संहत या मिश्र पदार्थ हैं, सभी का प्रयोजन किसी अन्य वस्तु से है—ऐसी किसी तीसरी वस्तु से, जिसके लिए वे पदार्थ इस तरह से संहत या मिश्रित हुए हैं। अतएव, यह चित्तरूपी संहति या मिश्रण केवल पुरुष के लिए है।

विशेषदर्शिन आत्मभावभावनाविनिवृत्तिः ॥ 24॥

सूत्रार्थ—विशेषदर्शी अर्थात् विवेकी पुरुष के चित्त में आत्मभाव नहीं रह जाता।

व्याख्या—विवेक-बल से योगी जान लेते हैं कि पुरुष चित्त नहीं है।

तदा विवेकनिम्नं कैवल्यप्राग्भावं चित्तम्॥ 25॥

सूत्रार्थ—उस समय चित्त विवेकप्रवण होकर कैवल्य के पूर्वलक्षण को प्राप्त करता है।

व्याख्या—इस प्रकार योगाभ्यास से विवेकशक्ति रूप दृष्टि की शुद्धता प्राप्त होती है। हमारी आँखों के सामने से आवरण हट जाता है, और तब हम वस्तु के यथार्थ स्वरूप की उपलब्धि करते हैं। हम तब जान लेते हैं कि प्रकृति एक यौगिक पदार्थ है और उसके ये सारे दृश्य केवल साक्षीस्वरूप पुरुष के लिए हैं, तब हम जान लेते हैं कि प्रकृति ईश्वर नहीं है। इस प्रकृति की सारी संहति, सारे संयोग केवल हमारे हृदय-सिंहासन में विराजमान राजा पुरुष को यह सब दृश्य दिखाने के लिए हैं। जब दीर्घ काल तक अभ्यास के फलस्वरूप विवेक का उदय होता है, तब भय चला जाता है और कैवल्य की प्राप्ति हो जाती है।

तच्छिद्रेषु प्रत्ययान्तराणि संस्कारेभ्यः॥ 126॥

सूत्रार्थ—उसके विघ्नस्वरूप बीच-बीच में जो विचार उत्पन्न होते हैं, वे संस्कारों से आते हैं।

व्याख्या—'हमें सुखी करने के लिए कोई बाहरी वस्तु आवश्यक है,' ऐसा विश्वास पैदा करनेवाले जो सब भाव हममें उठते हैं, वे सिद्धिलाभ में बाधक हैं। पुरुष स्वभाव से सुखस्वरूप और आनंदस्वरूप है। पर यह ज्ञान पूर्वसंस्कारों से ढका हुआ है। इन सब संस्कारों का क्षय होना आवश्यक है।

हानमेषां क्लेशवदुक्तम्॥ 27॥

सूत्रार्थ—जिन उपायों से क्लेशों के नाश की बात (सूत्र 2/10) कही गई है, इन (संस्कारों) को भी ठीक उन्हीं उपायों से नष्ट करना होगा।

प्रसंख्यानेऽप्यकुसीदस्य सर्वथा विवेकख्यातेर्धर्ममेघः समाधिः॥ 28॥

सूत्रार्थ—तत्त्वों के विवेकज्ञान से उत्पन्न ऐश्वर्य में भी जिनका वैराग्य हो जाता है, उनका विवेकज्ञान सर्वथा प्रकाशमान रहने के कारण उन्हें धर्ममेघ समाधि प्राप्त हो जाती है।

व्याख्या—जब योगी इस विवेकज्ञान को प्राप्त कर लेते हैं, तब उनके पास पूर्व अध्याय में बतलाई गई सिद्धियाँ आती हैं, पर सच्चे योगी इन सबका परित्याग कर देते हैं। उनके पास धर्ममेघ नामक एक विशेष प्रकार का ज्ञान, एक विशेष प्रकार का आलोक आता है। इतिहास ने संसार के जिन सब महान् धर्माचार्यों का वर्णन किया है, उन सभी को यह धर्ममेघ समाधि हुई थी। उन्होंने ज्ञान का मूल स्रोत अपने भीतर ही पाया था। सत्य उनके निकट अत्यंत स्पष्ट रूप से प्रकाशित हुआ था। पूर्वोक्त सिद्धियों की असारता को छोड़ देने के कारण शांति, समता और पूर्ण पवित्रता उनका स्वभाव ही बन गई थी।

ततः क्लेशकर्मनिवृत्तिः॥ 29॥

सूत्रार्थ—उस (धर्ममेघ समाधि) से क्लेश और कर्मों का सर्वथा नाश हो जाता है।

व्याख्या—जब यह धर्ममेघ समाधि होती है, तब पतन की आशंका नहीं रह जाती, तब योगी को कुछ भी नीचे नहीं खींच सकता। तब उनके लिए न कोई बुराई रह जाती है, न कोई कष्ट।

तदा सर्वावरणमलापेतस्य ज्ञानस्यानन्त्याज्ज्ञेयमल्पम्॥ 30॥

सूत्रार्थ—उस समय ज्ञान, सब प्रकार के आवरण और अशुद्धि से रहित होने के कारण अनंत हो जाता है, अतः ज्ञेय अल्प हो जाता है।

व्याख्या—ज्ञान तो भीतर में ही है, केवल उसका आवरण चला जाता है। किसी बौद्ध शास्त्र ने 'बुद्ध' (यह एक अवस्था का सूचक है) शब्द की परिभाषा दी है—अनंत आकाश के समान अनंत ज्ञान। ईसा इस अवस्था की प्राप्ति कर क्राइस्ट हो गए थे। तुम सभी उस अवस्था की प्राप्ति करोगे। तब ज्ञान अनंत हो जाएगा, अतः ज्ञेय अल्प हो जाएगा। तब यह सारा जगत् अपनी सब प्रकार की ज्ञेय वस्तुओं के साथ, पुरुष के समक्ष शून्य रूप से प्रतिभासित होगा। साधारण मनुष्य अपने को अत्यंत क्षुद्र समझता है, क्योंकि उसको ज्ञेय वस्तु अनंत प्रतीत होती है।

ततः कृतार्थानां परिणामक्रमसमाप्तिर्गुणानाम्॥ 31॥

सूत्रार्थ—जब गुणों का काम समाप्त हो जाता है, तब गुणों के जो विभिन्न परिणाम हैं, वे भी समाप्त हो जाते हैं।

व्याख्या—तब गुणों के ये सब विभिन्न परिणाम (एक जाति से उनकी दूसरी जाति में परिणत होना) बिलकुल समाप्त हो जाते हैं।

क्षणप्रतियोगी परिणामापरान्तनिर्ग्राह्यः क्रमः॥ 32॥

सूत्रार्थ—जो परिणाम प्रत्येक क्षण से संबंधित हैं, और जो दूसरे छोर में (अर्थात् एक परिणाम-परंपरा के अंत में) समझ में आते हैं, वे क्रम हैं।

व्याख्या—पतंजलि ने यहाँ 'क्रम' शब्द की परिभाषा दी है। क्रम शब्द से उन परिणामों का बोध होता है, जो प्रत्येक क्षण से संबंधित हैं। मैं सोच रहा हूँ, इसमें कितने क्षण चले गए! इस प्रत्येक क्षण के साथ भाव का परिवर्तन होता है, पर मैं उन सब परिणामों को एक श्रेणी के अंत में ही अर्थात् एक परिणाम-परंपरा के बाद ही समझ सकता हूँ। इसे क्रम कहते हैं। किंतु जो मन सर्वव्यापी हो गया है, उसके लिए फिर क्रम नहीं रह जाता। उसके लिए सबकुछ वर्तमान हो गया है। उसके लिए केवल वर्तमान ही रहता है, भूत और भविष्य उसके ज्ञान से बिलकुल चले जाते हैं। तब वह मन काल पर विजय प्राप्त कर लेता है और उसके पास समस्त ज्ञान एक क्षण में आकर उपस्थित हो जाता है। उसके पास सबकुछ विद्युत् की झलक के समान झट से प्रकाशित हो जाता है।

पुरुषार्थशून्यानां गुणानां प्रतिप्रसवः कैवल्यं स्वरूपप्रतिष्ठा वा चितिशक्तेरिति॥ 33॥

सूत्रार्थ—गुणों से जब पुरुष का कोई प्रयोजन नहीं रहता, तब प्रतिलोम-क्रम से गुणों के लय होने को कैवल्य कहते हैं, अथवा यों कहिए कि द्रष्टा (चित्-शक्ति) का अपने स्वरूप में प्रतिष्ठित हो जाना कैवल्य है।

व्याख्या—प्रकृति का काम समाप्त हो गया। हमारी परम कल्याणमयी धात्री प्रकृति ने इच्छापूर्वक जिस निस्स्वार्थ कार्य का भार अपने कंधों पर लिया था, वह समाप्त हो गया। उसने मानो आत्मविस्मृत जीवात्मा का हाथ पकड़कर उसे धीरे-धीरे संसार के समस्त भोगों का अनुभव कराया, अपनी समस्त अभिव्यक्ति दिखाई, सारे विकार दिखाए, और इस प्रकार वह उसे विभिन्न शरीरों में से ले जाते हुए क्रमशः उच्च से उच्चतर अवस्था में उठाती गई। अंत में आत्मा ने अपनी खोई हुई महिमा फिर से प्राप्त कर ली, अपना स्वरूप फिर से उसके मानस में उदित हो गया। तब वह करुणामयी जननी जिस रास्ते से आई थी, उसी रास्ते से वापस चली गई और उन लोगों को रास्ता दिखाने में प्रवृत्त हो गई, जो इस जीवन के पथचिह्न विहीन मरुभूमि में अपना पथ खो बैठे हैं। वह अनादि, अनंत काल से इस प्रकार काम करती चली आ रही है। बस इसी प्रकार सुख और दुःख, भले और बुरे के माध्यम से होते हुए जीवात्माओं की अनंत नदी सिद्धि और आत्मसाक्षात्कार रूप समुद्र की ओर प्रवाहित हो रही है।

जिन्होंने अपने स्वरूप का अनुभव कर लिया है, उनकी जय हो। वे हम सब को आशीर्वाद दें!

❑

परिशिष्ट

योग के विषय में अन्यान्य शास्त्रों के मत

श्वेताश्वतरोपनिषद्

(द्वितीय अध्याय)

अग्निर्यत्राभिमध्यते वायुर्यत्राधिरुध्यते।
सोमो यत्रातिरिच्यते तत्र सञ्जायते मनः॥ 6॥

जहाँ अग्नि का मथन किया जाता है, जहाँ वायु को रुद्ध किया जाता है और जहाँ सोमरस की अधिकता होती है, वहीं (सिद्ध) मन की उत्पत्ति होती है।

त्रिरुन्नतं स्थाप्यं समं शरीरं हृदीन्द्रियाणि मनसा सन्निवेश्य।
बह्मोडुपेन प्रतरेत विद्वान् स्त्रोतांसि सर्वाणि भयावहानि॥ 8॥

वक्ष, ग्रीवा और सिर को उन्नत रखते हुए शरीर को सीधा रख, मन के द्वारा इंद्रियों को हृदय में सन्निविष्ट कर ज्ञानी व्यक्ति ब्रह्मरूप नौका के द्वारा सारे भयावह जलप्रवाहों के पार हो जाते हैं।

प्राणान् प्रपीडचेह संयुक्तचेष्टः क्षीणे प्राणे नासिकयोच्छ्वसीत।
दुष्टाश्वयुक्तमिव वाहमेनं विद्वान् मनो धारयेताप्रमत्तः॥ 9॥

संयुक्त चेष्ट मनुष्य प्राण को संयत करते हैं। जब वह शांत हो जाता है, तब नाक के द्वारा प्रश्वास का परित्याग करते हैं। जिस प्रकार सारथि चंचल अश्वों को धारण करता है, उसी प्रकार अध्यवसायशील योगी भी मन को धारण करें।

समे शुचौ शर्करावह्निवालुकाविवर्जिते शब्दजलाश्रयादिभिः।
मनोऽनुकूले न तु चक्षपीडने गुहानिवाताश्रयणे प्रयोजयेत्॥ 10॥

जो समतल और शुचि हो, पत्थर, आग और बालू से रहित हो, मनुष्य द्वारा किए गए या किसी जलप्रपात से उत्पन्न मन को चंचल कर देनेवाले शब्दों से वर्जित हो तथा मन के अनुकूल और आँखों को सुखकर हो, ऐसे पर्वत, गुहा आदि निर्जन स्थान में बैठकर योग का अभ्यास करना चाहिए।

नीहारधूमार्कानिलानलानां खद्योतविद्युत्स्फटिकशशीनाम्।
एतानि रूपाणि पुरःसराणि ब्रह्मण्यभिव्यक्तिकराणि योगे॥ 11॥

नीहार, धूम, सूरज, वायु, आग, जुगनू, विद्युत्, स्फटिक, चंद्रमा—ये सब रूप सामने आकर क्रमशः योग में ब्रह्म को अभिव्यक्त करते हैं।

पृथ्व्यप्तेजोऽनिलखे समुत्थिते पञ्चात्मके योगगुणे प्रवृत्ते।
न तस्य रोगो न जरा न मृत्युः प्राप्तस्य योगाग्निमयं शरीरम्॥ 12॥

जब पृथ्वी, जल, तेज, वायु और आकाश इन पंचभूतों से योग की अनुभूतियाँ होने लगती हैं, तब समझना चाहिए कि योग आरंभ हो गया है। जिन्हें इस प्रकार का योगाग्निमय शरीर प्राप्त हो गया है, उनके लिए फिर रोग, जरा या मृत्यु नहीं रहतीं।

लघुत्वमारोग्यमलोलुपत्वं वर्णप्रसादः स्वरसौष्ठवं च।
गन्धः शुभो मूत्रपुरीषमल्पं योगप्रवृत्तिं प्रथमां वदन्ति॥ 13॥

शरीर की लघुता, स्वास्थ्य, लोभशून्यता, सुंदर रंग, स्वरसौंदर्य, मल-मूत्र की अल्पता तथा शरीर की एक सुंदर सुगंध—इन सबको योग की पहली सिद्धि कहते हैं।

यथैव बिम्बं मृदयोपलिप्तं तेजोमयं भ्राजते तत्सुधान्तम्।
तद्वात्मतत्त्वं प्रसमीक्ष्य देही एकः कृतार्थो भवते वीतशोकः॥ 14॥

जिस प्रकार मिट्टी से सना हुआ सोने या चाँदी का टुकड़ा शोधन किए जाने पर तेजोमय होकर चमकने लगता है, उसी प्रकार देही आत्मतत्त्व का साक्षात्कार कर अद्वितीय, कृतकृत्य और शोकरहित हो जाता है।

शंकराचार्य-उद्धृत याज्ञवल्क्य

आसनानि समभ्यस्य वाञ्छितानि यथाविधि।
प्राणायामं ततो गार्गि जितासनगतोऽभ्यसेत्॥
मृद्वासने कुशान् सम्यगास्तीर्याजिनमेव च।
लम्बोदरं च सम्पूज्य फलमोदकभक्षणैः॥
तदासने सुखासीनः सव्ये न्यस्येतरं करम्।

समग्रीवशिराः सम्यक् संवृतास्यः सुनिश्चलः॥
प्राङ्मुखोदङ्मुखो वापि नासाग्रन्थस्तलोचन।
अतिभुक्तमभुक्तं च वर्जयित्वा प्रयत्नतः॥
नाडीसंशोधनं कुर्यादुक्तमार्गेण यत्नतः।
वृथा क्लेशो भवेत्तस्य तच्छोधनमकुर्वतः॥
नासाग्रे शशभृद्बीजं चन्द्रातपवितानितम्।
सप्तमस्य तु वर्गस्य चतुर्थं बिन्दुसंयुतम्॥
विश्वमध्यस्थमालोक्य नासाग्रे चक्षुषी उभे।
इडया पूरयेद्वायुं बाह्यं द्वादशमात्रकैः॥
ततोऽग्निं पूर्ववद्ध्यायेत् स्फुरज्ज्वालावलीयुतम्।
रेफं च बिन्दुसंयुक्तं शिखिमण्डलसंस्थितम्॥
ध्यायेद्विरेचयेद्वायु मन्दं पिङ्गलया पुनः।
पुनः पिङ्गलयापूर्य घ्राणं दक्षिणतः सुधीः॥
तद्वद्विरेचयेद्वायुमिडया तु शनैः शनैः।
त्रिचतुर्वत्सरं चापि त्रिचतुर्मासमेव वा॥
गुरुणोक्तप्रकारेण रहस्येवं समभ्यसेत्।
प्रातर्मध्यन्दिने सायं स्वात्वा षट्कृत्व आचरेत्॥
सन्ध्यादिकर्म कृत्वैव मध्यरात्रेऽपि नित्यशः।
नाडीशुद्धिमवाप्नोति तच्चिह्नं दृश्यते पृथक्॥
शरीरलघुता दीप्तिर्जठराग्निविवर्धनम्।
नादाभिव्यक्तिरित्येतल्लिङ्गं तच्छुद्धिसूचनम्॥

* * *

प्राणायामं ततः कुर्याद्रेचपूरककुम्भकैः।
प्राणापानसमायोगः प्राणायामः प्रकीर्तितः।

* * *

पूरयेत् षौडशैर्मात्रैरापादतलमस्तकम्।
मात्रैर्द्वात्रिंशकैः पश्चाद्रेचयेत् सुसमाहितः॥
सम्पूर्णकुम्भवद्वायोर्निश्चलं मूर्धदेशतः।
कुम्भकं धारणं गार्गि चतुःषष्ट्या तु मात्रया॥
ऋषयस्तु वदन्त्यन्ये प्राणायामपरायणाः।
पवित्रीभूताः पूतान्त्राः प्रभञ्जनजये रताः॥

तत्रादौ कुम्भकं कृत्वा चतुःषष्ट्या तु मात्रया।
रेचयेत् षोडशैर्मात्रैर्नासेनैकेन सुन्दरि॥
तयोश्च पूरयेद्वायुं शनैः षोडशमात्रया।
* * *

प्राणायामैर्दहेद्दोषान् धारणाभिश्च किल्बिषान्।
प्रत्याहाराच्च संसर्गान् ध्यानेनानीश्वरान् गुणान्॥

यथाविधि वांछित आसनों का अभ्यास करके, तदनंतर हे गार्गि, आसन पर जय प्राप्त करके प्राणायाम का अभ्यास करना चाहिए। कोमल आसन पर कुश बिछा, उस पर मृगचर्म बिछाकर, फल और मोदक आदि के द्वारा गणेश की पूजा करके, उस आसन पर सुखासीन होकर, बाएँ हाथ पर दाहिना हाथ रखकर, समग्रीवशिर हो, मुँह बंद करके, निश्चल होकर, पूर्व या उत्तर की ओर मुख करके बैठकर, नासाग्र में दृष्टि को स्थापित करके, यत्नपूर्वक अतिभोजन या एकदम अनाहार का त्याग करके पूर्वोक्त प्रकार से यत्नपूर्वक नाड़ी का शोधन करे; यह नाड़ीशोधन न करने पर उसके साधन के सारे क्लेश निष्फल होते हैं। पिंगला और इड़ा के संयोगस्थल में (दाहिने और बाएँ नथुने के संयोगस्थल में) 'हुँ' बीज का चिंतन करके इड़ा के द्वारा द्वादश मात्रा-क्रम से बाह्य वायु को भीतर खींचे, उसके बाद उस स्थान में अग्नि का चिंतन तथा 'रं' बीज का ध्यान करे; इस तरह ध्यान करने के समय धीरे-धीरे पिंगला (दाहिने नथुने) के द्वारा वायु का रेचन करे। पुनः पिंगला के द्वारा पूरक करके पूर्वोक्त प्रकार से धीरे-धीरे इड़ा के द्वारा रेचन करे। श्रीगुरु के उपदेशानुसार इसका तीन-चार वर्ष या तीन-चार मास अभ्यास करे। प्रातः काल, मध्याह्न, सायंकाल तथा मध्य रात्रि में जब तक नाड़ीशुद्धि नहीं हो जाती, तब तक एकांत में अभ्यास करना होगा। तब उनमें ये सब लक्षण प्रकाशित होते हैं, जैसे—शरीर का हलकापन, सुंदर वर्ण, क्षुधा तथा नादश्रवण। तत्पश्चात् रेचक, कुंभक और पूरकात्मक प्राणायाम करना होगा। अपान के साथ प्राण का योग करने का नाम है प्राणायाम। सोलह मात्राओं में मस्तक से लेकर पद तक पूरक, बत्तीस मात्रओं में रेचक और चौंसठ मात्राओं में कुंभक करे।

और एक प्रकार का प्राणायाम है; उसमें पहले चौसठ मात्राओ में कुंभक, फिर बत्तीस मात्राओं में रेचक और तत्पश्चात् सोलह मात्राओं में पूरक करना पड़ता है। प्राणायाम के द्वारा शरीर के सारे दोष दग्ध हो जाते हैं, धारणा से मन की अपवित्रता दूर हो जाती है, प्रत्याहार से संगदोष नष्ट हो जाता है तथा समाधि से आत्मा के ईश्वरभाव को आवृत कर रखनेवाला सारा आवरण नष्ट हो जाता है।

❑

सांख्यसूत्र

(तृतीय अध्याय)

भावनोपचयात् शुद्धस्य सर्वं प्रकृतवित् ॥ 29 ॥

गंभीर ध्यान के बल से, शुद्धस्वरूप पुरुष के पास प्रकृति की सारी शक्तियाँ आ जाती हैं।

रागोपहतिर्ध्यानम् ॥ 30 ॥

आसक्ति के नाश को ध्यान कहते हैं।

वृत्तिनिरोधात् तत्सिद्धिः ॥ 31 ॥

ध्यान की सिद्धि समस्त वृत्तियों के निरोध से होती है।

धारणासनस्वकर्मणा तत्सिद्धिः ॥ 32 ॥

धारणा, आसन और अपने कर्तव्य-कर्मों के पालन से ध्यान सिद्ध होता है।

निरोधश्छर्दिविधारणाभ्याम् ॥ 33 ॥

श्वास की छर्दि (त्याग) और विधारण (धारण) के द्वारा प्राणवायु का निरोध होता है।

स्थिरसुखमासनम् ॥ 34 ॥

जिससे स्थिर और सुखकर रूप से बैठा जा सके, उसका नाम आसन है।

वैराग्यादभ्यासाच्च ॥ 36 ॥

वैराग्य और अभ्यास से भी (ध्यान सिद्ध होता है)।

तत्त्वाभ्यासान्नेति नेतीति त्यागाद्विवेकसिद्धिः ॥ 74 ॥

प्रकृति के प्रत्येक तत्त्व को 'यह नहीं', 'यह नहीं' ऐसा कहकर त्याग करने से विवेक सिद्ध होता है।

(चतुर्थ अध्याय)

आवृत्तिरसकृदुपदेशात् ॥ 3 ॥

वेदो में एक से अधिक बार श्रवण का उपदेश है, अतएव पुनः-पुनः श्रवण आवश्यक है।

श्येनवत् सुखदुःखी त्यागवियोगाभ्याम् ॥ 5 ॥

जैसे बाज पक्षी, मांस छीन लिये जाने पर, दुःखी और स्वयं इच्छापूर्वक उसको त्याग देने से सुखी होता है (वैसे ही साधुपुरुष इच्छापूर्वक सबका त्याग करके सुखी होते हैं।)

अहिनिर्ल्वयनीवत् ॥ 6 ॥

जैसे सर्प शरीरस्थ जीर्ण केंचुली को हेय समझकर अनायास त्याग देता है।

असाधनानुचिन्तनं बन्धाय भरतवत् ॥ 8 ॥

जो विवेकज्ञान का साधन नहीं है, उसका चिंतन न करे, क्योंकि वह बंधन का हेतु है; दृष्टांत—राजा भरत।

बहुभिर्योगे विरोधो रागादिभि कुमारीशङ्खवत् ॥ 9 ॥

बहुत से लोगों का संग रागादि का कारण होने से, ध्यान में विघ्नस्वरूप है; दृष्टांत—कुमारी के हाथ के शंख के कंगन।

द्वा·यामपि तथैव ॥ 10 ॥

दो मनुष्यों के एक साथ रहने पर भी ऐसा ही है।

निराशः सुखी पिङ्गलावत् ॥ 11 ॥

आशा को त्याग देनेवाला सुखी होता है; दृष्टांत—पिंगला नाम की युवती।

बहुशास्त्रगुरुपासनेऽपि सारादानं षट्पदवत्॥ 13॥

यद्यपि बहुत से शास्त्रों और गुरुओं की उपासना की जाती है, तो भी, जिस प्रकार मधुकर बहुत से फूलों से मधु संग्रह करता है, उसी प्रकार उनमें से केवल सार को लेना चाहिए।

इषुकारवन्नैकचित्तस्य समाधिहानिः॥ 14॥

बाण बनानेवाले के समान एकाग्रचित्त रहने पर समाधि भंग नहीं होता।

कृतनियमलङ्घनादानर्थक्यं लोकवत्॥ 15॥

जैसे लौकिक विषय में कृतनियमों का उल्लंघन करने पर महान् अनर्थ होता है, वैसे ही इसमें भी।

प्रणतिब्रह्मचर्योपसर्पणानि कृत्वा सिद्धिर्बहुकालात्तद्वत्॥ 19॥

प्रणति, ब्रह्मचर्य और गुरुसेवा के द्वारा (इंद्र के समान) बहुत समय के बाद सिद्धि प्राप्त होती है।

न कालनियमो वामदेववत्॥ 20॥

ज्ञानोत्पत्ति का कोई कालनियम नहीं है। जैसे वामदेव मुनि को (गर्भावस्था में ज्ञान का उदय) हुआ था।

लब्धातिशययोगाद्वा तद्वत्॥ 24॥

जिस मनुष्य ने अतिशय यानी ज्ञान की पराकाष्ठा को प्राप्त कर लिया है, उसके संग के द्वारा भी विवेक प्राप्त होता है।

न भोगात् रागशान्तिर्मुनिवत्॥ 27॥

जिस प्रकार भोग से (सौभरि) मुनि की आसक्ति दूर नहीं हुई थी, उसी प्रकार दूसरों की भी भोग के द्वारा आसक्ति नष्ट नहीं होती।

(पंचम अध्याय)

योगसिद्धयोऽप्यौषधादिसिद्धिवन्नापलपनीया: ॥ 28 ॥

ओषधि आदि के द्वारा आरोग्यसिद्धि होने के कारण जिस प्रकार मनुष्य ओषधि आदि की शक्ति को अस्वीकार नहीं करते, उसी प्रकार योगज सिद्धि को भी अस्वीकार नहीं किया जा सकता।

(षष्ठ अध्याय)

स्थिरसुखमासनमिति न नियम: ॥ 24 ॥

जिस प्रकार बैठना सुखकर हो और जिससे शरीर और मन विचलित न हो, वही आसन है। इसके सिवा और कोई नियम नहीं है।

❑

व्याससूत्र

(चतुर्थ अध्याय—प्रथम पाद)

आसीनः सम्भवात् ॥ 7 ॥

उपासना बैठकर ही संभव है, अतः बैठकर उपासना करनी चाहिए।

ध्यानाच्च ॥ 8 ॥

ध्यान के कारण भी (बैठे हुए अंग-संचालन-क्रिया से रहित इत्यादि लक्षणयुक्त पुरुष को देखकर लोग कहते हैं, 'ये ध्यान कर रहे हैं,' अतएव ध्यान बैठे हुए पुरुष में ही संभव है)।

अचलत्वं चापेक्ष्य ॥ 9 ॥

क्योंकि ध्यानी पुरुष की तुलना निश्चल पृथ्वी के साथ की गई है।

स्मरन्ति च ॥ 10 ॥

क्योंकि स्मृतियों में भी यही बात कही गई है।

यत्रैकाग्रता तत्राविशेषात् ॥ 11 ॥

जहाँ एकाग्रता होती हो, उसी स्थान में बैठकर ध्यान करना चाहिए; क्योंकि, किस स्थान में बैठकर ध्यान करना चाहिए, इसका कोई विशेष विधान नहीं है।

इन उद्धृत अंशों को देखने से यह ज्ञात हो जाएगा कि अन्य भारतीय दर्शन योग के बारे में क्या कहते हैं।